Anke Spies · Nicole Pötter

Soziale Arbeit an Schulen

Beiträge zur Sozialen Arbeit an Schulen
Band 1

Herausgegeben von

Anke Spies
Nicole Pötter

Anke Spies · Nicole Pötter

Soziale Arbeit an Schulen

Einführung in das Handlungsfeld Schulsozialarbeit

VS VERLAG

Bibliografische Information der Deutschen Nationalbibliothek
Die Deutsche Nationalbibliothek verzeichnet diese Publikation in der Deutschen Nationalbibliografie; detaillierte bibliografische Daten sind im Internet über http://dnb.d-nb.de abrufbar.

1. Auflage 2011

Lektorat: Stefanie Laux

VS Verlag für Sozialwissenschaften ist eine Marke von Springer Fachmedien.
Springer Fachmedien ist Teil der Fachverlagsgruppe Springer Science+Business Media.
www.vs-verlag.de

Umschlaggestaltung: KünkelLopka Medienentwicklung, Heidelberg
Druck und buchbinderische Verarbeitung: Ten Brink, Meppel
Gedruckt auf säurefreiem und chlorfrei gebleichtem Papier
Printed in the Netherlands

ISBN 978-3-531-16346-8

Inhalt

Vorwort zur Reihe

„Wenn man eine Eiche pflanzt, darf man nicht die Hoffnung hegen, nächstens in ihrem Schatten zu ruhen"
Antoine de Saint-Exupéry in „Wind, Sand und Sterne"

Mit diesem Band zum Handlungsfeld der Schulsozialarbeit eröffnen wir die Reihe „Soziale Arbeit an Schulen". In unserer Reihe möchten wir das Handlungsfeld Schulsozialarbeit aus wissenschaftlicher und praktischer Perspektive in seinen vielfältigen Facetten abbilden. Dabei sollen alle Angebote der Sozialen Arbeit einbezogen werden, die in, an und um Schule herum vorhanden sind und in einem engen Bezug zum Bildungssystem und der Institution Schule stehen. Darum ist unsere Reihe mit „Soziale Arbeit an Schulen" tituliert, auch wenn wir in der Regel – wie im vorliegenden ersten Band – hauptsächlich auf die Bezeichnung ‚Schulsozialarbeit' für das Handlungsfeld rekurrieren. Damit stellen wir dem Begriff mit der größten Reichweite – ‚Soziale Arbeit an Schule' – den Begriff zur Seite, der von den meisten Experten, aber auch von Dritten, mit diesem Handlungsfeld assoziiert wird – ‚Schulsozialarbeit'. In den einzelnen Bänden der Reihe soll all das gebündelt und vertieft werden, was insgesamt zur Klärung von Konturen und praktischen wie auch theoretischen Entwicklungsoptionen beitragen kann und der wissenschaftlichen Differenzierung zur Profilbildung der Schulsozialarbeit dienlich ist. Die Reihe soll einen Beitrag dazu leisten, angehende Praktikerinnen und Praktiker auf ein anspruchsvolles, nicht immer eindeutiges Handlungsfeld vorzubereiten, und die dort bereits Tätigen möglichst sinnvoll unterstützen. Ausgehend von sozialarbeiterischen Konzepten soll die Reihe das Wissen *von* der und die Einsichten *in* die Schulsozialarbeit vergrößern, wobei die in diesem Kontext unerlässlichen Verknüpfungen zu den angrenzenden Disziplinen (Schulpädagogik, Berufspädagogik, Sonderpädagogik etc.) verstärkt und der empirische Forschungsstand bzw. seine Desiderata abgebildet werden. Es ist uns ein wichtiges Anliegen, neue Anregungen und innovative Impulse für das Handlungsfeld zu geben.

Die disziplinäre Vielfalt der fachlichen Zugänge und Aufgabenfelder beim Thema „Soziale Arbeit an Schule" bildet sich in sozial-, schul-, sonder- und berufspädagogisch fokussierenden Veröffentlichungskontexten ab, die allerdings angesichts der traditionellen Grenzen zwischen den Disziplinen Gefahr laufen, nicht hinreichend miteinander verzahnt zu werden (vgl. Spies/Tredop 2006). Bevor wir diese Lücke mit den noch folgenden Publikationen unserer Reihe nach und nach zu schließen versuchen, wollen wir mit dem *Lehrbuchformat* dieses ersten Bandes vor allem künftigen Fachkräften, aber auch interessierten Kolleginnen und Kollegen in Aus- und Weiterbildungskontexten einen einführenden Überblick und einen theoretisch strukturierten Zugang zum Handlungsfeld anbieten. Der erste Band der Reihe soll auf eine vertiefende Auseinandersetzung in den folgenden Bänden neugierig machen.

Über Rückmeldungen, Anregungen oder Ergebnisse des Nachdenkens freuen wir uns und möchten auf diesem Wege alle Interessierten und Engagierten ermuntern, mit uns in Kontakt und Austausch zu treten.

Wir danken an dieser Stelle
a) den Studierenden an den Universitäten Oldenburg und Magdeburg, die durch ihr Interesse am Gegenstand und ihre lebhafte Diskussions- und Arbeitsbereitschaft in den Einführungsseminaren von Anke Spies mittelbar an Konzept und Inhalt dieses ersten Bandes mitgewirkt haben.
b) den studentischen Hilfskräften und ganz besonders Maren Spallek für ihr Engagement, ihre Anregungen und die kritischen Reflexionen.
c) der Lektorin, Stefanie Laux, die Vertrauen hatte und sich darauf einließ, die begrifflichen Feinheiten auch im Titel abzubilden, Zeit gewährte und die Reihe überhaupt ermöglicht.
d) dem Kooperationsverbund Schulsozialarbeit, der durch seine regelmäßigen Fachtagungen und Publikationen, die fachliche Expertise im Feld fördert und zugleich ein hohes Engagement für den Ausbau der Schulsozialarbeit zeigt.

Oldenburg und Brühl im Oktober 2010

Einleitung

Wenngleich die Parallelverwendung der beiden (im Theorie- und Praxisfachdiskurs auch in Abgrenzung zueinander verwendeten) Begrifflichkeiten ‚Schulsozialarbeit‘ und ‚Soziale Arbeit an Schulen‘ nicht ganz unproblematisch ist, soll hier das in der Praxis unter beiden Begriffen firmierende Handlungsfeld der Sozialen Arbeit als gemeinsames umrissen werden. Die Besonderheiten und Anforderungen dieses Handlungsfelds wurden im pädagogischen Fachdiskurs lange vernachlässigt. Heute können die im Handlungskontext ‚Soziale Arbeit an Schulen‘ Tätigen auf eine wachsende Zahl von Praxis- und Evaluationsberichten zurückgreifen, sich an dem vom Kooperationsverbund Schulsozialarbeit 2006 erstmals vorgelegten „Berufsbild und Anforderungsprofil der Schulsozialarbeit“ orientieren und damit – trotz aller weiterhin bestehenden Heterogenität im Handlungsfeld – auf ein eigenständiges Profil verweisen.

Bislang orientierte sich der Diskurs relativ stark an arbeitspraktischen Zugängen und Erfahrungen bzw. sammelte und bündelte vorhandenes Berufswissen. Allmählich beginnt auch ein theoretischer Diskurs, der auch auf eine empirische Auseinandersetzung, wie sie zuletzt von Speck und Olk (2010) gebündelt wurde, zurückgreifen kann.

Der erste Band der Reihe „Soziale Arbeit an Schulen“ soll als *Lehrbuch* unser theoretisches Grundverständnis darlegen und gleichzeitig auf eine vertiefende Auseinandersetzung in den folgenden Bänden neugierig machen. Basierend auf den Arbeiten von Böhnisch, Schefold, Thiersch und Luhmann wollen wir die ‚Anschlussfähigkeit‘ von Kindern und Jugendlichen an die gesellschaftlichen Strukturen und an die Lebenswelt als Ausgangspunkt wählen. Wir unterstellen, dass es das Ziel jeder Sozialen Arbeit mit Kindern und Jugendlichen sein sollte, ihre ‚Anschlussfähigkeit‘ zu unterstützen und zu entwickeln (vgl. Pötter 2004a und 2009). Der Kontext ‚Schule‘ ist in unseren Überlegungen somit ebenso zentral wie die Ausrichtung der Schulsozialarbeit an den Zielen der Sozialen Arbeit, insbesondere an der Kinder- und Jugendhilfe.

Wir erläutern zunächst unsere *Begriffswahl* von ‚Schulsozialarbeit‘ als ‚Sozialer Arbeit an Schule‘ und legen anschließend unser *theoretisches Konzept* dar. In diesem Zusammenhang fragen wir nach begrifflichen Differenzierungsnotwendigkeiten und erörtern das Konzept der Anschlussfähigkeit als zentrale Aufgabe von (Schul)Sozialarbeit. Wir reflektieren die Prämissen von kooperativem Handeln im Rahmen der Tätigkeit und fragen nach der Zielgruppe und ihren Merkmalen. In diesem Zusammenhang erläutern wir Unterschiede und Schnittmengen in den Aufgaben von Jugendhilfe und Schule und fragen nach den Rückschlüssen unseres Ansatzes hinsichtlich Rechtslage und Trägerschaft. Im Anschluss daran werden *methodische Fragen* reflektiert, die im Zusammenhang mit Schulsozialarbeit eine Rolle spielen können. Danach befassen wir uns ausführlich mit den einzelnen Arbeitsbereichen und Aufgabenfeldern und werfen einen Blick auf Schulentwicklung als zentrales Thema. Als Resümee kommentieren wir die offenen Fragen und Entwicklungsperspektiven, die sich in der Folge für die weitere Reflexion ergeben.

Unsere Struktur eröffnet dem Leser und der Leserin verschiedene Möglichkeiten:

- Wer sich einen Überblick über das Handlungsfeld verschaffen möchte, kann sich auf das Lesen der Kapitel ohne die zusätzlichen Angebote konzentrieren.
- Wer sich vertiefend mit den jeweiligen Aspekten auseinandersetzen will, liest die Vertiefungsabschnitte (V) und Praxisbeispiele (P) und findet am Ende eines jeden Kapitels Literaturhinweise, die die im Text referierten Literaturbezüge ergänzen.
- Wer nicht nur weiter lesen, sondern auch weiterdenken möchte, findet auch offene Fragen zum Nachdenken und Anregungen, sich an der Weiterentwicklung des Handlungsfeldes zu beteiligen bzw. sich im Rahmen von Prüfungen oder Abschlussarbeiten intensiv mit Schulsozialarbeit zu befassen.

A Soziale Arbeit an Schulen

1 ‚Soziale Arbeit an Schulen' oder ‚Schulsozialarbeit'? – Ein Versuch, die begriffliche Kontroverse zu verstehen

Im Titel dieses Buches bildet sich mit der Verwendung der zwei sich einerseits so ähnlichen, aber andererseits deutlich differenzierenden Begrifflichkeiten ‚Soziale Arbeit an Schulen' und ‚Schulsozialarbeit' eine Kontroverse ab, die sowohl die Theorie als auch die Praxis beschäftigt und beeinflusst. Nachdem die Entwicklungen im Handlungsfeld in den 1980er Jahren ins Stocken geraten waren und Schulsozialarbeit nicht mehr als der hoffnungsfrohe Garant für die Umsetzung des Chancengleichheitsgedankens gedacht, sondern bereits in den Titeln der Publikationen als „verlorene Sache" (Salustowicz 1986) oder „Aschenputtel" (Grossmann 1987) diskutiert wurde und auch Wolfgang Klafki (1995) der Schulsozialarbeit trotz hohem Handlungsbedarf keinerlei Zukunftsaussichten attestierte, haben sich die Perspektiven seit Mitte der 1990er Jahre erheblich verändert. Die Entwicklung hin zum zukunftsrelevanten Handlungsfeld an der Schnittstelle zwischen Jugendhilfe und Schule(n) wird allerdings seit den Anfängen von einer Debatte um die passende Begrifflichkeit begleitet (vgl. dazu Speck 2006, 13 ff.).

Wenngleich man sich 1996 auf der vom Kommunalverband dokumentierten Fachtagung über die konzeptionellen Bedingungen angesichts der praktizierten Begriffsvielfalt auf den gemeinsamen, auch international kommunizierbaren Nenner *Schulsozialarbeit* einigte (ebd., 9), haben sich die damals gesammelten Einzelbegriffe im Diskurs nahezu ungebrochen fortgeschrieben und vervielfältigt. So differenzieren Theorie und Praxis, Wissenschaft und institutionelle Administration, Politik wie auch Verwaltung und Ausführende nach wie vor und je nach Gegebenheiten der Situation, in der argumentiert wird. Die seinerzeit unter dem Begriff der ‚Schulsozialarbeit' summierte Liste von sechs Varianten (vgl. ebd., 6) hat sich inzwischen mindestens auf die folgenden elf Differenzierungen erweitert:

- Schulsozialarbeit,
- schulbegleitende Sozialarbeit,
- schulbezogene Jugendarbeit,
- schulbezogene Jugendsozialarbeit,
- schulbezogene Jugendhilfe,
- Soziale Arbeit in der Schule,
- Soziale Arbeit an Schulen,
- Jugendsozialarbeit an Schulen,
- Schul-Soziale Arbeit,
- Schuljugendarbeit,
- Schoolwork.

Jeder dieser Begriffe – ebenso wie einige weitere, von Speck (2006) auch in ihrer historischen Genese erläuterten Begriffe (vgl. ebd., 17 ff.) – ist zunächst als Versuch der Selbstverständnis- und Profilklärung zu verstehen. Damit bilden sich nicht nur die zum Teil unklare Rechtsposition und die unterschiedlichen Trägermodelle (s. Kapitel 7 *Rechtslage und Trägerschaft*) ab, sondern auch die Versuche, über die jeweilige Begriffswahl die Schwerpunkte in diesem höchst heterogenen Handlungsfeld festzulegen. Zumeist steht bzw. stand hinter dem jeweiligen Begriff letztlich der Gedanke, ein

- auf Kinder und Jugendliche in der Schule bezogenes,
- aber nicht auf Schule begrenztes,
- von Jugendhilfe allein oder gemeinsam mit der Schule verantwortetes Tätigkeitsfeld Sozialer Arbeit zu markieren,
- das sowohl einen Teilbereich von Jugendhilfe
- als auch mehrere ihrer Angebotsformen
- am Ort der Schule bereithält
- und sich dabei auf eigenständige sozialpädagogische Handlungskompetenz stützt.

Zusätzlich zu diesen Definitionskriterien von Schulsozialarbeit, unter der auch die anderen Begrifflichkeiten letztlich verortet werden können, erweitern sich die Fragen um die Abgrenzung des Handlungsfeldes seit den Differenzierungsbemühungen im 12. Kinder- und Jugendbericht um folgende Komponente: Die Sachverständigenkommission des 12. Kinder- und Jugendberichts hat sich ebenfalls auf die Suche nach einem klärenden Oberbegriff für die Tätigkeit von sozialpädagogisch arbeitenden Fachkräften in schulischen Kontexten begeben und legte eine neue Argumentation vor. Die Kommission präferiert zur expliziten Betonung der Verortung der Schulsozialarbeit in der Jugendhilfe die Bezeichnung ‚schulbezogene Jugendsozialarbeit'. Damit will sie vor allem die pädagogische Tätigkeit zur Minimierung des biografischen Risikos benachteiligter Jugendlicher am Übergang in Erwerbstätigkeit ins Blickfeld rücken.

Den Begriff der ‚Schulsozialarbeit' verwirft die Kommission u.a. wegen der damit verbundenen „Verortung des Arbeitsplatzes der sozialen Fachkräfte *an der Einzelschule*" (BMFSFJ 2005, 414; Hervorhebung im Original). Eine Begriffsstrategie, die über diese Abgrenzung gezielt auch „mobile und befristetprojektorientierte Arbeitsformen" (vgl. ebd., 416) umfassen will und insgesamt wohl strategisch zu verstehen ist. Die Kommission will so die Weichen stellen, um langfristig ein spezifisches, professionell vermittelndes und vernetzendes Dienstleistungsangebot der Jugendhilfe in der Schule zu erreichen: Dieses Angebot will man aber nicht an einzelne Schulen gebunden wissen, sondern vielmehr durch den Projektstatus die Eigenständigkeit betonen. Indem die Kommission die ‚Schulsozialarbeit' im Hoheitsbereich von Schule ansiedelt und vom Jugendhilfekontext abgrenzt, verwirft sie allerdings die Erträge der seit Jahrzehnten andauernden Diskussionsprozesse, stellt deren (vielfach nur mühsam) errungene bzw. erkämpfte Positionen in Frage und riskiert zugleich die unproduktive Fortschreibung von Kontroversen bzgl. der Deutungshoheit. Damit wendet sich die Kommission auch gegen die bis dahin weitgehend konsensuale Position von Ludewig und Parr (2001), die Schulsozialarbeit als Teilgebiet der Jugendsozialarbeit und als die „vielleicht intensivste Form der Kooperation zwischen Schule und Jugendhilfe" (ebd., 520) bezeichnet.

Speck (2006) liefert ein ausführliches Plädoyer für den einheitlichen Begriff der Schulsozialarbeit und führt dazu unter anderem den Gewinn an Klarheit, sowohl für den Fachdiskurs als auch für die Tätigkeitsbeschreibung der Praktiker und Praktikerinnen im Feld sowie für die internationale Kommunizierbarkeit an. Außerdem sind die Verankerung im alltäglichen Sprachgebrauch und die inhaltliche Breite der Aufgaben Begründungen, die Speck zufolge für die Vereinheitlichung sprechen.

Auch der Ansatz des Kooperationsverbundes Schulsozialarbeit (2006) verankert das Berufsbild und Anforderungsprofil für die im Handlungsfeld Tätigen nach einer differenzierten Auseinandersetzung grundsätzlich in der Jugendhilfe und beschreibt diese Tätigkeit unabhängig von der jeweiligen Schwerpunktbildung als ‚Schulsozialarbeit'.

Es drängt sich die Frage auf, ob es hier überhaupt etwas abzugrenzen gibt, und wenn ja, mit welchem Ziel bzw. Ertrag für die Adressaten (vgl. Spies 2006a): Für die Praxis hat die Begriffsdifferenzierung aber durchaus ihre Berechtigung. Wenngleich der Begriff der ‚Schulsozialarbeit' für das gesamte Handlungsfeld gegenwärtig weitgehend akzeptiert ist, gibt es administrativ zu berücksichtigende Sensibilitäten, wenn beispielsweise unterschiedliche Implementierungsanlässe und Trägermodelle zusammenkommen. Dann können einige jener Argumente, die Speck *für* die Vereinheitlichung anführt (vgl. Speck 2007, 23 ff.), ebenso *gegen* sie verwendet werden.

P 1

Politische und fachliche Gründe für begriffliche Differenzierungen

Eine niedersächsische Kommune implementiert auf Bitte der örtlichen Schulen aus Mitteln des Jugendhilfeetats „Soziale Arbeit an Schulen". Im Rahmen eines umfangreichen, eindeutig präventiv orientierten Maßnahmenpakets zur Weiterentwicklung der kommunikativen Strukturen innerhalb der Sozialen Arbeit dieser Stadt werden schulform- und schulstufenübergreifend an neun Schulen neun sozialpädagogische Fachkräfte finanziert. Ihr Auftrag besteht – ebenso wie jener der über ein Schulsozialarbeits-Landesprogramm der Schulbehörde beim gleichen Träger angestellten zwei weiteren Fachkräfte – in jenem Aufgaben- und Handlungsspektrum, welches vereinheitlicht als ‚Schulsozialarbeit' bezeichnet werden kann. Das Ziel dieser Teilmaßnahme dient ebenso wie die anderen Bausteine des Präventionspaketes sowohl der nachhaltigen Ausgestaltung von Vernetzungs- und Kooperationsressourcen als auch der Verbesserung der Situation von überwiegend benachteiligten Kindern, Jugendlichen und ihren Familien. Der schulische Rahmen dient dabei vor allem dem Präventionsanliegen insgesamt, aber auch dem niedrigschwelligen Angebot von frühzeitigen Hilfen für den Einzelfall. Diese Aufgabe verfolgen grundsätzlich auch die in schulischer Trägerschaft beschäftigten, als ‚Schulsozialarbeiter' und ‚Schulsozialarbeiterinnen' bezeichneten drei Kollegen und Kolleginnen, die in schulischer Trägerschaft speziell die Übergangsphase Schule – Beruf an ihren Schulen betreuen. Auch sie sind fachlich in der Sozialpädagogik verortet, stehen aber, da sie im Rahmen von Landesprogrammen der Kultusbehörde angestellt sind, unter der Weisungsbefugnis der Schuladministration, die im Land Niedersachsen das Tätigkeitsfeld mit dem Begriff der ‚Schulsozialarbeit' besetzt.

Für die Kommune und den von ihr beauftragten freien Träger ist es mit Blick auf Ziel und Struktur der Maßnahme erforderlich, die nicht in schulischer Trägerschaft angestellten Fachkräfte von jenen fünf innerhalb der Institution Schule und ihren Strukturen verorteten abzugrenzen (von denen zwei aber dennoch beim Jugendhilfeträger angestellt sind). Aus Sicht des Trägers und der Auftraggeber laufen die Fachkräfte Gefahr, innerhalb schulischer Herrschaftsstrukturen und Deutungskontexte vereinnahmt und somit ihres sozialarbeiterischen Fachbezugs entfremdet zu werden. Gleichzeitig möchte insbesondere die Kommune ihr Engagement gegenüber dem Engagement des Landes auch nach außen hin abgrenzen. So ist sowohl zur Innen- wie auch zur Außendarstellung eine Abgrenzungspraxis notwendig, die zeigt, dass sich Jugendhilfe hier in regionaler Verantwortungsgemeinschaft mit jenen Schulen, die sich um diese Ergänzung ihres Angebotes bewerben mussten, aufsuchend und präventiv für die Gestaltung förderlicher Bildungsbedingungen *mit*verantwortlich fühlt und den niedrigschwelligen Zugang zu ihren Adressaten sucht. Da sich die Jugendhilfe als verantwortlich erklärt, muss sie zugleich eine „intersystemische Kommunikationsstruktur" (Bolay et al. 2005, 45) und Anerkennungskultur aufbauen, indem sie z.B. durch regelmäßige ‚round-table'-Gespräche die Kommunikation von Verantwortlichen auf den Leitungsebenen fördert und unterstützt bzw. einen strukturellen Ort zur institutionellen Konfliktaustragung und -lösung bereit hält. Für die Soziale Arbeit an Schulen der o.g. Kommune heißt das in der Praxis, dass sie sich über die begriffliche Differenzierungs*möglichkeit* auch von der reinen Dienstleistungsfunktion auf institutioneller Ebene, die Schule den Fachkräften vielleicht gerne zuweisen würde – und mit Verweis auf den Einzelfall begründet – abgrenzen kann. Im beruflichen Alltag arbeiten die insgesamt 14 sozialpädagogischen Fachkräfte allerdings fachlich und sachlich zusammen und verstehen sich grundsätzlich als Team.

Nach wie vor ist davon auszugehen, dass Handlungslogiken der schul- und sozialpädagogischen sowie der sonder- und berufpädagogischen Professionen nicht als bekannt vorausgesetzt werden können, Professionsverständnisse zu klären sind und tradierte Hierarchien (von der schulischen bis zur ministeriellen Ebene) erst und nur ganz allmählich abgebaut werden können. Die Praxis zeigt, dass es deshalb – zeitweise – durchaus sinnvoll sein kann, eine begriffliche Differenzierung vorzunehmen (nach Fachlichkeit, Zuständigkeit oder Finanzierung). Denn es fällt den in schulischer Struktur verwurzelten Beteiligten schwer, auf die gewohnten Deutungs- und Weisungsgewohnheiten zu verzichten. Die Differenzierung erweist sich insofern als sinnvoll, als dass über die begriffliche Definition die wohl nach wie vor noch unvermeidlichen ‚Machtkämpfe' zwischen zwei (sozialpädagogisch und schulpädagogisch) und mehr (z.B. sonderpädagogisch oder berufspädagogisch) unterschiedlichen Handlungsrationalitäten reduziert werden können. Denn auch wenn die sozialpädagogischen Fachkräfte ihre Tätigkeit inhaltlich gleich definieren, geht Schule als institutioneller Ort längst nicht widerspruchslos auf dieses fachliche Selbstverständnis ein. Besonders dann nicht, wenn regionale Begebenheiten die grundsätzlich sozialarbeiterische Tätigkeit im Kultusbereich verankern und von dort aus der Begriff politisch und institutionell ‚besetzt' wird.

Hier zeigt sich, dass die Begriffskontroverse keineswegs nur eine theoretische Auseinandersetzung ist, sondern dahinter ein strukturelles Problem liegt, innerhalb dessen in der praktischen Konsequenz auch manche der von Speck (2007) als Nachteil begrifflicher Variationen angeführten Argumente zum Vorteil bzw. zum (temporären) strategischen Instrument werden können. Dies gilt auch für die strategische Begriffsentscheidung der Kommission des 12. Kinder- und Jugendberichts.

Wir müssen also neben der andauernden sachorientierten Auseinandersetzung zum inhaltlichen Verständnis auch eine Diskussion zur strukturellen Verortung führen, die über die Frage nach der Verankerung in Jugendhilfe *oder* Schule auch für solche Feinheiten, wie z. B. jene zu den strukturellen Zuordnungen von Schulsozialarbeit, wie die rechtliche Situation in Niedersachsen sie heraufbeschwört, Ansatzpunkte und Lösungsoptionen bereit halten. Die grundsätzliche Zugehörigkeit zum sozialpädagogischen Jugendhilfediskurs ist dabei dann nur eines von mehreren strittigen Momenten, die sich absehbar kaum über fachliche Plädoyers, sondern durch rechtliche und finanzielle (vgl. Speck 2007, 25) Klärungen der strukturell insgesamt noch schwachen Position (vgl. Bauer et al. 2005, 18) von Schulsozialarbeit/Sozialer Arbeit an Schule lösen lassen werden. Dafür sind politische Konsequenzen notwendig und (vorübergehende) Differenzierungspraktiken wohl unausweichlich.

Mit Blick auf die Variantenbreite erfolgreicher Kooperationen von Schule(n) und Jugendhilfe und den aktuellen Entwicklungen der Praxis ist es letztlich fraglich, ob die begriffliche Vielfalt tatsächlich als *Mangel* an Eindeutigkeit, wie Speck (2007) diesen Zustand deutet, zu verstehen ist. Vielleicht ist es durchaus notwendig und (wenigstens temporär) ratsam, die Differenzierungsvarianten auch als eine dem Handlungsfeld angemessene Chance zur Abbildung der vorhandenen Heterogenität zu verstehen. Analog zum Berufsbild des Kooperationsverbunds Schulsozialarbeit sollte jedoch zugleich auch immer der Terminus ‚Schulsozialarbeit' als gemeinsamer fachlicher Nenner Gültigkeit haben.

Literatur zur Vertiefung:

Braun, Karl-Heinz/Wetzel, Konstanze (2006): Soziale Arbeit in der Schule. Reinhardt Verlag: München.

Drilling, Matthias (2001): Schulsozialarbeit. Antworten auf veränderte Lebenswelten. Haupt Verlag: Bern, Stuttgart, Wien.

Speck, Karsten (2006): Qualität und Evaluation in der Schulsozialarbeit. Konzepte, Rahmenbedingungen und Wirkungen. VS Verlag: Wiesbaden.

Vogel, Christian (2006): Schulsozialarbeit. Eine institutionenanalytische Untersuchung von Kommunikation und Kooperation. VS Verlag: Wiesbaden.

Zum Weiterdenken:

- Welche strategischen Überlegungen sind hinter der Begriffsdifferenzierung der Sachverständigenkommission des 12. Kinder- und Jugendberichtes zu vermuten?
- Korrespondiert die begriffliche Vielfalt mit der Bandbreite der Aufgaben (s. Teil C *Das Arbeitsprofil*) und ist dies für die Schulsozialarbeit eher nützlich oder hinderlich?

2 Schulsozialarbeit sichert und unterstützt ‚Anschlussfähigkeit'

Das Schulsystem hat zwei Aufgaben, die im Konflikt miteinander stehen und Pädagoginnen und Pädagogen seit jeher zu Kritik und Verbesserungsvorschlägen veranlassen: Zum einen sollen durch Bildung und Erziehung Kompetenzen und Fähigkeiten entwickelt werden, zum anderen erfolgt durch Selektion die Zuweisung sozialer Chancen und Möglichkeiten. Die Selektionsfunktion dominiert insbesondere im deutschen Bildungssystem, wie die Ergebnisse internationaler Vergleichsstudien von z.B. OECD und UNICEF (vgl. Liebig 2007, UN 2007, Bertram 2006) eindringlich zeigen.

Im Zuge von gesellschaftlich bedingter Differenzierung bildete sich neben dem formellen Bildungssystem ein Angebot der Kinder- und Jugendhilfe heraus, welches allein dem Erziehungs- und Bildungsauftrag verpflichtet ist[1]. Gertrud Bäumer, die die Anfänge der damals noch als Erziehungsfürsorge bezeichneten Aufgabe miterlebte, schrieb 1929, sie solle „in einer späteren Entwicklung, nachdem die Erziehungsfürsorge sich selbst ausgestaltet, durchgebildet und abgerundet hat, ... mit der Schule von neuem in einer Synthese zusammenwachsen" (Bäumer, 1929; zitiert nach Engelke 2002). Schulsozialarbeit kann man als diese Wiedereinführung des sozialpädagogischen Gedankens in die Schule verstehen.

In diesem Sinne ist Schulsozialarbeit nicht bereits all das, was von entsprechend ausgebildeten sozialpädagogischen Fachkräften angeboten wird. Diese Angebote werden erst dann zur *Schul*sozialarbeit, wenn sie im Kontext und unter reflexiver Berücksichtigung der strukturellen Bedingungen, die Schule kennzeichnen, erfolgen. Eine neue Synthese der beiden Systeme stellt Schulsozialarbeit nur dann dar, wenn das System Schule sich für die nicht-formellen und informellen Lernkontexte sozialpädagogischer Angebote öffnet. Schulsozialarbeit ist demnach als das Ergebnis von Kooperationen zwischen den verschiedenen Akteuren des Systems Schule zu verstehen – insbesondere zwischen den sozialpädagogischen und den schulpädagogischen Fachkräften (vgl. Pötter/Segel 2006). Dass dabei die unterschiedlichen Sichtweisen und Aufgaben erhalten bleiben, ist der Erfolg der vorausgegangenen Differenzierung und erleichtert den reflexiven Zugang zu den verschiedenen Anforderungen.

---

1 Die Bildungs- und Erziehungsangebote der Jugendhilfe sind nicht mit einer für gesellschaftliche Teilhabe relevanten Leistungszertifizierung verbunden. Selektionsmechanismen gibt es im Rahmen der Kinder- und Jugendhilfe aber dennoch. Allerdings werden sie von der sozialarbeiterischen Praxis nur selten in den Blick genommen und kritisch hinterfragt.

Insofern verstehen wir Schulsozialarbeit als einen integrierten Teil des Bildungs- und Erziehungssystems selbst, der *keineswegs* als Gegensatz zur Schule zu denken und zu konzipieren ist. Schulsozialarbeit muss dabei vor allem das Aufeinandertreffen der lebensweltlichen Bedingungen der Kinder und Jugendlichen mit den Bedingungen der gesellschaftlichen Inklusion und Exklusion fokussieren und zugleich im Kontext von Schule und unter der Zielsetzung der Jugendhilfe agieren. – Dass es zu keinen Blockaden zwischen diesen unterschiedlichen Lebenssphären kommt, die auf Dauer die Inklusionschancen bedrohen oder lebensweltliche Ressourcen verschütten, soll hier als die Sicherstellung und Unterstützung von ,Anschlussfähigkeit' bezeichnet werden (vgl. Pötter 2004a).

Soziale Arbeit an Schulen hat diese Aufgabe der Sicherstellung und Unterstützung von Anschlussfähigkeit in einem spezifischen Kontext zu erfüllen, der die Lebenswelten der Kinder und Jugendlichen und die gesellschaftlichen Strukturen und Anforderungen am Ort Schule miteinander verknüpft, und dessen Aufgabe es ist, einerseits auf kommende Strukturen vorzubereiten und der andererseits bereits Chancen und Möglichkeiten innerhalb dieser Strukturen verteilt. Für viele Kinder und Jugendliche ist die Schule der erste Ort, an dem sie die unterschiedlichen Webstrukturen der lebensweltlichen und der strukturellen Lebensbedingungen „am eigenen Leib" erfahren. Wie ihre Mütter und Väter, ihre Lehrerinnen und Lehrer oder auch ihre Mitschülerinnen und Mitschüler mit diesen unterschiedlichen Anforderungen umgehen, wie sie die daraus entstehenden Dilemmata lösen oder das Ineinandergreifen bestimmter kultureller Ressourcen mit den vorhandenen gesellschaftlichen Strukturen nutzen, prägt ihre weiteren Erfahrungen und kann sowohl einen Rückzug in das ihnen bekannte und vertraute Umfeld als auch eine Offenheit und Neugier bzw. eine bewusste Auseinandersetzung mit den gesellschaftlichen Widersprüchen verstärken.

Insofern kann Schulsozialarbeit nicht der Garant für Chancengleichheit sein, aber sie kann mit den Mitteln der Sozialen Arbeit maßgeblich dazu beitragen, dass Exklusionsrisiken minimiert und Inklusionschancen gewahrt werden und zwar unter ständigem Rückbezug auf die lebensweltlichen Bedingungen und Ressourcen in denen die Kinder und Jugendlichen aufwachsen. Ihr Leitgedanke ist die Bildungsbeteiligung aller, für die Lernbarrieren abzubauen sind. Dies kann auch bedeuten, die Strukturen so anzupassen, dass Kinder und Jugendliche aus bestimmten lebensweltlichen Kontexten überhaupt die Chance erhalten, Angebote und Unterstützung des Bildungs- und Erziehungssystems wahrzunehmen. Anders herum formuliert: Die Probleme müssen nicht immer und schon gar nicht automatisch durch eine Unterstützung der Kinder und Jugendlichen bei der An- und Einpassung in die bestehenden strukturellen Vorgaben des Systems gelöst werden. Dies ist ein zentraler Gedanke des Konzepts der

,Anschlussfähigkeit', da er davon ausgeht, dass strukturelle Verwerfungen auch strukturell – und nicht individuell – gelöst werden sollten. Pädagogische Fachkräfte tendieren nicht selten dazu, aus ihren eigenen Selbstverständlichkeiten heraus, Anforderungen an ihre Zielgruppe zu stellen und Erwartungen zu formulieren. Dass diese nicht über dieselben Selbstverständlichkeiten und vor allem auch nicht über dieselben Ressourcen verfügen – dafür aber über andere, die oft ungenutzt bleiben – wird zwar von diesen erkannt, führt aber leider nur selten dazu, dass über die Veränderung von Strukturen nachgedacht wird. Meist wird versucht diese ,Defizite' auszugleichen und die Kinder und Jugendlichen wieder näher an die erwartete Norm heranzuführen. Die schwierigen Balanceakte, die Kinder und Jugendliche zu vollbringen haben, um ihre Lebensweise mit den Anforderungen des Systems zu vereinbaren, werden von den Fachkräften noch viel zu selten als unterstützungswürdig wahrgenommen.

Um einschätzen zu können, welche Barrieren die Bildungsbiografien von Schülerinnen und Schülern beeinträchtigen und welche Angebote der Unterstützung angemessen und angebracht sind, bietet es sich an, sich theoretisch und konzeptionell auf das sozialpädagogische Paradigma der Lebensweltorientierung zu beziehen, wie es im 8. Kinder- und Jugendbericht grundgelegt wurde (BMFSFJ 1990). Damit ist nach Hans Thiersch eine professionelle *Haltung* Sozialer Arbeit gemeint (vgl. Thiersch 2005). Für Schulsozialarbeit bedeutet diese Maxime, sich in ihren Arbeitsprämissen, Konzeptionen und deren Umsetzungen am Alltag der Schülerinnen und Schüler zu orientieren und deren außerschulische Lebenswelt mit zu berücksichtigen. Dabei muss Schulsozialarbeit eine selbstreflexiv kritische Haltung gegenüber institutionellen (Macht- und Herrschafts-) Strukturen einnehmen, sich am politischen Gedanken Sozialer Gerechtigkeit und autonomer Handlungsfähigkeit orientieren. Lebensweltorientierung geht davon aus, dass auch von der gesellschaftlichen Norm abweichende und daher in ihren Rückwirkungen oft konflikthafte Lebensbewältigungsleistungen Respekt verdienen und Ausdruck von Handlungsfähigkeit sind, die im öffentlichen Diskurs anwaltschaftlich[2], d. h. die Interessen der Kinder und Jugendlichen vertretend und unter Beteiligung (also Partizipation) dieser, gestärkt wird. Dabei sind die Eigenwilligkeit der Schüler und Schülerinnen und ihrer Lebenswelten zu respektieren. Heterogenität muss als Strukturprinzip uneingeschränkte Gültigkeit in der Gestaltung von sozialpädagogischen Settings im Schulkontext ha-

2 Anwaltschaftlichkeit ist ein ethisches Prinzip Sozialer Arbeit. Der Begriff summiert die Grundhaltung, sich professionell verortet „für jene zu engagieren, die von sie betreffenden Diskursen systematisch ausgeschlossen werden", also Lobby für diejenigen zu sein „deren legitime Bedürfnisse und Interessen nicht hinreichend berücksichtigt werden, allerdings so, dass diese so weit wie möglich befähigt werden" (Penta/Lienkamp (2007), S. 279), für sich selbst zu handeln, also Befähigung zur Entfaltung der Persönlichkeit (,empowerment') entwickeln können.

ben, denn „defizitäre Markierung und Ausschluss kennzeichnen [...] bis heute den gesellschaftlichen und schulischen Umgang mit Heterogenität. In selektiven Schulsystemen [...] werden entlang den Untersuchungslinien Bildungsgüter ungleich verteilt. Doch in einem auf Chancengleichheit und Demokratie angelegten Staatswesen sind Ausschluss und Diskriminierung nicht legitim" (Gossenbacher/Oberdorfer 2006, 38).

Wenngleich die Lebensweltorientierung grundsätzlich alle Kontexte, in denen Kinder und Jugendliche aufwachsen einschließt, so ist es angesichts der Ausgrenzungsmechanismen, denen Schüler und Schülerinnen mit Migrationshintergrund im Bildungssystem ausgesetzt sind, nötig, deren Situation gezielt in den Blick zu nehmen: Nach wie vor geht die pädagogische Praxis von sogenannten „migrationsbedingten Defiziten" (vgl. kritisch dazu Diehm 2008, 101) aus und verfestigt einen „Risiko- und Belastungsdiskurs" (ebd.) der „methodologischen Defizitorientierung", der u.a. von Schulsozialarbeit eine kompensatorische Leistung erwartet und „schulische und/oder soziale Probleme immer den Zuwanderern oder ihren Nachkommen selbst" (ebd. 102) zuschreibt. Damit Schulsozialarbeit nicht zur Verfestigung solcher Zuschreibungen beiträgt, ist es zum Verständnis der Situation hilfreich, sich am Modell der Differenzlinien und deren intersektionaler Verschränkungen zu orientieren, denn die Barrieren im Bildungssystem hängen auch für Kinder und Jugendliche mit Migrationshintergrund stets mit ihrer sozialen Position zusammen und erfordern den *bewussten* Umgang mit Heterogenität zur Sicherung der gesellschaftlichen Teilhabe und Anschlussfähigkeit.

Mit „intersektional verschränkt" ist gemeint, dass persönliche Merkmale wie z. B. Geschlecht, Hautfarbe, Ethnizität, Sozialstatus, Religion, Sprache, Gesundheit/Behinderung und Besitz, stets mit Zuschreibungen und Chancenverteilungen verbunden sind und außerdem untereinander in einem hierarchischen Verhältnis zueinander stehend gedeutet werden. Denn jede Differenzline „repräsentiert eine bestimmte soziale Positionierung oder Identität und hat gleichzeitig als (naturalisierte oder kulturalisierte) soziale Konstruktion Einfluss auf das gesellschaftliche bzw. schulische Leben" (Leiprecht/Lutz 2005, 219). So wird ein Schüler mit einem südeuropäischen Migrationshintergrund, mit dunkler Hautfarbe aus einer armen Familie auch bei hohem Sozialstatus und hervorragenden Sprachkenntnissen mit anderen stereotypen Zuschreibungen konfrontiert sein, als ein Schüler mit marginalen Sprachkenntnissen aber nordeuropäischem Migrationshintergund aus einer reichen Familie, weißer Hautfarbe, hohem Sozialstatus. Dabei spielt der Besitzstand auch bei gleichem Sozialstatus eine untergeordnete Rolle während Hautfarbe, Geschlecht und Ethnizität eine deutlich übergeordnete Rolle in der Wahrnehmung spielen (vgl. Leiprecht/Lutz 2005; Phoenix 2008).

Wenn *Diversität* zur Leitkategorie wird und den Setzungen von kultureller Einheit, Monolingualität und einheitlicher Identität entgegengesetzt wird, ist das die konsequente Weiterentwicklung des Lebensweltparadigmas und sollte schließlich zur „Überwindung der bisherigen homogenisierenden und zielgruppenspezifisch ausgerichteten kompensatorischen Strategien im Umgang mit Differenz" (Leiprecht/Lutz 2005, 219) führen, weil dann die Heterogenität der Normalfall ist. Eine solche Normalität geht von dem Gedanken des „Managing Diversity" und der „Diversity-Education" (vgl. Leiprecht 2008) aus, der besagt, dass *alle* Menschen am Schnittpunkt (‚intersection') dieser Kategorien positioniert sind, so dass sich Zuschreibungen und Festlegungen und damit die Orientierung an einer herzustellenden Homogenität, die Ausgrenzung zur Folge haben muss, erübrigt. Die herausragende Aufgabe der Erziehung bestünde demnach darin, „individuelle Wesen auszubilden und zu verwirklichen. Ein solches erzieherisches Ziel setzt die vollständige Anerkennung der individuellen Singularität und die Berücksichtigung der vielfältigen Differenzierungsfaktoren voraus, aus denen diese sich zusammensetzt" (Delory-Momberger 2010, 57).

Für die Schulsozialarbeit heißt „Managing Diversity" bei der Umsetzung des Lebensweltparadigmas zu beachten, dass Chancenungleichheit in der Schule weitgehend auch dadurch entsteht, „dass die Zugänge, Lehrpläne, Lerninhalte und Lehrmittel systematisch auf die Bestände, Techniken und Sprache der privilegierten und dominierenden Gruppen ausgerichtet sind, von dort aus die Meßlatte einer vorgestellten Normalität errichtet wird und damit aber kaum noch einen Bezug zum Lebensalltag eines großen Teils der Schülerinnen und Schüler" (Leiprecht 2008, 105) vorhanden ist. Die „Managing Diversity"-Perspektive verweist darauf, dass es nicht nur um Reflexions- und Sensibilisierungsprozesse auf interaktiver und individueller Ebene geht, sondern auch die jeweiligen Bildungseinrichtungen als Organisationen zu verändern sind (s. Kapitel 3.4 *Schulentwicklung*).

V 1

Die Begriffspaare ,Integration-Desintegration' und ,Inklusion/Exklusion'

Nachdem der Begriff der ,Integration' und seine Bedeutung lange Zeit in sozialpädagogischen Veröffentlichungen als selbstverständlich vorausgesetzt worden und dadurch vieldeutig geblieben ist (vgl. Mollenhauer 1988, 290), kam es Ende der 1990er Jahre zu einer Debatte um die Begriffe der ,Integration' und ,Desintegration' in Zusammenhang mit den von Luhmann eingeführten Begriffen der ,Inklusion' und ,Exklusion', die zu einer Präzisierung der Begriffe und ihrer Anwendung zwang:

In der Soziologie gibt es eine lange Tradition, sich mit dem Konzept der ,sozialen Integration' zu beschäftigen (z.B. bei Durkheim, Spencer, Marx und Simmel; vgl. Willke 1978). Nach Durkheim vermittelt sich soziale Integration je nach Gesellschaftsform über ,mechanische' oder ,organische' Solidarität. Für ihn ist die ,normative Integration' Voraussetzung für die Möglichkeit einer ,funktionalen Integration', also dem gelingenden Zusammenspiel der verschiedenen Teile der Gesellschaft. Parsons, der Durkheims Gedanken diesbezüglich weiterführte, postulierte das Werte- und Normensystem einer Gesellschaft als wichtigste integrative Instanz. Für beide Soziologen war die ,soziale Integration' eine unverzichtbare Voraussetzung für den Bestand einer Gesellschaft. Aus dieser Begriffstradition ergibt sich eine implizite Festlegung, die Integration positiv belegt, ihr Gegenteil – die Desintegration – jedoch als schädlich für die Gesellschaft betrachtet.

Luhmann sah es als problematisch an, den Begriff der ,Integration' in dieser normativ geprägten Weise zu verwenden. Deshalb wollte er darunter „nichts anderes [verstehen] als die Reduktion der Freiheitsgrade von Teilsystemen, [...] Integration ist, so verstanden, kein wertgeladener Begriff und ist auch nicht ,besser' als Desintegration" (Luhmann 1997, 603 f.). Bei einer hohen Integration findet nach Luhmann Komplexitätsreduktion unter Bedingungen statt, die nur noch wenige Möglichkeiten (Freiheitsgrade) offen lässt. Dies ist insbesondere im Falle des Konfliktes so: „Die Einschränkung der Freiheitsgrade kann in Bedingungen der Kooperation liegen, sie findet sich aber noch viel stärker im Konflikt. Der Begriff [der Integration] meint also gerade nicht die Differenz von Kooperation und Konflikt, sondern ist dieser Unterscheidung übergeordnet. Das Problem des Konflikts ist die zu starke Integration der Teilsysteme, die immer mehr Ressourcen für den Streit mobilisieren und sonstiger Verfügung entziehen müssen, und das Problem einer komplexen Gesellschaft ist es dann, für hinreichende Desintegration zu sorgen" (ebd., 604). Demnach leide die heutige Gesellschaft nicht so sehr an einem ,zu wenig', sondern eher an einem ,zu viel' an Integration (vgl. Luhmann 1995, 257).

Luhmann führt in seine Theorie den Begriff der ‚Inklusion' ein und verwendet ihn als Bezeichnung für die Teilhabe an Kommunikation im Rahmen von Funktionssystemen. Demnach gäbe es Inklusion nur, wenn Exklusion möglich sei (vgl. Luhmann 1997, 620 f.). Wechselnde Inklusionen setzten voraus, dass man auch ständig (re)exkludiert werden könne. Deshalb sei Exklusion nur dann dysfunktional, wenn die zeitliche Begrenzung der Exklusion aufgehoben ist. Die funktional differenzierte Gesellschaft könne – so Luhmann (vgl. Luhmann 1995, 249 f.) – große Ungleichheiten innerhalb der Gesellschaft deshalb ‚tolerieren', weil Gewinne und Verluste temporär und nicht übertragbar seien. Umgekehrt muss gelten, dass, wer in einem Funktionssystem eine ‚Unperson' ist – also in der Kommunikation unberücksichtigt bleibt –, deshalb nicht automatisch in anderen Funktionssystemen als ‚Unperson' gelten darf. Die Temporalisierung und Interdependenzunterbrechung zwischen den Funktionssystemen wäre in diesem Fall aufgehoben. Dies würde zu – wie Stichweh es bezeichnet – ‚schwarzen Löchern' in der Gesellschaft führen (vgl. Stichweh 1997), die es einem Individuum, einmal in dieses Loch geraten, unmöglich machen, sich als Person oder Mitteilender wieder in die Funktionssysteme einzubringen. Luhmann nennt dies die Gefahr von Exklusionskumulation oder Exklusionsdrift[3].
Wenn hier also von ‚Inklusion' oder ‚Exklusion' die Rede ist, so bezieht sich dies auf die gesellschaftliche Teilhabe über die (Funktions-)Systeme der Gesellschaft. Die Begriffe ‚Integration' und ‚Desintegration' beschreiben hingegen die gesellschaftliche Teilhabe mit Bezug auf die Lebenswelten.
Die gesellschaftliche Teilhabe eines Individuums kann nicht dadurch gesichert werden, dass allein die ‚Inklusion' ins Beschäftigungssystem oder allein die ‚soziale Integration' in ein soziales Milieu angestrebt wird. Vielmehr muss die ‚Anschlussfähigkeit' des Individuums an *beide* Teilhabeformen der Gesellschaft gesichert sein (vgl. Pötter 2004a).
Die ‚Anschlussfähigkeit' eines Individuums an die Funktionssysteme und gleichzeitig an seine Lebenswelt kann nur gelingen, wenn sich die beiden Teilhabeformen nicht gegenseitig blockieren. Hier muss die Frage danach, was in einer modernen Gesellschaft ein ‚zu viel' und was ein ‚zu wenig' an sozialer Integration bedeutet, noch einmal neu gestellt werden. Individuen dürfen demnach, „wollen sie ihre Inklusionsfähigkeit nicht gefährden, nie-

3 Ein klassisches Beispiel für eine solche Form der Exklusionskumulation ist der Hauptmann von Köpenick: Er erhält von den Behörden keine Meldebescheinigung solange er keinen Arbeitsplatz vorweisen kann. Allerdings kann er keine Arbeit bekommen, solange er nicht vor Ort gemeldet ist. Auf diese Weise gerät der aus dem Zuchthaus entlassene Voigt in einen Teufelskreis, den er nur durchbrechen kann, in dem er sich über die Uniform eines Hauptmanns wieder zu einer ‚mitteilungsfähigen' Person macht (vgl. Fuchs/Schneider 1995).

mals so [fest] integriert sein, daß ihnen die Freiheit für wechselnde Inklusionen verlorengeht" (Kleve 1999, 189). Somit kann Desintegration für Individuen durchaus förderlich sein. Sie kann Möglichkeiten eröffnen, anders handeln, denken oder kommunizieren zu können (vgl. ebd. 217) und dadurch Inklusionschancen erhöhen.
Damit ist allerdings die Frage, was ein ‚zu wenig' an Integration ist, nicht geklärt. Hier mag ein Gedanke weiterhelfen, den Böhnisch und Schefold in ihrem Buch *Lebensbewältigung* vorgetragen haben. Am Beispiel *Lebensbewältigung und Schule* zeigen sie auf, dass sich Schule der Lebenswelt als notwendige Voraussetzung ‚bedient': „Die Schule braucht Ressourcen – Motivation und soziale Unterstützung –, die sie selbst nicht herstellen kann, zu deren ‚Lieferung' sie aber auf eine mehr oder weniger funktionierende Lebenswelt der Kinder und Jugendlichen angewiesen ist. Solche ‚Reproduktionsleistungen' für die Schule erbringen z. B. die Mütter mit ihrer Beziehungsarbeit in der Familie, werden aber auch in den psychosozialen Stützungsleistungen von jugendlichen ‚Subkulturen' erbracht" (Böhnisch/Schefold 1985, 81). ‚Zu wenig' Integration wäre demnach ein Zustand, in dem die Lebenswelt die Reproduktionsleistungen nicht mehr erbringen kann, weil zum Beispiel die Eltern zu sehr vom Berufsleben in Anspruch genommen werden, um noch Motivation und soziale Unterstützung für ihre Kinder zur Verfügung zu stellen.
Das individuelle, aber auch das gesellschaftliche Überleben ist in der modernen, differenzierten Gesellschaft somit weder allein durch die Teilhabe an sozialen Integrations-Desintegrationsprozessen der Lebenswelt noch allein durch die Teilhabe an den Inklusions-/Exklusionsstrukturen der Funktionssysteme und ihrer Organisationen gesichert. Das heißt, die entkoppelten gesellschaftlichen Teilbereiche ‚Funktionssysteme' und ‚Lebenswelten' müssen zueinander anschlussfähig bleiben.[4]

Mit anderen Worten hat Schulsozialarbeit Kinder und Jugendliche im Kontext von Schule so zu fördern, dass ihre Inklusionschancen gewahrt werden, indem sie dazu beiträgt, dass Blockaden zwischen den Funktionssystemen – hier insbesondere des Bildungssystems – und der Lebenswelt verhindert werden. Es

4 Wir sind uns darüber bewusst, dass der Inklusionsbegriff in der internationalen Debatte nicht an die luhmannsche Unterscheidung anschließt. Wir haben uns dazu entschieden bei der luhmannschen Begrifflichkeit zu bleiben, da in der internationalen Inklusionsdebatte die Probleme des alten Integrationsbegriffs durch die Hintertür wieder eingeführt werden. So spricht z. B. Booth (2008) davon, dass Inklusion ein Prozess sei und dass es um eine stetige Entwicklung hin zu mehr Teilhabe gehe. Inklusion und gesellschaftliche Teilhabe werden quasi gleichgesetzt. Damit wird Inklusion zu einem wertgeladenen Begriff.

geht dabei nicht um eine einseitige Anpassung des Verhaltens der Kinder und Jugendlichen an das Bildungs- und Erziehungssystem, sondern um einen wechselseitigen Ausgleich, der auch ganz dezidiert die Anpassungsnotwendigkeiten des (Bildungs-)Systems an die unterschiedlichen und sich wandelnden Lebenswelten erkennt und herstellt.

Literatur zur Vertiefung:

Böhnisch, Lothar/Schefold, Werner (1985): Lebensbewältigung – Soziale und pädagogische Verständigungen an den Grenzen der Wohlfahrtsgesellschaft. Juventa Verlag: Weinheim und München.

Luhmann, Niklas (1995): Inklusion und Exklusion. In: Soziologische Aufklärung 6: Die Soziologie und der Mensch. Westdeutscher Verlag: Opladen, S. 237-264.

Pötter, Nicole (2009): Jugendsozialarbeit zwischen Integration und Inklusion sozial benachteiligter Jugendlicher. In: Maier, Konrad (Hrsg.): Soziale Arbeit in der Krise der Arbeitsgesellschaft. Verlag Forschung, Entwicklung, Lehre: Freiburg, S. 91-112.

Thiersch, Hans (1997): Lebensweltorientierte soziale Arbeit – Aufgaben der Praxis im sozialen Wandel. 3. Auflage, Juventa Verlag: Weinheim und München.

Zum Weiterdenken:

- Gibt es in Deutschland überhaupt aus dem Bildungssystem ‚exkludierte' Kinder und Jugendliche und welche sind das?
- Welche Kinder und Jugendlichen sind zwar ins Bildungssystem inkludiert, haben aber aufgrund ihres Status innerhalb des Bildungssystems ein hohes Exklusionsrisiko in Bezug auf den Ausbildungs- und Arbeitsmarkt?

3 Kooperation als Kerngeschäft der Schulsozialarbeit

Wir haben behauptet, dass Schulsozialarbeit das Ergebnis der Kooperation der Akteure[5] im System ‚Schule' ist und nicht etwa allein das, was von sozialpädagogischen Fachkräften im Rahmen der Kinder- und Jugendhilfe am Ort Schule – oder gegebenenfalls auch außerhalb der Schule – angeboten wird. Dies heißt selbstverständlich nicht, dass die Kinder- und Jugendhilfe in der Schule aufgehen soll oder ihre Eigenständigkeit verliert, wenn sie sich in der Schulsozialarbeit manifestiert. Im Gegenteil: Ein Grundsatz von Kooperation zwischen zwei oder mehreren Betrieben ist „[...] eine Form der *freiwilligen* zwischenbetrieblichen Zusammenarbeit [...] unter Wahrung wirtschaftlicher und rechtlicher *Selbstständigkeit*" (Picot/Reichenwalt/Wigand 1998; Hervorhebung durch die Autorinnen). In der Regel wird auf der Basis einer Kooperationsvereinbarung eine zweckorientierte Zusammenarbeit vereinbart, „die eine gemeinsame Erreichung eines oder mehrerer übergeordneter und *nur gemeinsam* erreichbarer Ziele anstrebt" (ebd. Hervorhebung durch die Autorinnen). Diese Definition von Kooperation unterstreicht zu Recht die Eigenständigkeit der Partner und die Zielgerichtetheit der Zusammenarbeit. Damit ist von vornherein ausgeschlossen, dass der eine Kooperationspartner gegenüber dem anderen Kooperationspartner weisungsberechtigt wäre. Damit ist aber auch ausgeschlossen, dass einer der Kooperationspartner der Klient des anderen sein könnte. Beides sei hier ausdrücklich erwähnt, denn ebenso wie die Vertreterinnen und Vertreter des Schulsystems manchmal versuchen, sich der sozialpädagogischen Fachkräfte zu bedienen und ihnen Weisungen zu erteilen, um ihre Machtposition im Rahmen der Schule zu unterstreichen, versuchen die Vertreterinnen und Vertreter der Sozialen Arbeit manchmal die Lehrerinnen und Lehrer als Zielgruppe ihrer sozialpädagogischen Bemühungen zu deklarieren, mit dem Zweck die eigene Deutungshoheit gegenüber den Kolleginnen und Kollegen zu verteidigen[6].

---

5 Zu diesen Akteuren zählen insbesondere die sozialpädagogischen und schulpädagogischen Fachkräfte, andere pädagogische Fachkräfte soweit vorhanden, aber auch z. B. die Hausmeister, die sich gegenüber den Fachkräften unbürokratisch, unterstützend oder auch blockierend verhalten können.

6 Viele Träger tragen diese Zielgruppendefinition mit, was sicherlich dadurch zu erklären ist, dass man bei einer größeren Zielgruppe einen höheren Bedarf an sozialpädagogischen Fachkräften deklamieren kann. Für Kooperationen zwischen Kinder- und Jugendhilfeträgern und Schulen ist dies hingegen keine gute Voraussetzung. Beide Seiten zeigen durch ihr Verhalten an, dass sie die Eigenständigkeit des anderen – aus unterschiedlichen Gründen – nicht respektieren.

An dieser Stelle sei mit einer weiteren Vorstellung der Kinder- und Jugendhilfe in Bezug auf die Kooperation von Jugendhilfe und Schule gebrochen: der Vorstellung man könne mit Schule in dem Sinne „auf gleicher Augenhöhe" zusammenarbeiten, dass es zwei völlig gleichberechtigte Partner gäbe. Schule wird immer der Größere und damit der gewichtigere Partner in einer solchen Konstellation bleiben. Auch bei Betrieben in der Wirtschaft können kleine Partner mit sehr großen Unternehmen zusammenarbeiten. In der Regel bedeutet dies, dass der kleinere Partner mehr Konzessionen machen muss, indem er sich bestimmten Strukturen, Verfahrensabläufen u.ä.m. anpassen muss. Dies nimmt ihm aber in keiner Weise seine Eigenständigkeit. *Selbstständigkeit* nicht Gleichberechtigung ist das Schlüsselwort von Kooperation! Selbstständigkeit ergibt sich vor allem aus einer uneingeschränkten Fachlichkeit, die allem Handeln zugrunde liegen sollte. Beide Partner können jederzeit entscheiden, ob Aufwand und Ertrag noch in einem sinnvollen Verhältnis zu einander stehen und ob sich somit das Engagement in der Kooperation noch lohnt[7]. Wenn es zum Beispiel nicht mehr gelingt, ein gemeinsames Ziel zu definieren, welches man nur zusammen mit dem Partner erreichen kann, besteht auch kein Grund mehr für eine Kooperation.

Dieser Teil der Definition von Kooperation ist somit bei unterschiedlich großen Partnern umso entscheidender: Wenn es den Vertreterinnen und Vertretern der Kinder- und Jugendhilfe nicht gelingt, den schulischen Fachkräften zu vermitteln, welche Ziele die Schule nur mit Unterstützung der Sozialen Arbeit erreichen kann, verliert sie ihre starke Verhandlungsposition – die man durchaus auch als kleinerer Partner in einer Kooperation haben kann. Deswegen ist die gemeinsame Zieldefinition zu Beginn jeder Kooperation von entscheidender Bedeutung und muss schriftlich fixiert werden. Um die Bedeutung der gemeinsamen Ziele zu unterstreichen, aber auch um auf bereits Erreichtes zu verweisen und dadurch den Erfolg der Kooperation zu verdeutlichen, sollte in regelmäßigen Abständen eine Zielüberprüfung und Erfolgskontrolle stattfinden.

Ein Kooperationsvertrag beginnt damit, dass Zieldefinitionen schriftlich fixiert werden. Darüber hinaus können weitere Aspekte der Kooperation festgelegt bzw. verdeutlicht werden, zum Beispiel der Gegenstand der Kooperation, die Richtung der Kooperation, die Größe der Partner, die Herkunft der Partner,

7 Es ist uns durchaus bewusst, dass es weder in der freien Wirtschaft noch in der Kooperation zwischen Schule und Jugendhilfe immer so einfach ist, dies zu tun, da viele andere Dinge wie Angst vor Arbeitsplatzverlust, ideelle Ziele und Werte u.ä.m. eine Rolle spielen. Dennoch ist es u.E.n. richtig und notwendig in diesem Zusammenhang insbesondere den Aspekt der Freiwilligkeit zu betonen und damit auch die Möglichkeit eines ‚disengagements' zu unterstreichen.

ihre Anzahl und die Dauer der Partnerschaft[8]; also all jenes was grundsätzliche eine Kooperation charakterisiert[9] (vgl. Wohlfahrt 2006, 47 ff., Schubert 2007).

Ausgehend von den gemeinsam festgelegten Zielen[10] kann entschieden werden, welche Kooperationsform erforderlich ist und welche Intensität die Kooperation haben soll. Bei der Kooperationsform geht es vor allem darum, die Aufgaben, Rechte und Pflichten beider Seiten festzulegen. Hierzu zählt auch die personelle, zeitliche und finanzielle Ausgestaltung. Da Schulsozialarbeit das Ergebnis der Kooperation von Kinder- und Jugendhilfe und Schule ist, bedeutet dies auch, dass die Schule ebenso wie die Kinder- und Jugendhilfe personelle, zeitliche und finanzielle Mittel zur Verfügung stellen muss. Dies könnte in seiner minimalsten Ausgestaltung lediglich bedeuten, dass die Schule eine Vertreterin oder einen Vertreter zu einer entsprechenden Gremiensitzung schickt (zeitliche/personelle Ressource) oder Räume für ein entsprechendes Angebot der Jugendhilfe bereitgestellt werden. Erfolgt selbst diese minimale Ressourcenbereitstellung nicht, kann auch keine Kooperation stattfinden[11].

Kooperationen können in unterschiedlicher Intensität erfolgen. Es lassen sich vier Niveaus der Intensität unterscheiden (vgl. hierzu Pätzold/Wingels 2005, 17 ff., Pötter 2008): Die unterste Stufe der Kooperation ist der gegenseitige Austausch von Erfahrungen und Informationen. Dies kann etwa in Arbeitskreisen oder Gremien außerhalb der Schule oder z. B. durch einen Vortrag von sozialpädagogischen Fachkräften im Lehrerkollegium (oder umgekehrt) erfolgen (*Niveau 1*). Eine intensivere Form der Kooperation besteht in einer gegenseitigen Abstimmung von Aufgaben und Funktionen der beteiligten Partner.

---

8 Es kann auch bei Kooperationen, die auf eine unbefristete Zeit angelegt sind, sinnvoll sein die Dauer der Partnerschaft zunächst zu befristen, um zum Beispiel nach Ablauf der vereinbarten Frist Umfang und Art der Kooperation neu zu verhandeln.

9 Darüber hinaus kann man nach internen und externen Kooperationen (s. Kapitel 7 *Rechtslage und Trägerschaft*) und nach informellen und formellen Vereinbarungen unterscheiden (vgl. Schubert 2007). Beides wird nicht Teil einer Kooperationsvereinbarung sein. Bei einer informellen Kooperation wird es gar keinen Kooperationsvertrag geben.

10 Auch hier muss man einschränkend darauf verweisen, dass Ziele oft bereits von außen festgelegt worden sind. Dies gilt insbesondere für die Soziale Arbeit, die in der Regel auf politische Programme reagiert, die zumindest zeitweise die Finanzierung von Projekten in der Kinder- und Jugendhilfe ermöglichen, dafür aber viele Vorgaben machen. Wird auf Seiten des Schulsystems von den Verantwortlichen nicht ebenfalls ein gewisser Druck aufgebaut, sich dieser Programmatik anzuschließen, stehen die Vertreterinnen und Vertreter der Kinder- und Jugendhilfe eher als Bittsteller denn als Kooperationspartner da. Dies sind in der Regel sehr schlechte Voraussetzungen für eine gelingende Kooperation. Alleine vor diesem Hintergrund wäre es wünschenswert, wenn Schulsozialarbeit sich aus der kurzfristigen und programmatischen Finanzierung lösen und eine dauerhafte Einrichtung werden könnte.

11 Um die Ressourcen, die Schule für die Schulsozialarbeit bereitstellt zu erhöhen, könnte es hilfreich sein, Schulsozialarbeit in gemeinsamer Verantwortung und das heißt in gemeinsamer Trägerschaft umzusetzen (s. Kapitel 7 *Rechtslage und Trägerschaft*).

Dies wäre z.B. der Fall, wenn ein Jugendhilfeträger an einer Schule ein Nachmittagsangebot umsetzt und hierzu die Nutzung von Räumen und die Zeiten, in denen das Angebot stattfindet, mit der Schulleitung abstimmt, aber keine fachliche Verzahnung mit den Unterrichtsinhalten der Schule und auch keine personelle Zusammenarbeit stattfindet (*Niveau 2*). Die dritte und noch intensivere Form von Kooperation ist die *gegenseitige* Beratung. Kooperation als Beratung heißt, eine gemeinsame Planung und Optimierung von Arbeitsprozessen anzustreben. Dabei werden durch die Einbringung der spezifischen Sichtweisen und Erfahrungen der Partner die Handlungsmöglichkeiten erhöht und neue Lösungswege entdeckt (*Niveau 3*). Die vierte und intensivste Form der Kooperation ist die gemeinsame Entwicklung und Umsetzung von Projekten, die gemeinsam verantwortet werden (*Niveau 4*).

Die höheren Niveaus setzen eine Zusammenarbeit auf den Ebenen der darunter liegenden Niveaus voraus. Eine gemeinsame Projektentwicklung kann ohne einen regelmäßigen Austausch von Informationen nicht erfolgen; eine gegenseitige Beratung kann nicht erfolgen, ohne dass die jeweiligen Aufgaben im Beratungsprozess unter einander abgestimmt wurden etc.

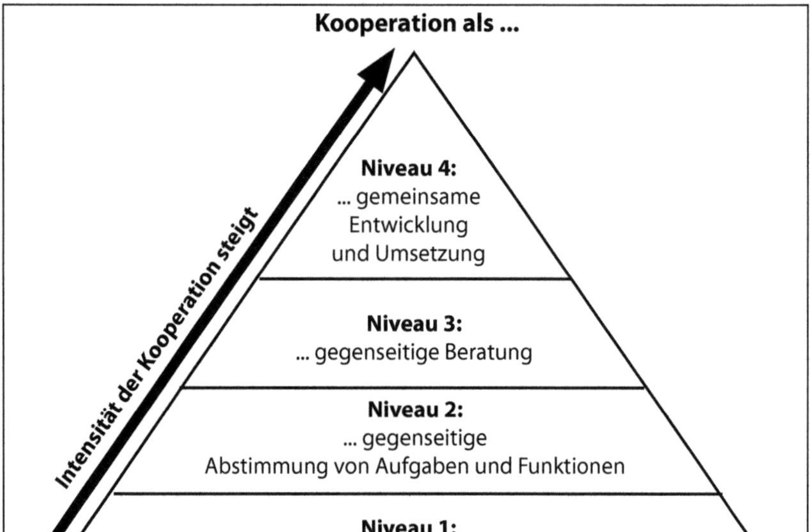

Abbildung 1: Kooperation als ...

Kooperationen scheitern häufig nicht deshalb, weil die Partner nicht kooperieren wollen, sondern weil sie unterschiedliche Erfahrungen und unterschiedliche Erwartungen haben. Die Berufsgruppen der Schul- und der Sozialpädagogik weichen z. B. – trotz der gemeinsamen pädagogischen Wurzeln – in ihrem Sprachgebrauch überraschend deutlich voneinander ab. So verstehen Lehrerinnen und Lehrer unter Kooperation oft eine Zusammenarbeit auf dem Niveau 1, während Schulsozialarbeiterinnen und -sozialarbeiter in der Regel das Niveau 4 anstreben und dieses auch meinen, wenn sie von Kooperation sprechen. Die Arbeitserfahrungen der beiden Berufsgruppen unterscheiden sich entsprechend: Während Lehrerinnen und Lehrer bis heute in der Regel isoliert und für sich arbeiten (müssen), sind Fachkräfte der Sozialen Arbeit gewohnt, in Teams zu arbeiten. Diese Missverständnisse führen insbesondere auf Seiten der sozialpädagogischen Fachkräfte oft zu Frustrationen und auf Seiten der schulpädagogischen Fachkräfte zu Irritationen. Deshalb ist es umso wichtiger, sich von Beginn an über den Umfang und die Intensität der Kooperation zu verständigen. Beides sollte sich an der Zielsetzung orientieren. Es ist nicht immer sinnvoll, eine Kooperation auf dem Niveau 4 anzustreben.

V 2

Kooperation als Balance zwischen Eigenständigkeit und ‚commitment'

Wendet man die Begriffe der ‚Integration' und ‚Desintegration' im oben beschriebenen Sinne auf Kooperationen an, so ist die höhere Intensität einer Kooperation mit einer höheren Integration der involvierten Personen und Institutionen gleich zu setzen. D. h. durch die Festlegungen die ein (Schul- oder Jugendhilfe)Träger trifft, sich in einem Bereich wie der Schulsozialarbeit zu engagieren, verzichtet er auf andere Möglichkeiten, da er seine vorhandenen Ressourcen nicht mehrfach verplanen kann. Umso höher sein ‚commitment' mit steigender Intensität ist, desto mehr hat er bereits in die Kooperation investiert und desto stärker ist er an seine Kooperationspartner gebunden. Wenn ein Jugendhilfeträger dauerhaft Schulsozialarbeit an einer Schule installieren will, sollte er eine Kooperation anstreben, die von beiden Seiten ein hohes ‚commitment' erwarten kann. Nicht selten setzen die Jugendhilfeträger aber auch nur Programme um, die zeitlich befristete Angebote an möglichst viele Schulen bringen sollen. In diesen Fällen hat auch der Jugendhilfeträger kein Interesse, die Kooperation mit einer Schule zu eng zu gestalten, da ihm dies den Handlungsspielraum für ein Engagement in weiteren Schulen bzw. in anderen Programmen einschränken kann.

Umgekehrt reagieren auch die Schulen auf je unterschiedliche Anforderungen ihrer Ministerien und müssen daher manchmal sinnvolle und etablierte Angebote ihrer Schule aufgeben, bevor sie die Ressourcen haben, sich in einem neuen Bereich zu engagieren. Die Mitarbeiterinnen und Mitarbeiter sowohl der Jugendhilfeträger als auch der Schulen können bestätigen, dass gerade das ‚disengagement' vielen Trägern schwer fällt. Obwohl sie kaum neue Ressourcen zur Verfügung stellen (können), wollen sie ein zusätzliches Engagement aufnehmen, in der Hoffnung zu einem späteren Zeitpunkt hierüber Ressourcen sichern zu können oder schlicht, weil sie der Überzeugung sind, dass sowohl das eine wie das andere Angebot notwendig ist. Dies führt regelmäßig zu einer Überforderung der Lehrkräfte und der sozialpädagogischen Fachkräfte, die persönliche Ressourcen (Zeit, körperliche Anstrengung) mit einbringen, um die Arbeitsverdichtung, die die notwendige Folge ist, doch noch zu bewältigen.
Integration kann aber auch, wie wir oben bereits ausgeführt haben, durch Konflikte entstehen. So kann es zum Beispiel sein, dass Schulsozialarbeiter mit den Vertretern der Schule immer wieder aufs Neue, um räumliche und zeitliche Ressourcen kämpfen müssen. Räume sind besetzt oder verschlossen in Zeiten, in denen eigentlich Angebote der Schulsozialarbeit dort stattfinden sollten, weswegen diese regelmäßig entfallen oder in Provisorien stattfinden müssen. Die Schulsozialarbeiterinnen reagieren, indem sie immer und immer wieder die notwendigen Ressourcen bei der Schulleitung und in den entsprechenden Gremien einfordern. Das Lehrerkollegium reagiert mit Unverständnis und fühlt sich durch den Konflikt belästigt. Die Schulsozialarbeiter werden als ständig sich beklagende und fordernde Querulanten wahrgenommen, die den eigentlichen Schulbetrieb stören. Aufgrund der Tatsache, dass praktisch keine Ressourcen von der Schule zur Verfügung gestellt werden – es fehlt selbst am Austausch von Informationen, da die Schulsozialarbeiterinnen sonst über die Besetzung der Räume Bescheid wüssten –, können wir sagen, dass hier keine Kooperation stattfindet. Gleichzeitig bindet der daraus entstandene Konflikt sehr viele Ressourcen, sowohl des Jugendhilfeträgers als auch der Schule. Auch in diesem Falle müsste es konsequenterweise zu einem ‚disengagement' kommen. D. h. indem sich eine Seite dem Konflikt entzieht und das hin und her Gezerre nicht mehr mitmacht, erhöht er für sich selbst, aber auch für die andere Seite, wieder die Freiheitsgrade des Handelns. Dies fällt aber oft gerade deshalb so schwer, weil man bereits viel Zeit investiert hat.

Folglich sind auch in einer Kooperation Freiheitsgrade, d.h. ein ausreichendes Maß an Desintegration, notwendig. So ist die Eigenständigkeit der Partner das notwendige Pendant zum im Kooperationsvertrag festgelegten ‚commitment' (in Form der einzubringenden Ressourcen der beteiligten Kooperationspartner).

Aus Kooperationen entstehen Netzwerke. In diesem Sinne kann die Installation von Schulsozialarbeit an einer Schule, ein Schritt zur Öffnung der Schule nach außen sein[12]. Schule kann natürlich auch ohne eigene Angebote der Schulsozialarbeit in einem sozialräumlichen Netzwerk eingebunden sein, aber auch dann besteht – zumindest auf dem Niveau 1 – eine Kooperation mit den örtlichen Kinder- und Jugendhilfeangeboten, aus der sich dann gegebenenfalls auch weiterführende Projekte ergeben können.

Die Installation von Schulsozialarbeit in der Schule selbst holt diese Angebote in die Schule hinein und ermöglicht es der Schule an der traditionell starken Vernetzung der Sozialen Arbeit im Sozialraum zu partizipieren. Über die Vernetzungsarbeit erschließt die Soziale Arbeit Ressourcen – für sich selbst, aber auch für ihre Zielgruppen. Durch die Anbindung der Schulsozialarbeit an weitere Aufgabenfelder der Kinder- und Jugendhilfe, wie z.B. der Jugendarbeit, der Jugendsozialarbeit und der Erziehungshilfe, wird zudem fachliche Expertise in die Schule hineingetragen.

Bei hinreichend institutioneller Einbindung und Absicherung zeigt sich in der Regel, dass Schulsozialarbeit auch unter schwierigen Arbeitsbedingungen für Schülerinnen und Schüler tragfähige und inklusionsförderliche Netze aufbauen und nachhaltige Partizipationsformen entwickeln kann und dass sie das Aufgabenspektrum verschiedener Handlungsfelder und beteiligter Institutionen sinnvoll abzuschätzen weiß.

---

12 Die Öffnung der Schule zum Gemeinwesen ist ein Schulentwicklungsprozess, der mit Unterstützung oder zumindest unter Beteiligung der sozialpädagogischen Fachkräfte stattfinden sollte (s. Kapitel 3.4 *Schulentwicklung*).

Literatur zur Vertiefung:

Bleckmann, Peter/Durdel, Anja (Hrsg.) (2009): Lokale Bildungslandschaften. Perspektiven für Ganztagschulen und Kommunen. VS Verlag: Wiesbaden.

Maykus, Stephan (2009): Neue Perspektiven für Kooperation: Jugendhilfe und Schule gestalten kommunale Systeme von Bildung, Betreuung und Erziehung. In: Bleckmann, Peter/Durdel, Anja (Hrsg.): Lokale Bildungslandschaften. Perspektiven für Ganztagschulen und Kommunen. VS Verlag: Wiesbaden.

Pötter, Nicole (2008): Neue Wege der Kooperation zwischen Jugendhilfe und Schule – Schulberatung am Beispiel des Regionalen Übergangsmanagements Schule-Beruf in Leverkusen. In: Theorie und Praxis der Sozialen Arbeit, Heft 3/2008, 59. Jg., S. 186-193.

Wohlfahrt, Ursula (2006). Netzwerkarbeit erfolgreich gestalten. Orientierungsrahmen und Impulse. Bertelsmann Verlag: Bielefeld.

Zum Weiterdenken:

- Welche Kooperationsverständnisse werden von schul- und sozialpädagogischen Fachkräften mit gleichen Begriffen aber unterschiedlichen Konnotationen verwendet?
- Wie lassen sich die verschiedenen Konnotationen der Begriffe aus der fachlichen Sicht der Fachkräfte ableiten und erklären?
- Bei welchen Kooperationspartnern außerhalb der Schule sind ähnliche Probleme mit der Verwendung bestimmter Begriffe erwartbar?
- Welche weiteren Begriffsbeispiele und -verständnisse können für die außerschulischen Partner benannt werden?

4 Der gemeinsame Auftrag: Erziehung und Bildung

In der Definition von Kooperation ist darauf verwiesen worden, dass diese auf der Grundlage beruht, dass es gemeinsame Ziele gibt und dass diese Ziele nur gemeinsam erreicht werden können. Das heißt für die Schulsozialarbeit letztlich nichts anderes, als dass es eine Überschneidung zwischen dem Auftrag der Jugendhilfe und dem Auftrag der Schule geben muss, da sich sonst eine Kooperation erübrigen würde. Darüber hinaus erfordert Zusammenarbeit die Einsicht beider Seiten, dass sie ihr Ziel ohne den Partner nicht erreichen können. Sowohl die Schule als auch die Kinder- und Jugendhilfe haben einen Erziehungs- und Bildungsauftrag – zwei nicht trennscharfe Zielbegriffe, die der Klärung bedürfen, weil sie sowohl im Alltagsgebrauch allgegenwärtig sind als auch im fachlichen Diskurs nicht eindeutig und einheitlich gebraucht werden.

Erziehung lässt sich vor allem als die Absicht beschreiben, Wissen und Können zu vermitteln: „Wenn von Erziehung gesprochen wird, denkt man zunächst an eine intentionale Tätigkeit, die sich darum bemüht, Fähigkeiten von Menschen zu entwickeln und in ihrer sozialen Anschlussfähigkeit zu fördern" (Luhmann 2002, 15). Wilhelm Flitner (1950) bemerkt in der Darlegung der Schwierigkeit, den Erziehungsbegriff und den Bildungsbegriff per Definition voneinander abzugrenzen, dass es sich bei der Erziehung „vor allem um ein persönliches, ethisches Willensverhältnis handelt, um eine Begegnung verantwortlicher Personen" (Flitner 1950, 26), die es zu beschreiben gilt. Da aber nicht nur die Intention der erziehenden Person auf die Einstellungen, Haltungen und Überzeugungen der zu erziehenden Person in diesem Prozess eine Rolle spielen, sondern den zu Erziehenden selbst eine Intentionalität zugestanden werden muss, die sich „die Gehalte der Absichten der Erziehung in einem aktiven Prozess zu eigen machen" (Vogel 2008, 120), ist Erziehung als dialogische Interaktion zu begreifen. Vogel betont hierzu, dass dementsprechend auch das „Scheitern von Erziehung (der Zögling nimmt die angesonnenen Haltungen nicht an)" (ebd. 121) einzukalkulieren ist.

Wenn nun aber schon Erziehung nicht zuverlässig vermittelbar ist, so ist es Bildung noch viel weniger, weil es sich um einen selbsttätigen Prozess handelt, in welchem das Subjekt sich nur selbst bilden kann: „Ich selber werde mit dem Maße Subjekt meiner eigenen Biografie, wie es mir gelingt, die Entwicklungsmöglichkeiten der jeweiligen Erziehungsräume auszufüllen und sie dann qualitativ umzugestalten, wenn sie mich in meiner Weiterentwicklung einschränken, weil sie meine Abhängigkeit verfestigen, wobei die Richtung der Überschreitung immer bewusster an den Bildungshorizonten ausgerichtet werden kann" (Braun 2006, 57). ‚Bildung', verstanden im Sinne von „sich bilden" (von Hentig 1995, 39) ist also immer mit Aktivität verbunden und immer auch mit Verläufen, Zäsuren und Übergängen innerhalb des Prozesses verknüpft und insofern als ein „Weg" zu verstehen auf dem Individuen zu ermitteln versuchen „wer sie sind" (Mollenhauer 1998, 490).

Dieser Prozess des Mündigwerdens bedarf aber der Voraussetzungen: Ein gewisses Wissen und Können müssen ebenso vorhanden sein, wie Momente der Ermutigung und Unterstützung und Maßstäbe[13] der Einschätzung. Auch Flitner betont, dass der Bildungsprozess Erziehende und Erziehungssysteme voraussetzt (vgl. Flitner 1950, 135), insofern Pädagogen und Pädagoginnen versuchen, durch Erziehung Wissen, Können und Haltungen zu vermitteln, welche dann (Selbst)Bildung ermöglichen. Bildung beschreibt dabei das Recht des Einzelnen, sich eigenständig mit seiner Umwelt zu beschäftigen und sich deren Inhalte zu Eigen zu machen. Der oder die Einzelne kann also auch zu anderen Schlüssen kommen als seine oder ihre soziale Umgebung, inklusive der Pädagogen und Pädagoginnen. Bildung ermöglicht somit Individualität und letztlich Innovation innerhalb der Gesellschaft, d. h. Menschen können sich aufgrund eigener Erkenntnis anders verhalten, als Regeln oder Normen es vorschreiben[14]. Der Bildungsauftrag – sowohl von Schule als auch von Jugendhilfe – kann also nur dadurch erfüllt werden, dass man Selbstbildung ermöglicht[15].

Erziehung zielt hingegen auf das *erwartbare* Verhalten von ‚Personen'. Erwartetes und als ‚richtig' festgelegtes Verhalten wird durch die Erziehung positiv sanktioniert, ‚falsches' Verhalten wird negativ sanktioniert. Eine positive Sanktion könnte zum Beispiel Lob und Anerkennung des Lehrers oder auch eine gute Zensur sein. „Positive und negative Bewertungen werden zu Positionen verdichtet, weil sie die Voraussetzungen für die weitere Teilnahme am System

---

13 Hartmut von Hentig schlägt hierfür sechs mögliche „Maßstäbe" vor: „Abscheu und Abwehr von Unmenschlichkeit; die Wahrnehmung von Glück; die Fähigkeit und den Willen, sich zu verständigen; ein Bewußtsein von der Geschichtlichkeit der eigenen Existenz; Wachheit für letzte Fragen; und – ein doppeltes Kriterium – die Bereitschaft zu Selbstverantwortung und Verantwortung in der *res publica*" (von Hentig 1996, 75; Hervorhebung im Original). Oskar Negt spricht dagegen von sechs Kompetenzen, die es zu erwerben gilt: Zusammenhangskompetenz, Identitätskompetenz, technologische Kompetenz, Gerechtigkeitskompetenz, ökologische Kompetenz, historische Kompetenz (Negt 1999).

14 Oder auch sehr bewusst in den Grenzen dieser bleiben, wenn Dritte, z. B. in einer Gruppensituation (‚peer group pressure') erwarten, dass man die Regeln bricht.

15 Da Bildung auch zu abweichenden Verhaltensformen oder Antworten auf Fragen führen kann, ist Bildung im engeren Sinn nicht abfragbar oder prüfbar. Man kann zwar versuchen herauszufinden, ob jemand sich eigenständig Gedanken gemacht hat, aber man kann sich letztlich nicht sicher sein, ob dies auch so geschehen ist. Deshalb wird durch Zensuren nicht Bildung beurteilt, sondern die richtige Wiedergabe vorgegebener Antworten auf feststehende Fragen.

formulieren. Die Karriere im Erziehungssystem regelt die Inklusion ins Erziehungssystem“ (Luhmann 1986, 164). Über die Verteilung von Zensuren oder im einfacheren Fall von bestandenen/nicht bestandenen Prüfungen entsteht Selektion. Sie ist somit nicht „eine gesellschaftlich aufgezwungene, erziehungsfeindliche Aufgabe“ (ebd., 160), sondern sie ist die Kehrseite der Erziehungsabsicht: „Selektion ist zunächst einmal die zwangsläufige Folge der Absicht, richtig, lebensförderlich, sozial akzeptabel zu erziehen“ (Luhmann 2002, 69)[16].

Schließlich ist die „Karriere im Erziehungssystem“ in mancherlei Hinsicht auch sehr wirkmächtig für andere Karrieren – es geht „um die *Zuweisung von Positionen innerhalb und außerhalb des Systems*“ (Luhmann 1986; Hervorhebung im Original) –, und deshalb ist die Selektion, die entsteht, immer wieder kritisch zu hinterfragen: Ist sie den Erfordernissen der Gesellschaft angepasst oder erzeugt sie eine zu große ‚drop out‘-Rate, die ein erhebliches Potential der Gesellschaft ungenutzt lässt? Gleichzeitig stellt sich die Frage, wie man mit denjenigen umgeht, die durch die Selektion weniger Teilhabechancen haben als die erfolgreicheren Menschen. Damit sind zentrale Fragen sozialer Gerechtigkeit angesprochen.

Zunächst einmal muss man sich allerdings daran erinnern, dass die gesellschaftliche Differenzierung, die zu diesem System geführt hat, die Menschen von anderen Zuweisungsmechanismen befreit hat. Wir sind eben nicht mehr qua Geburt einem bestimmten Stand oder einer bestimmten Zunft zugehörig, sondern können uns über Zertifikate das Recht zu bestimmten Tätigkeiten und den damit verbundenen Chancen von beruflichem Erfolg und gesellschaftlichem Status erarbeiten. Genau deshalb hat die Schule mit ihrer für grundsätzlich alle verpflichtenden Erziehung aber auch so eine zentrale Bedeutung in unserer Gesellschaftsform. Gleichzeitig ermöglicht das System, Tests und Prüfungen zu wiederholen, um doch noch zu bestehen. Auch legt eine schlechte Note in Deutsch nicht fest, dass ich beim nächsten Test ebenfalls eine schlechte Note erhalten muss oder dass ich in einem anderen Fach eine schlechte Note erhalte. Die Chancen, die darin liegen, erzeugen jedoch auch Ungewissheit, denn auch der gute Schüler oder die gute Schülerin kann nicht sicher sein, dass es beim nächsten Mal genauso gut klappt. „Insofern wirkt die Systemgrenzen übergreifende Karriereorientierung sowohl motivierend als auch demotivierend, je nachdem, wie der Einzelne diese Situation der Ungewissheit verarbeitet“ (Luhmann 2002, 72). Der Umgang mit der Ungewissheit wird durch die Lebenswelt des Schülers oder der Schülerin mitbestimmt.

16 „Die gute Absicht gebärt aus sich selbst heraus zwei recht ungleiche Kinder, nämlich Erziehung und Selektion. Die Pädagogik hat beide Sprösslinge ungleich beurteilt. Sie hat Erziehung als ihre eigenstes Anliegen geliebt, Selektion dagegen als staatlich aufgezwungenes Amt abgelehnt“ (Luhmann 2002, S. 62).

In jedem Fall hat die Aussicht sich immer wieder erneut Prüfungen stellen zu müssen und mit jeder Prüfung ein Stück über seine Karriere zu entscheiden, einen disziplinierenden Charakter. Man könnte auch zugespitzt formulieren, die Schule erzieht durch Selektion. Robert Dreeben ist bereits 1968 zu dem Schluss gekommen, „dass ein Großteil dessen, was Heranwachsende in der Schule lernen, darauf zurückgeht, dass das schulische Lernambiente bestimmte Vorentscheidungen darüber trifft, ‚was geht und was nicht geht' und dass die möglichen (oder: naheliegenderen, angenehmeren, sanktionsfreieren etc.) Verhaltensvarianten eingeübt und habitualisiert werden, und auf diese Weise sichergestellt wird, ‚dass die meisten Menschen jene Fähigkeiten erwerben, die ein industrielles Berufssystem, ein demokratisches Zwei-Parteien-System und die Integration der Familieneinheit in die öffentliche Sphären des Berufslebens und der Politik gewährleisten'" (Babel/Hackl 2004, 107 f.). Angesichts der heutigen Anforderungen, denen sich unsere Gesellschaft gegenüber sieht – und hierzu gehören auch der Anspruch auf soziale Gerechtigkeit und Chancengleichheit – ist es jedoch nicht (mehr) möglich, Bildung allein über die Institution Schule zu organisieren, allein schon deshalb, weil die Schule das „Funktionsprinzip der sozialen Selektion" (Leiprecht 2008, 108) nicht hintergehen kann. Darum formuliert das Bundesjugendkuratorium in seiner thesenartigen Auseinandersetzung mit der Bildungsdebatte folgendes Bildungsverständnis: „Bildung ist der umfassende Prozess der Entwicklung und Entfaltung derjenigen Fähigkeiten, die Menschen in die Lage versetzen, zu lernen, Leistungspotenziale zu entwickeln, zu handeln, Probleme zu lösen und Beziehungen zu gestalten. Junge Menschen in diesem Sinne zu bilden, ist nicht allein Aufgabe der Schule. Gelingende Lebensführung und soziale Integration bauen ebenso auf Bildungsprozessen in Familien, Kindertageseinrichtungen, Jugendarbeit und der beruflichen Bildung auf. Auch wenn der Institution Schule ein zentraler Stellenwert zukommt, reicht Bildung jedoch weit über Schule hinaus" (Bundesjugendkuratorium 2002, 3).

V 3

Formelles, non-formelles und informelles Lernen

Im Versuch Bildungsgelegenheiten und Bildungsanlässe besser verstehen und klassifizieren zu können, hat sich ein Diskurs etabliert, der Bildung entlang der Settings in denen sich die Akteure bewegen, hinsichtlich ihrer formellen, ihrer nicht-formellen und ihrer informellen Gebundenheit unterscheidet. Vogel (2008) erläutert die Unterschiede, indem er die im Informatikunterricht erworbenen und geprüften Kenntnisse der formellen Bildung, die im offenen Angebot der freiwilligen Computer-AG erworbenen Kompetenzen der nicht-formellen und die im privaten Freundeskreis erworbenen der informellen Bildung zuordnet. Da sich aber diese Beispiele auf beobachtbares *Lernen* beziehen, während Bildung dagegen ein programmatisches Konzept meint, das eben nicht der Beobachterperspektive zugänglich ist, müssen wir diesen dritten, nicht normativ aufgeladenen Begriff einführen und erläutern.

Die Unterscheidung nach formellem, non-formellem und informellem Lernen, wie sie seit 2001 von der Europäischen Kommission getroffen wird, ermöglicht noch mal einen anderen Blick auf den Erziehungs- und Bildungsauftrag der Schule. *Formelles Lernen* kann man als Lernen beschreiben, „das üblicherweise in einer Bildungs- und Ausbildungseinrichtung stattfindet, (in Bezug auf Lernziele, Lernzeit und Lernförderung) strukturiert ist und zur Zertifizierung führt. Formelles Lernen ist aus Sicht des Lernenden zielgerichtet“ (zitiert nach Overwien 2004, 55 f.). *Nicht-formelles* Lernen findet hingegen nicht in Bildungs- und Berufsbildungseinrichtungen statt und wird in der Regel auch nicht zertifiziert. Dennoch kann man sie als systematisch (in Bezug auf Lernziele, Lerndauer und Lernmittel) und zielgerichtet beschreiben (vgl. ebd.). *Informelles* Lernen findet hingegen im Alltag statt, zum Beispiel am Arbeitsplatz, im Familienkreis oder in der Freizeit. Es ist nicht strukturiert und führt nicht zur Zertifizierung. „Informelles Lernen kann zielgerichtet sein, ist jedoch in den meisten Fällen nichtintentional (oder inzidentell/beiläufig)“ (ebd.).

Overwien hat mit Bezug auf Watkins und Marsick (1990) richtiger Weise darauf hingewiesen, dass es keine klaren Grenzen zwischen dem ‚formellen‘, ‚non-formellen‘ und ‚informellen‘ Lernen gibt. Vielmehr sollten wir uns diese Lernformen auf einer Art Kontinuum vorstellen, deren extreme Endpunkte vielleicht noch relativ klar definiert werden können. Dazwischen können wir immer nur von einem „Mehr oder Weniger“ an Strukturierung und Formalisierung sprechen.

D. h. auch, dass informelles Lernen letztlich überall stattfinden kann, selbst im Kontext Schule. Der Neurologe Manfred Spitzer hat dies in einem Interview für den Film „Treibhäuser der Zukunft"[17] so umschrieben (Zitat sinngemäß): „Das Gehirn ist zum Lernen gemacht worden. Es kann gar nicht nicht-lernen! Lehrer sagen mir immer: Kommen sie mal in meinen Unterricht am Montagmorgen, dann zeige ich ihnen 30 Gegenbeispiele. Die Frage ist, ob die Schüler gerade das lernen, was die Lehrer wollen, dass sie lernen. Wenn sie unterm Tisch lieber ihre SMS schreiben, dann lernen sie schneller SMS schreiben und nicht die Inhalte von Goethes Faust".

Formelle Bildungskontexte wie Schule erziehen durch die intentional gewollte Vermittlung von Inhalten und die mit der Bewertung der ‚richtigen' oder ‚falschen' Wiedergabe dieser Inhalte einhergehenden Selektion. Gleichzeitig versuchen sie durch die Inhalte, die sie vermitteln, (Selbst)Bildung anzuregen.

Und welche Rolle spielt die Jugendhilfe im Erziehungs- und Bildungssystem?

Die Kinder- und Jugendhilfe regt (Selbst)Bildung durch nicht-formelle und informelle Angebote an. Ersteres vor allem durch von der formellen (schulischen) Struktur und Atmosphäre oft bewusst abgegrenzte Lernräume, letzteres, indem sie intentional gewollte und gestaltete Erfahrungsräume zur Verfügung stellt, die vom Alltag der meisten Jugendlichen abweichende Erfahrungen provozieren sollen. Gleichzeitig wird über die sozialpädagogischen Fachkräfte ein Reflexionsangebot zur Verfügung gestellt. Die sozialen Aspekte der Lebensführung stehen im Mittelpunkt ihrer pädagogischen Konzeption. Die Auseinandersetzung mit der eigenen Persönlichkeit und Identität sowie mit dem eigenen Verhalten in einer Gruppe rücken damit in den Vordergrund, obwohl natürlich auch im Rahmen dieser Angebote Inhalte vermittelt werden. Durch ihre non-formellen Angebote und ihren bewussten Umgang mit informellen Bildungskontexten ermöglicht die Kinder- und Jugendhilfe (Selbst)Bildung in einem erheblichen Maße. Dennoch zielt auch die Kinder- und Jugendhilfe auf eine Erziehung zu ‚richtigem' Verhalten. Im SGB VIII heißt es: „Jeder junge Mensch hat ein Recht auf Förderung seiner Entwicklung und auf Erziehung zu einer eigenverantwortlichen und gemeinschaftsfähigen Persönlichkeit" (SGB VIII § 1(1)). Damit legt sich die Kinder- und Jugendhilfe nicht auf einen inhaltlichen Kanon fest, sondern beschreibt das Ziel der Persönlichkeitsbildung.

17 Ein Film von Reinhard Kahl, vgl. www.archiv-der-zukunft.de.

Auch in *der* und *durch die* Kinder- und Jugendhilfe findet Selektion statt. Die meisten Angebote richten sich an eine spezifische Zielgruppe. Die Anbieter müssen, um ihre Ziel erreichen zu können, Kinder und Jugendliche von ihrem Angebot ausschließen, die nicht zur Zielgruppe gehören[18]. Auch kann es passieren, dass ein Jugendlicher aus einem Angebot ausgeschlossen wird, wenn er die Verhaltensgrundregeln des Anbieters verletzt. Ob und in wieweit solche Selektionen einen Einfluss auf den weiteren Lebensverlauf der Betroffenen haben ist ungeklärt, es ist jedoch wahrscheinlich, dass die Auswirkungen in der Regel deutlich geringer sind als die Folgen von Selektion an der Schule. Tatsächlich besteht die Hauptaufgabe der Kinder- und Jugendhilfe darin, die Selektionsfolgen des Erziehungs- und Bildungssystems abzumildern. Die Aufgabe der Schulsozialarbeit haben wir beschrieben als die Sicherstellung und Unterstützung der Anschlussfähigkeit der Kinder und Jugendlichen sowohl in Richtung Lebenswelt als auch in Richtung Erziehungs- und Bildungssystem. Schulsozialarbeit bietet Kindern und Jugendlichen, die in der Schule von negativen Folgen der Selektion bedroht sind oder diese bereits zu spüren bekommen, Hilfen an. Sie hilft den Kindern und Jugendlichen bei der Bearbeitung von Selektionserfahrungen und hinterfragt die Gründe für Selektion. Sie versucht vor allem die Blockaden, die durch Anforderungen der Schule und lebensweltlichen Lebensanforderungen der Kinder und Jugendlichen entstehen, zu erkennen und dazu beizutragen, dass diese Blockaden verringert oder beseitigt werden. Ressourcen und Fähigkeiten der Kinder und Jugendlichen werden in der Schule sichtbar gemacht und auf eine Anerkennung dieser Fähigkeiten durch Zensuren und Zeugnisse gedrängt. Kindern und Jugendlichen, die bereits aus dem bestehenden System herausgefallen sind (z.B. schulmüde Jugendliche) wird die Chance geboten in einem anderen Bildungskontext den Anschluss an das Erziehungs- und Bildungssystem zu halten oder außerhalb der Schule die notwendigen Zertifikate nachzuholen.

Wir haben zu Beginn des Kapitels Gertrud Bäumer zitiert und von einer neuen Synthese der Kinder- und Jugendhilfe mit der Schule gesprochen. Schulsozialarbeit kann als eine solche neue Synthese verstanden werden, sofern durch sie die formellen Erziehungs- und Bildungsangebote der Schule durch nichtformelle Angebote ergänzt und ein bewusster Umgang mit informellem Lernen im Kontext Schule gepflegt wird. Dabei ist es wichtig, die Rollen zwischen den Schulpädagogen/Schulpädagoginnen und den Sozialpädagogen/Sozialpädagoginnen nicht aufzuweichen: „Leistungen sind entweder vergleichsweise gut oder vergleichsweise schlecht, aber nicht zusätzlich noch einer dritten Wertung, etwa unter dem Gesichtspunkt sozialen Mitleids oder individuellen Verständnis-

18 Zum Beispiel können Jungen nicht an Angeboten für Mädchen teilnehmen und umgekehrt.

ses, ausgesetzt. Wenn Lehrer hier zu Mogeleien neigen, verhalten sie sich inadäquat und geben den Schülern ein Beispiel für Willkür und Ungerechtigkeit. Es kann und muß, eben deshalb, Förderungsprogramme geben, die auf der Ebene der Regulierung richtigen Verhaltens die Folgen des Selektionscodes ausgleichen [...]" (Luhmann 1986, 178). Ebenso problematisch ist es, wenn Sozialpädagoginnen Aufgaben der Lehrkräfte übernehmen. Eine neue Synthese zwischen der Kinder- und Jugendhilfe und der Schule bedeutet also nicht, dass die Grenzen und Unterschiede zwischen den beiden Institutionen verwischt werden, sondern dass man im Bewusstsein um die Grenzen und Möglichkeiten der jeweiligen Institution seine Aufgabe selbstkritisch wahrnimmt und anerkennt, dass das eigene Angebot der Ergänzung um die andere Seite bedarf.

Sofern Schulsozialarbeit also ihren Auftrag an gelingenden Erziehungs- und Bildungsprozessen festmacht und sich dabei an den kollektiven und individuellen Bedürfnissen und Entwicklungsaufgaben von Schülerinnen und Schülern mit heterogenen Familien- und Herkunftshintergründen orientiert, muss sie sich auf den institutionellen Kontext Schule beziehen – wenngleich sie sich aber von der ihr im schulpädagogischen bzw. schultheoretischen Begründungszusammenhang zugewiesenen direkten Stützfunktion für Unterrichtsprozesse (vgl. Bönsch 2004, 131) abgrenzen muss.

Aus der Perspektive der Kinder und Jugendlichen ist Schulsozialarbeit unweigerlich in den speziellen Bildungskontext Schule eingebunden und kann dabei als hilfreicher Wettbewerbsvorteil in der eigenen Bildungsbiografie oder als grundsätzlich ausgleichender Gegenpol zum schulpädagogisch konnotierten Handeln wahrgenommen werden – aber ebenso als unrechtmäßige Verlängerung der sonst durch Lehrpersonen verkörperten institutionellen Macht zur Verschärfung von sozialer Kontrolle auftreten bzw. eingeschätzt werden. Dies hat die Schulsozialarbeit in ihrer Herangehensweise zu reflektieren.

Literatur zur Vertiefung:

Fend, Helmut (2006): Neue Theorie der Schule – Einführung in das Verstehen von Bildungssystemen. VS Verlag: Wiesbaden.

Flitner, Wilhelm (Hrsg.) (1950): Allgemeine Pädagogik, 14. Auflage 1974, Klett Verlag: Stuttgart

Luhmann, Niklas (2002): Das Erziehungssystem der Gesellschaft. Suhrkamp Verlag: Frankfurt am Main.

Otto, Hans-Uwe/Rauschenbach, Thomas (Hrsg.) (2004): Die andere Seite der Bildung – Zum Verhältnis von formellen und informellen Bildungsprozessen. VS Verlag: Wiesbaden.

Otto, Hans-Uwe/Jürgen Oelkers (Hrsg.) (2006): Zeitgemäße Bildung. Herausforderung für Erziehungswissenschaft und Bildungspolitik. Reinhardt Verlag: München.

Zum Weiterdenken:

- Welche anderen Disziplinen und Professionen könnten die Schul- und Sozialpädagogen in ihrem Erziehungs- und Bildungsauftrag unterstützen?
- Hat Schulsozialarbeit in Bezug auf die Schule eine systemstützende oder eher eine systemkritische Funktion innerhalb des bestehenden Bildungssystems?

5 Zielgruppe der Schulsozialarbeit

Schulpflichtige Kinder und Jugendliche aller Altersstufen und unabhängig von der Schulform, der Trägerschaft der Schule oder ob die Kinder und Jugendlichen die Schule überhaupt noch besuchen, sind grundsätzlich die Zielgruppe der Schulsozialarbeit. Nicht an allen Schulen gibt es Angebote der Schulsozialarbeit und dort wo es sie gibt, reichen sie in der Regel nicht aus, um tatsächlich allen Kindern und Jugendlichen ein Angebot zu machen. Dies zwingt die in der Schulsozialarbeit Tätigen ihre Zielgruppe einzugrenzen oder zumindest Schwerpunkte zu setzen, auf die sie sich in ihrer Arbeit konzentrieren wollen. Nicht selten sind die Arbeitsschwerpunkte bereits durch die mit der Finanzierung verbunden Aufträge vorgegeben.

In Deutschland wurde der Auftrag für die Schulsozialarbeit seit der Einführung des KJHG (jetzt SGB VIII) oft aus dem § 13 SGB VIII (Jugendsozialarbeit) abgeleitet, woraus sich zugleich eine Begrenzung der Zielgruppe auf „sozial benachteiligte und individuell beeinträchtigte Jugendliche" (§ 13 SGB VIII) ergab (s. Kapitel 7 *Rechtslage und Trägerschaft*). Dabei wird die Abgrenzung der Gruppe der ‚sozial Benachteiligten' gegenüber z. B. ‚Markt'- oder ‚Bildungsbenachteiligten' kontrovers diskutiert[19] (vgl. u.a. Ahmed 2008, Schroeder 2006). Inzwischen gibt es aber eine wachsende Zahl von Experten, die eine solche enge Begrenzung der Schulsozialarbeit in Bezug auf Zielgruppe und Auftrag ablehnen und den Auftrag und die Zielgruppe der Schulsozialarbeit wieder aus der Kinder- und Jugendhilfe insgesamt ableiten[20] (z. B. Kooperationsverbund Schulsozialarbeit 2006, Schumann et al. 2006). Das internationale Netzwerk „Schoolsocialwork" benennt Schülerinnen und Schüler, die Hilfe bei der Bewältigung von schulischen, familiären und/oder gemeinschafts- bzw. gemeinwesensbezogenen Problemen benötigen, als Zielgruppe. Damit ist nicht eine spezifische Zielgruppe innerhalb der Schülerschaft gemeint, sondern hier wird der Hilfebedarf in den Vordergrund gestellt, der grundsätzlich bei jedem Schüler/jeder Schülerin im Laufe seiner/ihrer Schullaufbahn – oft auch nur zeitlich befristet – auftreten kann. Dadurch wird Stigmatisierungseffekten durch die Soziale Arbeit vorgebeugt.

---

19 Benachteiligung steht ganz allgemein für die ungleiche Verteilung von Chancen und Risiken des sozialen Ausschlusses in Bildung und Beschäftigung und „resultiert aus dem komplexen Zusammenspiel struktureller und individueller Faktoren" (Pohl/Walther 2006).

20 Vor der Einführung des KJHG (jetzt SGB VIII) wurde die Schulsozialarbeit ebenso in der Kinder- und Jugendhilfe verortet und aus deren Auftrag ein Handlungsauftrag im Rahmen der Schule abgeleitet (vgl. z. B. „Schulsozialarbeit – Regelaufgabe der Jugendhilfe" Stellungnahme der Arbeiterwohlfahrt vom März 1985).

Die von Speck 2007 gelistete Übersicht über die jeweiligen Länderpraxen[21] zeigt, dass in fast allen Bundesländern Schwerpunkte bei Jugendlichen, die am Übergang von der Schule in Erwerbstätigkeit zu scheitern drohen, und jenen, die Hauptschulbildungsgänge besuchen, gesetzt werden (vgl. ebd., 19 ff.). Ausnahmen wie in Brandenburg, Sachsen-Anhalt oder Niedersachsen, wo auch Grundschulen und vereinzelt Gymnasien zum Einsatzgebiet von Schulsozialarbeit gehören, deuten die Heterogenität der Schwerpunktsetzung und der dahinter liegenden politischen Ziele an: Während sich die Mehrzahl der Länder auf jene Schüler und Schülerinnen in speziellen Benachteiligungslagen zu konzentrieren scheint, stehen diese Ausnahmen dem Bestreben der bestmöglichen Förderung zur Gewährung von Chancengleichheit im Bildungssystem und den auszugleichenden Bildungsbenachteiligungen am nächsten. Abgesehen von der auch in Nordrhein-Westfalen beginnenden Ausweitung der Schulsozialarbeit in den Grundschulbereich hinein, zeigt die durchgängige Konzentration auf jene jungen Menschen in der Phase der Berufsorientierung und -vorbereitung, die bereits einmal am Qualifikationsnachweis Schulabschluss oder Berufseinstieg gescheitert sind oder zu scheitern drohen, dass die Zielgruppe der politisch gewollten bzw. unterstützten Praxis ganz eindeutig Mädchen und Jungen sind, die aufgrund ihrer (Bildungs-)Biografie massiv von gesellschaftlichen Randpositionen bedroht sind und sich in sozial, markt-, rechts- oder bildungsbenachteiligten Situationen befinden.

Aus dieser Zielgruppe werden die besonders Benachteiligten über die gängige Praxis der Sonderbeschulungsformen allerdings vielfach ausgegrenzt. Vordergründig wird zwar der Eindruck vermittelt, sie seien besonders förderlich versorgt. Da aber Schulsozialarbeit als Integrationsstrategie im Förderschulkontext – anders als in Haupt- oder Berufsschulen – keineswegs gängige Praxis ist, trügt dieser Schein. Die von Huxtable und Blyth (2002, 5 ff.) für den internationalen Kontext herausgearbeiteten zentralen Themen der Schulsozialarbeit – Armut, Gewalt, Gesundheit, familiale Probleme und Migration – wirken jeweils für sich als biografisches Risiko mit Auswirkungen auf individuelle Bildungsbiografien, greifen in ihrer Kumulation für jene Schüler und Schülerinnen als massiv benachteiligend, die mit der Begründung, besonderen Lernförderbedarf zu benötigen, Sonderschulen mit dem Förderschwerpunkt Lernen besuchen müssen. Die mit der Sonderbeschulung verbundene Ausgrenzungspraxis (vgl. Powell/Pfahl 2008) ist dabei keineswegs geeignet, die Aufgaben der Schulsozialarbeit zu reduzieren oder zu übernehmen. So resümiert das ‚Netzwerk Integrationsforschung' als Defizite der Sonderschule, dass hier vornehmlich Kinder

21 Vgl. zu den unterschiedlichen Entwicklungen der Schulsozialarbeit in den Bundesländern auch Rademacker 2009.

und Jugendliche beschult werden, die besondere Ausgrenzungsrisiken haben, die sich in ihrer Sonderbeschulung bereits niederschlagen: „In den Sonderschulen (Förderschwerpunkt Lernen) findet sich eine Überrepräsentanz der Kinder nichtdeutscher Herkunft, eine Überrepräsentanz der Armen, eine Überrepräsentanz der Jungen, eine Überrepräsentanz von Kindern arbeitsloser Eltern, eine Überrepräsentanz der Kinderreichen und eine Überrepräsentanz von Kindern, die von kultureller Armut betroffen sind. Es konnte nachgewiesen werden, dass die Sonderschule nicht in der Lage ist, diese Benachteiligungen zu verringern" (Schöler/Burtscher 2006, 38). Daraus ergibt sich, dass die „Besonderung" offenbar zur Ausgrenzung und zur Verfestigung der Risiken beiträgt und somit eine Verletzung der Menschenrechte darstellt (vgl. Munoz 2007).

Bildungswege können bestehende Benachteiligungen verfestigen, sind auf soziale Segregation ausgerichtet und strukturell mitverantwortlich für Schwierigkeiten und Abbrüche in schulischen Bildungsbiografien. Mit einer aktuellen ‚drop-out'-Rate[22] von bundesweit durchschnittlich[23] 12,1% bergen individuelle Bildungsverläufe für Schüler und Schülerinnen ein erhebliches Risiko, die gesellschaftliche Anschlussfähigkeit zu verlieren.

Strukturell verantwortete Schieflagen in den Zugangsvoraussetzungen zu subjektförderlichen Bildungssettings sind hinreichend belegt und werden zum ‚Marginalisierungsmotor', wenn über unpassende Lernsettings Bildungszugänge durch erworbene Lernabneigungen verwehrt bleiben und das notwendige Weiterlernen im Leben nicht als persönliche Bereicherung, sondern als Belastung angenommen wird (vgl. Girmes 2008a). Besonders die Orientierung an den gängigen Kompetenzkonstrukten befördert in diesem Zusammenhang bildungs- und integrationshemmende Selbststigmatisierungsprozesse – und lässt die Konsequenzen außer Acht, wenn aufgrund von marginalisierenden Lebenslagen schon die frühkindliche Bildung unter benachteiligenden Bedingungen erfolgt.

Da eine Theorie der *angemessenen* pädagogischen Begleitung aller Bildungs- und Entwicklungsaufgaben noch aussteht (vgl. Girmes 2008b), hat eine Schulsozialarbeit mit dem Ziel der Anschlussfähigkeit ihr Augenmerk also zunächst auf jene Zusammenhänge zu richten, die Ausgrenzungen (mit)produzieren, begünstigen oder gar befördern. Den empirischen Befunden der ‚drop-out'-Forschung von Stamm (2007a) zufolge sind Ausgrenzungen weitaus weniger direkt auf persönliches Leistungsversagen, sondern viel öfter auf scheiternde Interaktionen in Schüler-Lehrer-Beziehungen und auf schulorganisatorische

22 Hier als Oberbegriff für vielfältige Abgangsformen wie (unfreiwillige und freiwillige) Abbrüche, Ausstiege, Ausschlüsse und Abgänge bzw. Schulwechsel verwendet (vgl. Stamm 2007a, 352).

23 Je nach Einzelschule kann die ‚drop-out'-Rate – bei einem entsprechend nachhaltigen Förderkonzept – nur 0,8% betragen oder ohne solche Konzepte auch über 20% steigen.

Bedingungen zurückzuführen – jeweils wiederum mit nachteiligen Wirkungen auf die fachlichen Schülerleistungen, die dann gemeinhin als individuelles Unvermögen zu Lasten der Mädchen und Jungen umgedeutet werden. Als gemeinsames Merkmal dieser höchst heterogenen Gruppe von jungen Menschen können die von Ziehe (2005) beschriebenen drei „Schlüsselschwierigkeiten" schulischer Lernkultur gelten. So ist für benachteiligte Schülerinnen und Schüler der „Verwertungssinn" ihrer schulischen Qualifikation fraglich, während es zugleich aufgrund von „Strukturierungsdefiziten" zu „Motivationskonflikten" kommt, die aber dann den Jugendlichen selbst angelastet werden, wenn Schulqualität alleine am Leistungsniveau statt an „Haltekraft"[24] gemessen wird (vgl. Stamm 2008).

Den Befunden von Büchner und Krüger zufolge, scheinen Kinder und Jugendliche schon mit einem Macht- und Chancenlosigkeitsgefühl heranzuwachsen, das sowohl die Frustrations-, Toleranz- als auch die Bewältigungsgrenze herabsetzen kann und entsprechend hemmend auf die Bildungsanstrengungen wirkt (vgl. Büchner/Krüger 1996; Büchner 2001). Besonders jene Kinder und Jugendlichen betonen die unterstützende und hilfreiche ‚Wirkung' von Schulsozialarbeit, die sie für die aktive Ausgestaltung ihrer Bildungsbiografien benötigen (vgl. Spies 2006a).

Insgesamt stehen also für die Schulsozialarbeit jene Kinder und Jugendlichen im Mittelpunkt, die Unterstützung beim Ausgleich von sozialstrukturellen Benachteiligungen benötigen. So lassen sich unter der Frage nach der zurzeit *praxisrelevanten* Zielgruppe von Schulsozialarbeit all jene Mädchen und Jungen in Schule fassen, deren individuelle Entwicklung durch ein biografisches Risiko oder mehrere biografische Risiken von Ausgrenzung bedroht oder betroffen ist und jene, die den vorhandenen Zugang zur Angebotspalette für sich nutzen.

---

24 Stamm (2008) verweist auf die problematischen Erfahrungen mit testbasierten Standardreformen angloamerikanischer Länder und warnt davor, dass die mit Leistungstests verbundenen Bildungsstandards nicht nur gegenüber Minoritäten, sondern auch gegenüber einer nachhaltigen Qualitätsentwicklung kontraproduktiv sein können, weil Schulen mit guten Testergebnissen schwache Schülerinnen und Schüler auf der Strecke lassen. Vielmehr müssten sie an ihrer Haltekraft gemessen werden.

V 4

Lehrerinnen und Lehrer sind Kooperationspartner

Hier soll ausdrücklich gesagt werden, wer aus unserer Sicht *nicht* zur Zielgruppe der Schulsozialarbeit zählt, auch wenn sie in einigen Publikationen als solche benannt werden (z.B. Schumann et al. 2006): Lehrerinnen und Lehrer sind *nicht* Zielgruppe der Schulsozialarbeit. Lehrinnen und Lehrer sind Kooperationspartner (s. Kapitel 3 *Kooperation als Kerngeschäft der Schulsozialarbeit*). Wie es unter Kooperationspartnern üblich ist, kann und sollte man sich gegenseitig informieren, beraten[25] und unterstützen; eventuell kann man in dem einen oder anderen Fall auch zwischen Schülern und Lehrern oder Eltern und Lehrern vermitteln, aber die Lehrkräfte bleiben doch Kooperationspartner. Zum einen heißt dies, dass die sozialpädagogischen Fachkräfte, die Lehrkräfte nicht unter der Hand zu Klienten umdefinieren und dadurch scheinbar die Deutungshoheit über Probleme, Aufgaben und Lösungen (zurück) gewinnen können. Es erfordert eine hohe Fachlichkeit, viel Überzeugungsarbeit und manchmal auch Kompromissbereitschaft, wenn man gemeinsam mit einem Kooperationspartner die Handlungsnotwendigkeiten und Handlungsoptionen bespricht. Auf lange Sicht zahlt sich eine solche Herangehensweise jedoch für die Kooperationsbeziehung aus. Zum anderen erhöht es aber auch die Klarheit des eigenen Auftrags, wenn keine zusätzlichen Zielgruppen deklariert werden. Die Fachkräfte der Sozialen Arbeit sollen für ihre Klientel auch anwaltschaftlich (s. Kapitel 2 *Schulsozialarbeit sichert und unterstützt ‚Anschlussfähigkeit'*) handeln. Wären sowohl die Kinder und Jugendlichen als auch die Lehrerinnen und Lehrer Zielgruppe der Schulsozialarbeit müssten die sozialpädagogischen Fachkräfte genau genommen auch für letztere anwaltschaftlich handeln und dies würde gegebenenfalls zu einem Konflikt mit ihren Verpflichtungen gegenüber den Kindern und Jugendlichen führen. In der Regel wird genau diese Konsequenz – sich in Bezug auf die Lehrerinnen und Lehrer anwaltschaftlich zu verhalten – auch nicht praktiziert. Darüber hinaus würde es zu Rollenkonflikten kommen, wenn die sozialpädagogischen Fachkräfte zwischen der Rolle des Kooperationspartners und der Rolle des Helfers ständig wechseln müssten.

---

25 Eine ‚gemeinsame Beratung' im Rahmen einer Kooperation ist immer auf die Zielgruppe bzw. den Jugendlichen gerichtet: Man berät gemeinsam mögliche Strategien im Umgang mit dem oder der Jugendlichen oder Schülergruppe etc. Wären Lehrerinnen und Lehrer hingegen Zielgruppe, würde eine Beratung eher persönliche Probleme der Lehrperson selbst umfassen: dies könnte im einen oder anderen Fall mit dem Verhältnis zu den Schülern in Verbindung stehen, müsste aber nicht unbedingt so sein.

Am Beispiel der Eltern, bei denen die Rollen schon allein wegen des gesetzlichen Auftrags der Jugendhilfe nicht so klar zu trennen sind, kann man erkennen, wie problematisch eine solche Gemengelage sein kann (z.B. P 2: *Natascha*). Eltern sind in Erziehungsfragen von Seiten der Jugendhilfe zu beraten (§ 1 Abs. 3 SGB VIII) und sind als Teil der Familie der Kinder und Jugendlichen als Zielgruppe der Leistungen anzusehen (u.a. Merchel 1991, Schumann et al. 2006, Speck 2006)[26]. Nicht selten werden sozialpädagogische (aber auch schulische) Fachkräfte die Eltern gleichzeitig als Teil des Problems ansehen. Arbeiten die sozialpädagogischen Fachkräfte systemisch und ressourcenorientiert, begreifen sie die Eltern als Teil der Lebenswelt der Kinder und Jugendlichen und damit auch als eine wichtige Ressource. Wenn man die Grundsätze der Freiwilligkeit und Selbstständigkeit wahrt und es gelingt, mit den Eltern gemeinsam ein Ziel zu erarbeiten, kann man sie eventuell auch als Kooperationspartner gewinnen. Dies wird aber nicht immer möglich sein, wenn man anwaltschaftlich für die Kinder und Jugendlichen handelt. In Bezug auf die Eltern muss somit im Einzelfall entschieden werden, ob sie als Kooperationspartner oder als Zielgruppe anzusehen sind. Dies ist mit davon abhängig, wie die Aufgaben der Schulsozialarbeit jeweils zugeschnitten sind: Fokussiert man stärker auf die Erziehungsberatung der Eltern oder auf die Unterstützung von bestimmten Gruppen und einzelnen Kindern und Jugendlichen innerhalb der Schülerschaft? Traditionell wird letzteres im Vordergrund stehen, womit Eltern als Zielgruppe eher in den Hintergrund treten.

Aus Sicht der Schulsozialarbeit stehen die Kinder und Jugendlichen nicht in erster Linie in ihrer Rolle als Schülerinnen und Schüler im Zentrum, sondern in ihren vielen verschiedenen Rollen, ihren Lebenswelten, mit ihren individuellen Ressourcen, Entwicklungsbedarfen und subjektiven Bedürfnissen. Da es um die Sicherstellung und Unterstützung der Anschlussfähigkeit zwischen dem Bildungssystem und der Lebenswelt der Kinder und Jugendlichen geht, bleiben die Schule und die Schüler-Rolle dennoch der Hauptbezugspunkt in der Arbeit. Zudem entscheidet die Wahrnehmung der Schulsozialarbeit im Kontext Schule mit darüber, ob und wie die Kinder und Jugendlichen die Angebote der Schulsozialarbeit nutzen.

26 Merchel spricht hier sogar davon, dass das KJHG dazu tendiere, die eigentlichen Adressaten, nämlich die Kinder und Jugendlichen, durch die Ansprüche der Personensorgeberechtigten zurückzudrängen.

P 2

Natascha[27]

Natascha ist 17 Jahre alt. Ihre Eltern haben sich vor zehn Jahren getrennt. Seit drei Jahren lebt sie mit ihrer Mutter und ihrem Stiefvater zusammen. Nataschas engster Vertrauter, ihr Bruder, ist bereits kurz nach der Trennung der Eltern ausgezogen. Natascha hat sich von Beginn an nicht gut mit ihrem Stiefvater verstanden. Von ihrer Mutter und ihrem Stiefvater wird sie vernachlässigt und an der sozialen Teilnahme an Aktivitäten in ihrem schulischen Umfeld gehindert. Natascha befindet sich in einer finanziellen und sozialen Lage der Ausgrenzung. Die Situation eskaliert, als der Stiefvater sie heftig schlägt und ihr droht, sie umzubringen. Von der Mutter erhält sie keine Unterstützung, sie stützt die Haltung des Stiefvaters. In ihrer Not wendet sich Natascha an eine Lehrerin ihres Vertrauens, die sie an die Schulsozialarbeiterin weitervermittelt, die dann den Kontakt zur Mädchenunterkunft der Jugendhilfe in der nächsten größeren Stadt herstellt, in der Natascha schließlich Zuflucht findet.

Natascha ist ein typischer Fall in der die soziale Integration in die Herkunftsfamilie zu einem erhöhten Exklusionsrisiko führt. Der Schritt aus der Familie heraus eröffnet Natascha die Chance, sich sozial in anderen Lebenswelten zu integrieren, die ihre Inklusion in das Bildungssystem nicht blockieren, sondern befördern. Die Schulsozialarbeit hat in diesem Fall geholfen, durch die Vermittlung in eine Mädchenunterkunft die Blockade zu lösen. Es ist damit nicht festgelegt, in welche Richtung sich der Prozess weiterentwickelt. Es sind durchaus noch Lösungen mit der Familie denkbar. Wichtig ist, dass Natascha beginnt, an ihre eigene Handlungsfähigkeit zu glauben und dass sie selber (mit)entscheidet, wie ihr Leben verlaufen soll. Ohne den mutigen Schritt nach draußen wäre die Situation festgefahren geblieben.

In diesem Fall hat sich das Mädchen zunächst an eine Lehrerin gewendet, die anschließend einen Kontakt zur Schulsozialarbeiterin herstellte. Die persönliche Beziehung war somit der ausschlaggebende Faktor, um den Mut aufzubringen, um Hilfe zu bitten.

Sozialpädagogische Fachkräfte haben in der Regel nicht die Kapazitäten, um einen solchen Fall weiter zu begleiten. Deshalb ist es wichtig, dass die Kolleginnen aus der Mädchenunterkunft übernehmen. Dennoch sollte die Schulsozialarbeiterin in Kooperation mit der Vertrauenslehrerin die Auswirkungen der weiteren Entwicklung des Mädchens auf ihre schulischen Leistungen beobachten und diese mit der Mädcheneinrichtung kommunizieren.

27 Der Fall wurde folgender Quelle entnommen: Hempel, Claudia (2007): Krieg um Kleinigkeiten. In: TAZ vom 21./22.7.2007, TAZ Mag IV/V. Die Bewertung und Kommentierung erfolgte durch die Autorinnen.

In- und außerschulisch wirksame Lern- und Bildungsbarrieren, die auf psychosoziale Belastungen (zu denen auch die mit der Separation in gesonderten Schulen verbundene Abwertung im Selbstbild gehört), also auf biografisch zu bewältigende Bedingtheiten zurückzuführen sind, sind mit einem komplexen Fördersetting zu begegnen, welches die Perspektive der Resilienz (Widerstandskraft) betont, damit die grundsätzliche Fähigkeit der Krisenbewältigung als (bildender) Anlass für Entwicklungen genutzt werden kann (vgl. Fingerle 2007; Stamm 2007b). Ein Ziel solcher Hilfe bei der biografischen Lebensbewältigung und der damit verbundenen Bewältigungsanforderung[28] (vgl. Böhnisch 1997, 36ff.) wäre Normalisierung bzw. Entlastung für diejenigen, deren soziale Situation ihre Bildungschancen beeinträchtigt. Orientierungspunkte für diese gemeinsame pädagogische Gestaltungsaufgabe müssen demnach Lernanlässe für positive Selbstwirksamkeitserwartungen und der Abbau der für marginalisierende Lebenslagen typischen Selbststigmatisierungstendenzen sein.

Demnach müsste jede Fachkraft (unabhängig von Schulform, Schulformat, Trägerschaft oder der Situation im jeweiligen Bundesland) in der Lage sein, die unterschiedlichen Handlungslogiken und Deutungshoheiten im Praxisfeld der Schulsozialarbeit zugunsten der riskanten Bildungsbiografien als ertragreiche Bildungsangebote bzw. -settings zu konzipieren bzw. blockierenden und behindernden Strukturen entgegen zu wirken.

28 „Schulabbrechende Jungen scheinen beispielsweise unter einem größeren Peerdruck zu stehen als Schulabbrecherinnen und auch häufiger massive Schulschwänzer und regelmäßige Drogenkonsumenten zu sein. Die Bedeutung dieser Risikofaktoren wird zusätzlich verstärkt durch die Tatsache, dass männliche Dropouts deutlich geringere Elternkontakte haben als weibliche Dropouts" (vgl. Stamm 2008, 316). Für Letztere ist allerdings zu berücksichtigen, dass Mädchen ebenfalls in „bedeutendem Ausmaß die Schule abbrechen, die Gründe jedoch meist andere sind (...) und sie deshalb seltener als Dropouts registriert werden" (Stamm 2007b, 23).

Literatur zur Vertiefung:

Braun, Karl-Heinz/Wetzel, Konstanze (2006): Soziale Arbeit in der Schule. Reinhardt Verlag: München.

Büchner, Peter (2001): Kindliche Risikobiografien. Über die Kulturalisierung von sozialer Ungleichheit im Kindesalter. In: Rohrmann, Eckhard (Hrsg.): Mehr Ungleichheit für alle. Fakten, Analysen und Berichte zur sozialen Lage. Universitätsverlag C. Winter: Heidelberg. S. 97-114.

Büchner, Peter/Krüger, Heinz-Hermann (1996): Schule als Lebensort von Kindern und Jugendlichen. Zur Wechselwirkung von Schule und außerschulischer Lebenswelt. In: Büchner, Peter/Fuhs, Burkhard/Krüger, Heinz-Hermann (Hrsg.): Vom Teddybär zum ersten Kuss. Wege aus der Kindheit in Ost- und Westdeutschland. Verlag Leske und Budrich: Opladen, S. 201-224.

Streblow, Claudia (2005): Schulsozialarbeit und Lebenswelten Jugendlicher. Ein Beitrag zur dokumentarischen Evaluationsforschung. Budrich Verlag: Opladen.

Zum Weiterdenken:

- Erweist die Schulsozialarbeit möglicherweise langfristig den strukturell benachteiligten jungen Menschen einen „Bärendienst“, weil dringend erforderliche Reformnotwendigkeiten des Schulsystems verdeckt werden?
- Wo mildert die Schulsozialarbeit Selektion ab?
- Welche Selektion erfolgt durch die Schulsozialarbeit selbst?

6 Von den Adressaten zu den Aneignern[29]

Nun stellt sich die Frage, wie Schulsozialarbeit ihre Zielgruppe erreicht und welche Bedingungen förderlich sind, damit Kinder und Jugendliche (jenseits ihrer Schülerrolle, s.o.) das Angebot annehmen. Die Wirkungsforschung spricht hier von den „Adressaten der Schulsozialarbeit“ (Speck 2006, 377) und veranschaulicht für deren Annahme des Angebots unterschiedliche Niveaus, um den Wirkungsgrad der Aneignung als oberstes Ziel der Angebote darzustellen. Aneignung setzt dabei die „subjektive und tätigkeitsorientierte Auseinandersetzung der Adressaten von Schulsozialarbeit mit dem ihnen zur Verfügung gestellten Angebot“ (ebd.) voraus. Mit anderen Worten, die Kinder und Jugendlichen müssen zunächst über ein vorhandenes Angebot informiert sein, es dann wahrnehmen und schließlich mit dem Angebot auch zufrieden sein. Erst wenn das der Fall ist, kann Speck zufolge die ursprünglich mit dem Angebot verknüpfte pädagogische Intention erreicht und in der Folge auch überprüft werden, d.h. die Fragen geklärt werden, ob das Angebot erfolgreich vermittelt wurde, seine Ziele erreicht hat und der gewünschte Transfer stattfinden kann, es also zu einem Aneignungsprozess gekommen ist.

Wenn Kindern und Jugendlichen im Schulalltag Schulsozialarbeit zur Verfügung steht, müssen sie zunächst über deren Angebot informiert sein, bevor sie entscheiden, ob sie das Angebot auch nutzen wollen. Dabei können unterschiedliche Haltungen die Nutzung eher wahrscheinlich bzw. eher unwahrscheinlich machen: Von der grundsätzlich motivierten Nutzungsbereitschaft über neutrales ‚Abwarten‘ bis hin zur Ablehnung ist grundsätzlich jede Haltung bei den Kindern und Jugendlichen möglich. Diese Haltungsoptionen gründen gleichermaßen auf individuellen wie auch auf kollektiven Orientierungen[30], Erfahrungen und Kontexten, in die Kinder und Jugendliche über ihre Schul- und Lebenswelten eingebunden sind.

Individuelle Orientierungen liegen in der Person begründet, während kollektive Orientierungen, im Sinne eines übergreifenden Orientierungsrahmens der

29 An dieser Stelle möchten wir uns bei Maren Spallek für die Anregungen bedanken, die sie uns mit der Analyse ihrer Datenauswertung im Rahmen ihrer Masterarbeit für dieses Kapitel gegeben hat.

30 Das Konstrukt der kollektiven Orientierung lehnt sich an die Überlegungen von Loos und Schäffer (2001) an, die kollektive Orientierungen der Gruppendiskussion als Erhebungsmethode zugrunde legen: Es ist davon auszugehen, dass die Kinder- und Jugendlichen einer Schule bzw. einer Klasse oder Jahrgangsstufe über ähnliche struktur- und sozialisationsgeschichtliche Hintergründe verfügen und ihre Gruppenmeinungen auch über ihr Verhalten von Nutzung und Ablehnung ausdrücken.

Gruppe oder Klasse auf Gruppenzusammenhängen basieren. Auf dieser Gruppenebene gibt es eine informelle Gruppenmeinung, die Haltungen und Meinungen der einzelnen Gruppenmitglieder mitbestimmt und auf gemeinsame biografische Erfahrungen zurückzuführen ist. So können beispielsweise positive Erfahrungen mit den Angeboten der Schulsozialarbeit zur kollektiven Akzeptanz im Klassenkontext führen, während ebenso der Fall denkbar ist, dass ungünstige Erfahrungen mit Schulsozialarbeit in einem gruppendynamischen Prozess die Ablehnung durch die gesamte Klasse oder Gruppe zur Folge haben. Schließlich spielt insbesondere während der Jugendphase die Gleichaltrigengruppe in der Lebenswelt der Kinder und Jugendlichen eine übergeordnete Rolle (vgl. u.a. Streblow 2005). Zugleich stehen individuelle und kollektive Orientierungen in Wechselwirkung miteinander, sind durch systematischen Beziehungsaufbau zu stabilisieren, aber auch störanfällig bis hin zur totalen Ablehnung des Angebots von Schulsozialarbeit, wenn im Zusammenhang mit der Nutzung von Angeboten negative Erfahrungen gemacht werden.

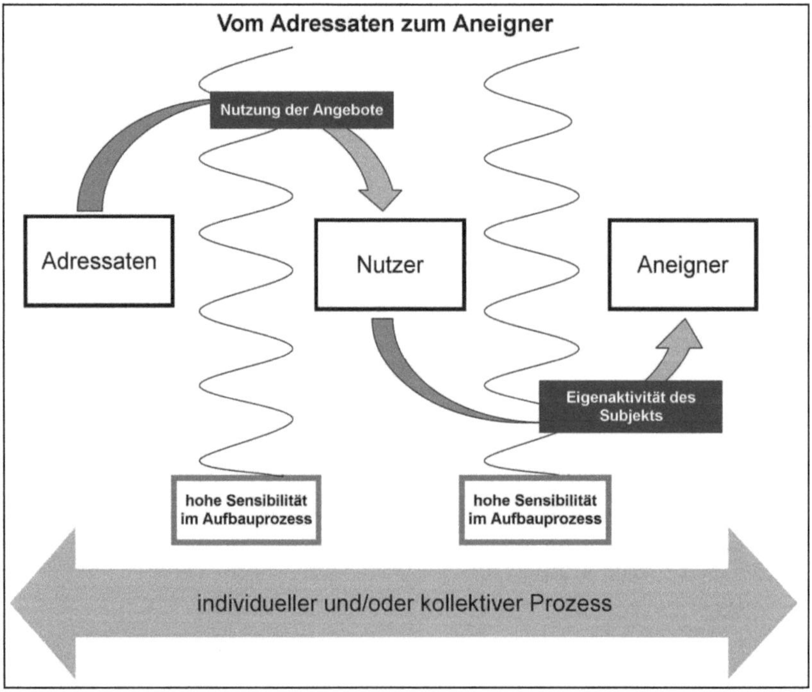

Abbildung 2: Vom Adressaten zum Aneigner

Die biografische Stützfunktion der Angebote von Schulsozialarbeit für ihre Zielgruppe setzt deren Nutzung und Aneignung durch die Eigenaktivität des Subjekts voraus (s. Kapitel 4 *Erziehung und Bildung*). Die Grafik verdeutlicht, dass diese drei Ebenen zu unterscheiden sind und prozesshaft aufeinander bezogen sind. Dieser Prozess ist als ein in beide Richtungen durchlässiger Vorgang zu verstehen. Kommt es also beispielsweise zu einer Störung im Prozess des Beziehungsaufbaus, indem einzelnen Gruppenmitglieder sich bedrängt fühlen und in der Klasse die Haltung vertreten, dass die Schulsozialarbeit abzulehnen sei, kann über die individuelle Haltung ein kollektiver Prozess der Ablehnung entstehen, weil in der sensiblen Phase unbedacht gehandelt wurde.

Ebenso ist aber auch denkbar, dass Nutzer im Zuge innerer Reifung ein Angebot verlassen, weil das Problem, welches sie zur Teilnahme bewogen hat, behoben ist. Damit treten sie auch aus dem Adressatenkreis heraus, da sie das ursprüngliche Angebot nicht mehr brauchen. Zur Zielgruppe gehören sie aber weiterhin, denn es kann ja erneut Beratungsbedarf auftreten (s. Kapitel 5 *Zielgruppe der Schulsozialarbeit*).

Will man also möglichst viele Kinder und Jugendliche erreichen und auch eine entsprechend weitreichende Wirkung erzielen, müssen die Angebote so gestaltet sein, dass sie individuell *und* für die Gruppe attraktiv sind. Eine hilfreiche Unterstützung Einzelner bei Schwierigkeiten in der Gruppe kann z.B. dazu führen, dass die gesamte Gruppe die Begleitung durch die Schulsozialarbeit wertschätzt und weiterempfiehlt. Dann erlangen die Angebote sowohl individuell als auch kollektiv eine besondere Wirkungsintensität, die der Forderung von Bolay et al. (2004) nach bedürfnisgerechten und jugendkulturell angemessenen Gestaltungsmaximen entspricht und die Erweiterung der eigenen sowie schulischen Möglichkeiten bedeuten kann.

Wenn Schulsozialarbeit ihren *biografischen Gebrauchswert* entfalten und individuelle Anschlussfähigkeit erzeugen will, ist es hilfreich, zu berücksichtigen, dass insbesondere während der Jugendphase kollektive Orientierungen häufig den individuellen vorangestellt werden und eine besondere Kraft entwickeln können. Die Frage nach der Angebotsgestaltung und der Erreichbarkeit der Zielgruppe ist also eng mit der Frage nach Peer-Orientierungen verbunden, die den kollektiven Orientierungsrahmen durchaus so erheblich beeinflussen können, dass individuelle Haltungen verschoben oder sogar aufgegeben werden, um einen Kollektivrahmen (z.B. als Ausdruck negativer Erfahrungen) zu stützen. So kommt es immer wieder zu Konflikten, die gerade von Schulsozialarbeit zum Anlass genommen werden können, um mit den Kindern und Jugendlichen über eigene Meinungen und Gruppenmeinungen zu diskutieren. Kinder und Jugendliche müssen lernen, sich ihre eigene Meinung zu bilden und damit umzugehen, wenn diese nicht mit der Gruppenmeinung kompatibel ist. Schulsozialarbeit kann sie darin unterstützen, sich Kompetenzen als eigenverantwortliche Persönlichkeit anzueignen (s. Kapitel 4 *Erziehung und Bildung*), unterliegt mit ihren Angeboten aber zunächst einmal denselben Beurteilungen.

Literatur zur Vertiefung:

Oelerich, Gertrud/Schaarschuch, Andreas (Hrsg.) (2005): Soziale Dienstleistungen aus Nutzersicht. Zum Gebrauchswert Sozialer Arbeit. Reinhardt Verlag: München und Basel.

Speck, Karsten (2006): Qualität und Evaluation in der Schulsozialarbeit. Konzepte, Rahmenbedingungen und Wirkungen. VS Verlag: Wiesbaden.

Zum Weiterdenken:

- In welcher Weise kann die Unterscheidung nach Zielgruppe, Nutzern und Aneignern eine Hilfe für die Reflexion der Schulsozialarbeit darstellen?
- Was bedeutet eine solche Unterscheidung für die Ausrichtung der Arbeit und die Konzeption von Angeboten?

7 Rechtslage und Trägerschaft

Welche rechtlichen Grundlagen braucht eine Schulsozialarbeit, die sich als eine neue Synthese zwischen Jugendhilfe und Schule versteht, also als ein Produkt der Kooperation zwischen schulpädagogischen und sozialpädagogischen Fachkräften, bzw. als Ergebnis eines interdisziplinär arbeitenden Teams in dem jeder seine fachliche Selbstständigkeit behält? Wir haben deutlich gemacht, dass die Schulsozialarbeit trotz dieses übergreifenden Anspruchs von ihren Aufgaben und Aufträgen fest in der Kinder- und Jugendhilfe verankert ist. Im Kinder- und Jugendhilfegesetz im Sozialgesetzbuch VIII ist zunächst der grundsätzliche Auftrag formuliert, junge Menschen in ihrer Entwicklung zu fördern und sie zu einer „eigenverantwortlichen und gemeinschaftsfähigen Persönlichkeit“ (SGB VIII § 1(1)) zu erziehen. In Absatz 3 wird der Auftrag noch genauer beschrieben: Es geht darum

- junge Menschen in ihrer individuellen und sozialen Entwicklung zu fördern und dazu beizutragen, Benachteiligungen zu vermeiden oder abzubauen,
- Eltern und andere Erziehungsberechtigte bei der Erziehung zu beraten und zu unterstützen,
- Kinder und Jugendliche vor Gefahren für ihr Wohl zu schützen, sowie
- dazu beizutragen, positive Lebensbedingungen für junge Menschen und ihre Familien sowie eine kinder- und familienfreundliche Umwelt zu erhalten oder zu schaffen.

Gerade der zuletzt genannte Auftrag, zu positiven Lebensbedingungen beizutragen und eine kinder- und familienfreundliche Umwelt zu erhalten, unterstreicht wie umfassend der Ansatz des Kinder- und Jugendhilfegesetzes ist. Hieraus lässt sich der Anspruch ableiten, dass Jugendhilfe sich in die Entscheidungen von Kommunen und Ländern einzumischen hat, wenn sie die Belange von Kindern und Jugendlichen betreffen. Dieses Verständnis einer sich einmischenden Jugendhilfe wurde bereits 1984 von Ingrid Mielenz formuliert. Im Sinne der „Einmischungsstrategie“ (Mielenz 1984) hat die Jugendhilfe die Pflicht und die Verantwortung sich in alle gesellschaftlichen und sozialen Bereiche, die das Leben von Kindern und Jugendlichen nachhaltig beeinflussen und ihre Entwicklung zu einer eigenverantwortlichen und gemeinschaftsfähigen Persönlichkeit behindern oder zu behindern drohen, einzumischen. Somit erschließt sich der grundsätzliche Auftrag für jegliche Formen Sozialer Arbeit an Schulen zunächst aus dem Recht junger Menschen, in ihrer Persönlichkeitsentwicklung von der Jugendhilfe unterstützt und gefördert zu werden (§ 1 SGB VIII). Insofern muss als grundsätzlicher Auftrag für Soziale Arbeit an Schule gelten, dass sie für förderliche Entwicklungsbedingungen zu sorgen, bestehende Benachteiligungen abzubauen und drohende zu vermeiden sowie insgesamt zur Reduktion von sozialer Ungleichheit beizutragen hat. Dies ist mit einem Ansatz, der auf die Anschlussfähigkeit der Kinder und Jugendlichen zielt (Lebenswelt – Funktionssysteme) kompatibel, denn auch hier wird der Anspruch formuliert, Blockaden zu verhindern und Ressourcen zu nutzen und aufzubauen.

Der Bezug zum schulischen Kontext wird im SGB VIII mehrfach aufgegriffen (§ 11 Abs. 3 Ziffer 3, § 13 Abs. 1, 3 und 4, und § 21 SGB VIII), auch in Bezug auf die zu beratenden und einzubindenden Eltern (§ 16 Abs. 2 Ziffer 1 SGB VIII). Einen eigenen Gesetzesabschnitt zur Schulsozialarbeit gibt es im SGB VIII jedoch nicht.

V 5

Der Begriff der ‚sozialen Benachteiligung'

Als 1991 (in den neuen Bundesländern 1990) das KJHG (jetzt SGB VIII) eingeführt wurde, sah man das zum Teil noch anders: „Der neue § 13 KJHG – Jugendsozialarbeit – enthält nun auch eine eigene Vorschrift für die Schulsozialarbeit" (Raab 1994, 13), schreibt zum Beispiel Erich Raab. Richtig ist, dass mit dem § 13 erstmals eine gesetzliche Grundlage für die Jugendsozialarbeit geschaffen wurde. Aufgrund ihres Auftrags die *schulische* und berufliche Ausbildung, Eingliederung in die Arbeitswelt und soziale Integration von sozial benachteiligten und individuell beeinträchtigten Jugendlichen zu fördern (§ 13 Abs. 1 SGB VIII) und der eigens ausgewiesenen Verpflichtung der Jugendsozialarbeit zur Abstimmung der eigenen Maßnahmen mit der *Schulverwaltung*, der Bundesagentur für Arbeit, der Träger betrieblicher und außerbetrieblicher Ausbildung sowie der Träger von Beschäftigungsangeboten (§ 13 Abs. 4 SGB VIII)[31], konnte davon gesprochen werden, dass der Gesetzgeber zwar darauf verzichtete, „detaillierte inhaltliche Anforderungen zu formulieren" (Bothmer 1994, 7) aber dennoch „eine Konzentration auf die Themen *Schule* und Beruf festzustellen" ist (ebd.; Hervorhebung durch die Autorinnen). Aufgrund dessen wurde der § 13 SGB VIII wohl von vielen Experten als Schulsozialarbeitsparagraph verstanden.

Eine Zuordnung der Schulsozialarbeit allein zur Jugendsozialarbeit hieße aber, sich von vornherein auf die Zielgruppe der sozial benachteiligten und individuell beeinträchtigten Jugendlichen zu beschränken (vgl. § 13 Abs. 1

31 Immerhin gab es jetzt mit dem § 81 KJHG bereits eine allgemeine Verpflichtung zur Zusammenarbeit mit Schulen und Schulverwaltung etc.

SGB VIII). Dies könnte zu einer starken Einschränkung der Zielgruppe führen – z. B. wenn die Finanzlage eine enge Definition durch die Kommunen unterstützt – oder zu einer Stigmatisierung derjenigen, die Leistungen der Schulsozialarbeit in Anspruch nehmen.

Der Begriff der ‚sozialen Benachteiligung' ist unter Experten umstritten und wird gerade aufgrund der Gefahr einer Stigmatisierung oft als problematisch angesehen. In der Phase der ‚Vollbeschäftigung'[32] am Arbeitsmarkt in Deutschland Mitte der 1950er bis Mitte der 1960er Jahre entstand die Meinung, dass nur noch eine ‚Restgruppe' von Erwerbspersonen keinen Arbeitsplatz habe und dass diese ‚Restgruppe' durch besondere Probleme gekennzeichnet sei. Für sie bedürfe es individueller Hilfen. Ende der 1960er, Anfang der 1970er Jahre wurde dann der Begriff der ‚sozialen Benachteiligung' aus der amerikanischen Bildungsdebatte in Deutschland rezipiert. Der Begriff kam „als Bezeichnung für einen Sachverhalt auf, der zuvor in der amerikanischen Bildungsdebatte mit ‚disadvantaged, underprivileged, deprivation' umschrieben wurde. Diese Formulierungen meinten ursprünglich Schüler, die durch deutliche Rückstände in der Schulleistung auffielen, obwohl sie normal intelligent schienen" (Deutscher Verein für öffentliche und private Fürsorge 1997, 845). Dadurch wurden die schichtspezifischen und strukturellen Ungleichheiten als Ursache für schlechtere Bildungsabschlüsse und deren Folgen betont.

Seitdem werden die ‚sozial benachteiligten und individuell beeinträchtigten' Jugendlichen zu den speziellen Risikogruppen am Ausbildungs- und Arbeitsmarkt gezählt, denen eine besondere Aufmerksamkeit in den politischen und wissenschaftlichen Debatten zu Teil wird. Der Ausdruck ‚soziale Benachteiligung' fasst allerdings sehr unterschiedliche Gruppierungen unter einem Begriff zusammen. Auch wird der Ausdruck nicht einheitlich verwendet. Dies erschwert die Verständigung darüber, wer zu dieser Gruppe gehört. Nicht selten werden jene Gruppen, die ein besonders hohes Risiko haben, arbeitslos zu werden, mit der Gruppe der ‚sozial benachteiligten' Jugendlichen gleichgesetzt. Folgt man dieser Definition, sind die gemeinten Personen keine feststehende Zielgruppe, sondern ein Personenkreis, der sich je nach Arbeitsmarktsituation anders zusammensetzt (Lex 1997). Für andere Autoren steht hinter der Bezeichnung vor allem ein legitimatorischer

32 Der Begriff der ‚Vollbeschäftigung' ist selbst umstritten, denn auch wenn die Arbeitslosenzahlen in Deutschland in dieser Phase sehr niedrig waren, war die ‚stille Reserve' sehr groß, also jene Personengruppe, die zwar erwerbsfähig, aber weder erwerbstätig noch arbeitslos gemeldet waren. Unter ‚Vollbeschäftigung' verstand man in den 1950er und 1960er Jahren die Vollzeitberufstätigkeit der erwerbsfähigen männlichen Bevölkerung.

Begriff, der die Gewährung von Hilfeleistungen nach außen begründen soll (vgl. Ulrich 2001). Parallel zu diesen Auffassungen existieren aber noch weitere Bedeutungen des Terminus. Er wird dadurch zum „schillernden Begriff" (ebd.), der immer wieder neu diskutiert und problematisiert wird. Auch die Einführung weiterer Termini, wie ‚marktbenachteiligte' oder ‚bildungsbenachteiligte' Jugendliche hat den Begriff der ‚sozialen Benachteiligung' nicht wirklich entlastet, denn beide Formen der Benachteiligung können grundsätzlich als eine soziale Benachteiligung verstanden werden.
Dennoch bleibt der Benachteiligtenbegriff ein wichtiger Bezugspunkt für die Soziale Arbeit, denn er verdeutlicht, dass Personen und Personengruppen im Vergleich zu anderen schlechtere Ausgangsbedingungen haben, was durch die soziale Struktur abgeschwächt oder verstärkt werden kann. Insofern steht der Begriff der Benachteiligung „für die ungleiche Verteilung von Chancen und das Risiko sozialen Ausschlusses in den individuellen Übergangsverläufen von Bildung in Beschäftigung und resultiert aus dem komplexen Zusammenspiel struktureller und individueller Faktoren" (Pohl/Walther 2006, 29). Es empfiehlt sich allerdings, vorsichtig mit dem Begriff der ‚sozialen Benachteiligung' umzugehen und statt auf ‚Problemgruppen' zu fokussieren, die verschiedenen „Konstellationen von Benachteiligungen" (ebd.) in den Blick zu nehmen.
Im Rahmen des § 13 SGB VIII handelt es sich bei der Bezeichnung ‚sozial benachteiligt und individuell beeinträchtig' im Grunde genommen um einen unbestimmten Rechtsbegriff, der immer wieder neu verhandelt wird und zu dem auch die Soziale Arbeit ihre fachliche Expertise geben muss.

Der Kooperationsverbund Schulsozialarbeit hat 2006 mit der Veröffentlichung des „Berufsbilds und Anforderungsprofils der Schulsozialarbeit" (2006) die Leistungsbereiche der Schulsozialarbeit konsequenterweise aus mehreren Paragraphen des SGB VIII abgeleitet. Aus seiner Sicht zählen die §§ 11, 13, 14 und 16 sowie der § 81 im Sinne der zu leistenden Vernetzungsarbeit zu den gesetzlichen Grundlagen der Schulsozialarbeit (Kooperationsverbund Schulsozialarbeit 2006, 6 f.).

Da es sich beim SGB VIII um ein Rahmengesetz handelt, welches keinen direkten Leistungsanspruch festlegt, müssen die einzelnen Bundesländer durch Förderbestimmungen verbindliche Rechtsgrundlagen schaffen: „Letztlich entscheidend sind, was inhaltliche und quantitative Ausgestaltung der Jugendhilfeleistungen („Art und Umfang der Leistungen") betrifft, der Gestaltungswillen und die Finanzkraft der Länder und der Kommunen" (Merchel 1991, 73). Einen Überblick über die rechtlichen Regelungen in den Ländern, die sich auf die Zusammenarbeit der Kinder- und Jugendhilfe mit den Schulen beziehen und damit auch gesetzliche Grundlagen zur Schulsozialarbeit enthalten[33], wurde vom Deutschen Verein veröffentlicht (vgl. Deutscher Verein 2001). Immerhin elf von 16 Bundesländern haben entsprechende Länderverordnungen erlassen. Dabei ist die Zusammenarbeit von Seiten der Kinder- und Jugendhilfe durch den § 81 SGB VIII bereits weitgehend gesichert. Die Schulgesetzgebungen der Länder enthalten dagegen nur in sieben von 16 Fällen ein entsprechendes Pendant (vgl. ebd.).

Ein eigenes Gesetz zur Schulsozialarbeit im SGB VIII ist aus unserer Sicht nicht zwingend notwendig. Die Aufgaben der Schulsozialarbeit lassen sich aus dem bestehenden Leistungskatalog des SGB VIII ableiten, wodurch der ganzheitliche, an der Lebenswelt der Kinder und Jugendlichen orientierte Charakter der Arbeit betont wird. Schule ist ein Teil – meist ein in dieser Lebensphase sehr dominanter Teil – dieser Lebenswelt, der zur Auseinandersetzung mit gesellschaftlichen Anforderungen zwingt. Die Schule als Bildungseinrichtung für Kinder und Jugendliche sichert per se den Auftrag der Schulsozialarbeit aufgrund des Anspruchs der Jugendhilfe, die Anschlussfähigkeit der Kinder und Jugendlichen zu sichern und zu unterstützen (s. § 1 SGB VIII).

Für die finanzielle Absicherung der Schulsozialarbeit wäre eine gesetzliche Regelung auf der Länderebene viel wichtiger. Die bestehenden Länderverordnungen müssen zum Teil auch noch Konkretisierungen für die Soziale Arbeit an Schule vornehmen. Für die Kooperationsbeziehungen zwischen Kinder- und Jugendhilfe und Schule(n) wäre darüber hinaus eine Regelung in allen Schulgesetzgebungen der Länder wünschenswert.

Welche Rückschlüsse lassen sich für die Frage der Trägerschaft ziehen?

In der Praxis finden sich unterschiedliche Trägerschaftsmodelle:
1. Trägerschaft durch Schulministerien oder Schulämter,
2. Trägerschaft durch die örtlichen Jugendämter oder freien Träger der Jugendhilfe,
3. Trägerschaft durch sowohl einen Jugendhilfeträger (öffentlich oder frei) und die Schule (Ministerium oder Schulamt) und
4. Trägerschaft durch Elternvereine oder andere gemeinnützige Träger.

In der Regel empfehlen Autoren von sozialpädagogischen Veröffentlichungen, dass die Schulsozialarbeit bei einem Jugendhilfeträger anzusiedeln ist (vgl. u.a.

33 Wie in unserem einleitenden Kapitel zur begrifflichen Vielfalt bereits deutlich wurde, heißt die Schulsozialarbeit bzw. Soziale Arbeit an Schulen in fast jedem Bundesland anders, wodurch aber eben auch Schwerpunktsetzungen innerhalb der Schulsozialarbeit durch die Länder deutlich werden.

Speck 2006, Kooperationsverbund Schulsozialarbeit 2006, Rademacker 2009). Ein Hauptargument ist, dass die Dienst- und Fachaufsicht für die Schulsozialarbeiterinnen und Schulsozialarbeiter bei einem Träger liegen sollte, der das fachliche – also sozialpädagogische – ‚know-how' besitzt und außerhalb der sehr stark hierarchisch organisierten Schulstruktur steht. Da die Schulsozialarbeit mit ihrem Auftrag und mit ihren Methoden in der Jugendhilfe angesiedelt ist, ist diese Argumentation nachvollziehbar. Es gibt allerdings auch Beispiele, in denen Elternvereine die Trägerschaft übernommen haben, inklusive der Dienst- und der Fachaufsicht (s. z. B. das Modell Ravensburg, vgl. Seeger-Roth 2004), was zum einen die Selbstständigkeit gegenüber der Schule ebenso gesichert hat wie eine Anbindung an einen Träger der Jugendhilfe und zum anderen zu einer echten Kooperation mit den Eltern bzw. den Elternvertretern geführt hat (s. auch die Vertiefung im Kapitel 5 *Zielgruppe der Schulsozialarbeit*). Eine ähnliche Beobachtung kann man bei Projekten machen, die in der Trägerschaft sowohl der Jugendhilfe als auch der Schule liegen: Vertreterinnen und Vertreter von Projektträgern, die sowohl Schulsozialarbeitsprojekte in alleiniger Trägerschaft als auch in gemeinsamer Trägerschaft mit Schulen umsetzen, äußern sich dahingehend, dass die Projekte in gemeinsamer Trägerschaft oft eine bessere Kooperation mit der Schule gewährleisten (vgl. Pötter 2004b). Dies erscheint insofern nachvollziehbar, als dass von Beginn an die Ressourcen beider Partner in die Projekte einfließen und die Schule mit der Teilhabe an der Trägerschaft nicht nur eine größere formale Verantwortung übernimmt, sondern gleichzeitig auch ein größeres Interesse am Erfolg des Projektes hat.

Damit würde man zudem von einer externen Kooperation – zwischen zwei oder mehreren Betrieben – zu einer internen Kooperation – innerhalb eines Betriebs – wechseln. Die Scharnierfunktion der Schulsozialarbeit, die einer (herzustellenden) „intersystemischen Kommunikationsstruktur" bedarf und deren Ziel die Verbesserung des ebensolchen Wissenstransfers ist (vgl. Flad/Gutbrod 2005, 45), würde dadurch gestärkt, da sowohl personelle, interprofessionelle, interinstitutionelle als auch konzeptionelle Bedingungen (vgl. ebenda, 48 ff.) und Aufgaben sozialpädagogischer und schulpädagogischer Arbeit miteinander verbunden werden – und damit Maximen sozialpädagogischer Arbeit sowie schulpädagogischer Arbeit wechselseitig anschlussfähig werden.

Im Sinne einer neuen Synthese zwischen Jugendhilfe und Schule und der Notwendigkeit nicht nur die sozialpädagogische Fachlichkeit, sondern auch die schul- oder berufspädagogische Fachlichkeit in die Schulsozialarbeit zu integrieren, sehen wir in der gemeinsamen Trägerschaft von Schulsozialarbeit daher ein zukunftsfähiges und erstrebenswertes Modell.

Literatur zur Vertiefung:

Münder, Johannes/Meysen, Thomas/Trenczek, Thomas (2009): Frankfurter Kommentar zum SGB VIII. Kinder und Jugendhilfe. 6., vollständig überarbeitete Auflage, Nomos Verlagsgesellschaft: Baden-Baden.

Rademacker, Hermann (2009): Schulsozialarbeit – Begriff und Entwicklung. In: Pötter, Nicole/Segel, Gerhard (Hrsg.): Profession Schulsozialarbeit – Beiträge zu Qualifikation und Praxis der sozialpädagogischen Arbeit an Schulen.

Speck, Karsten (2006): Qualität und Evaluation in der Schulsozialarbeit – Konzepte, Rahmenbedingungen und Wirkungen. VS Verlag: Wiesbaden.

Zum Weiterdenken:

- Welche Argumente sprechen für bzw. gegen ein eigenes Gesetz für das Handlungsfeld der Schulsozialarbeit?
- Welche Vor- bzw. Nachteile haben die unterschiedlichen Trägerschaftmodelle?

B Methodisches Handeln in der Schulsozialarbeit

Die Anwendung sozialpädagogischer Methodenansätze hilft bei der Informationsgewinnung sowie der Analyse und Reflexion von individuellen Biografien, sozialen Situationen sowie den sozialräumlichen und/oder institutionellen Bedingungen. Ihre Anwendung unterstützt Kommunikations- und Interaktionsgestaltung und die Flexibilisierung institutioneller Bedingungen. Außerdem tragen sozialpädagogische Methodenansätze dazu bei, dass Hilfeprozesse in Handlungsphasen unterteilbar werden und sichern die Partizipation aller Akteure ebenso wie die Kontrolle der Hilfen (vgl. Galuske 2003, 160). Die Grundlage des methodischen Handelns ist nicht eine zielgerichtete Anwendung einer einmal festgelegten Methode, sondern „umfasst alle Tätigkeiten, um die Ergebnisse in komplexen sozialen Situationen in einen systematischen Zusammenhang zu bringen. Methodisches Handeln (…) strukturiert den gesamten Prozess der Wahrnehmung von Arbeitsaufträgen, des Nachdenkens über die Notwendigkeit und Legitimation zum Handeln, des Entwerfens und Erprobens von Handlungsplänen und der Auswertung des Geschehens" (Meinhold 1994, 185). Mit anderen Worten: Am Anfang des methodischen Handelns ist stets die Frage zu klären, welche grundsätzliche Herangehensweise man wählen sollte und welche sich bereits bewährt hat.

Für die Schulsozialarbeit bieten die Methoden der Sozialen Arbeit den fachlichen Hintergrund, der allerdings in den schulischen Kontext übertragen werden muss. Außerdem kann Schulsozialarbeit durchaus auch auf das methodische Repertoire der Schulpädagogik zurückgreifen – sofern sie dies im o.g. Sinne gründlich geprüft hat. So kann es z.B. im Kontext des Aufgabenfeldes *Berufsorientierung und Übergang von der Schule in den Beruf* durchaus methodisch angebracht sein, einzelne Bestandteile in Formen des ‚team-teaching' als Unterrichtsformat zu konzipieren (vgl. Spies 2011).

Im Handlungsfeld der Schulsozialarbeit kommt die Soziale Arbeit in dem Moment, in dem sie zum Akteur innerhalb der Schule wird, wieder recht eindeutig auf ihre methodische Grundlagentrias Einzelfallhilfe, Gruppenarbeit und Gemeinwesenarbeit zurück. Das ist insofern erstaunlich, weil die Soziale Arbeit durch zahlreiche neue Handlungskonzepte, die sich seit den 1970er Jahren in ihren sich ausdifferenzierenden Handlungsfeldern entwickelt und etabliert haben, sich von dieser basalen Trias wegzubewegen schien (vgl. Galuske 2003). Nichtsdestotrotz wird Schulsozialarbeit auch weitere Methoden, wie beispielsweise Bestandteile der Erlebnispädagogik in ihr methodisches Handeln integrieren, die sie dann entweder konzeptionell in Angebote der Gruppenarbeitsform einbinden oder in einzelnen Fällen und sofern das Format der jeweiligen Schule dies erlaubt, auch auf den Einzelfall beziehen wird.

P 3

Erlebnispädagogische Anleihen in der Einzelfallhilfe

Der Schulsozialarbeiter einer Schule unternimmt mit einem Schüler, der sein Verhalten zeitweise nicht auf die für die Unterrichtsteilnahme erforderliche Anpassungsleistung regulieren kann, eine einstündige Mountainbike-Fahrt in anspruchsvolles Gelände. Im Anschluss an die Fahrt ist der Schüler in der Lage, mit dem Schulsozialarbeiter ausführlich über seine emotionalen Schwierigkeiten aufgrund einer problematischen Familiensituation zu sprechen. Nach dem Gespräch ist er wieder in der Lage, am Unterricht teilzunehmen. Solches methodische Vorgehen setzt natürlich voraus, dass die Schule über die entsprechende Ausstattung (Bikes, Kletterwand o.ä.) verfügt und die organisatorische Infrastruktur im Schulalltag solche Form der Einzelfallhilfe vorsieht. Die erlebnispädagogisch gestützte Einzelfallhilfe ist hier ein Handlungskonzept „das ein oder mehrere Ablaufmodelle und dazu passende Handlungsregeln sowie ‚Haltungen‘ bzw. ‚Prinzipien‘ des Umgangs mit Klienten vorsieht“ (Meinhold 2001, 366).

Insgesamt aber werden solche Interventionen, wie in der Fallskizze geschildert, die Ausnahme im Alltag von Schulsozialarbeit sein, da in der Regel die Ressourcen und Personalsituation die Einzelfallhilfe auf den Beratungskontext reduziert bzw. diesen durch Konzepte der *Schulbezogenen Hilfen*, der *Berufsorientierung* und der *Individuellen Förderung* ergänzt.

So soll im Folgenden nur kurz auf die methodische Rahmung der Einzelfallhilfe eingegangen werden, bevor *Beratung* als methodisches Handeln umrissen wird. Anschließend werden die Eckpunkte *Sozialpädagogischer Gruppenarbeit* und der Lernkontext *Konfliktlösung* unter methodischen Gesichtspunkten zusammengefasst. Danach erläutern wir, was wir unter einer *gemeinwesenorientierten Schulsozialarbeit* verstehen.

1 Einzelfallhilfe

1.1 Fallverstehen

Während in schulpädagogischen Diskursen trotz der aktuell intensiven Auseinandersetzung über Diagnostik (im klinischen Sinne) der Begriff des ‚Fallverstehens' eher selten vorkommt und nur vereinzelt Vorschläge zum Vorgehen der Fallklärung vorliegen (z.B. Schömerkemper 2006) kann die Soziale Arbeit diesbezüglich auf eine lange Tradition zurückblicken (vgl. Galuske 2003; Heiner/Schrapper 2004). Dennoch gibt es hier wie dort weder einen Konsens über Verfahrensweisen und Konzepte noch eine gemeinsame Sprache, um die fallrelevanten Tatbestände zu erfassen: „Soziale Phänomene sind eben keine eindeutigen, objektiven ‚Tatbestände', sondern selektive, subjektiv geprägte Wahrnehmungen und Interpretationen" (Heiner/Schrapper 2004, 201).

Will Schulsozialarbeit Einzelfälle nicht als „*Zufälle* (...) betrachten und behandeln (z.B. bei Schulverweigerung) und so die *strukturellen* Entstehungsursachen innerhalb und außerhalb der Schule" (Braun/Wetzel 2006, 41, Hervorhebung im Original) ausblenden, so ist sie gefordert, eine systematische Herangehensweise zu etablieren, die methodisch fundiert krisenhafte Verläufe zu begleiten im Stande ist. Dafür sind die Bedingungen des Aufwachsen innerhalb und außerhalb von Schule „zum Ausgangspunkt grundlegender Reflexionen und nachhaltiger einzelschulischer Reformbemühungen" (ebd.) zu machen. Um fallspezifische und strukturelle Bedingungen in den Blick zu nehmen, machen Heiner und Schrapper (2004) den Vorschlag, Diagnostik und Fallverstehen begrifflich zum ‚Diagnostischen Fallverstehen' zu verbinden, damit das Spannungsverhältnis zwischen institutionellen und personellen Faktoren und den Macht-[34] und Sinndimensionen[35] deutlich wird: „Die Achse der Macht verdeutlicht, dass in sozialen Verhältnissen einerseits Entscheiden ohne Verstehen zu unangemessenen und falschen Ergebnissen führen muss, andererseits in der Sozialen Arbeit [und erst recht in der Schulsozialarbeit, die Autorinnen] immer wieder Entscheidungen notwendig sind, die nicht nur von Verständnis, sondern mindestens ebenso von dem Zwang der Risikovermeidung und der (partiellen) Durchsetzung sozialer Normen getragen sind" (ebd., 205).

34 Entscheiden – Verstehen
35 Selbstdeutung – Fremddeutung

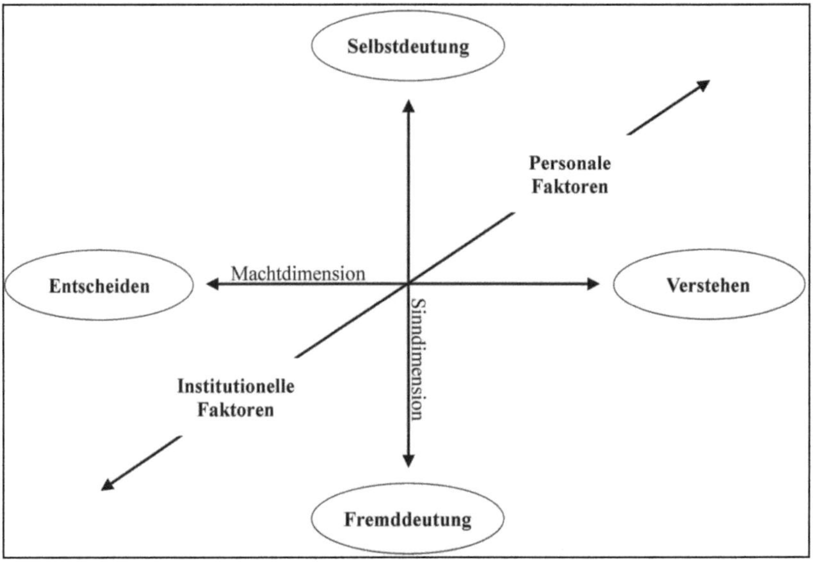

Abbildung 3: Das Spannungsverhältnis von Verstehen und Beurteilen (aus: Heiner/ Schrapper 2004, 204)

In der Einzelfallhilfe der Schulsozialarbeit wird man die Maximen des ‚Diagnostischen Fallverstehens' nutzen können, wenn es darum geht abzuklären, ob und wenn ja, welche weiterführend Unterstützungssettings in Frage kommen. Dafür sind vor allem die subjektiven Sinnzusammenhänge zu verstehen, d.h. „welche subjektive Logik eine bestimmte Handlungsstrategie in der Lebens- und Bildungsgeschichte" eines Schülers oder einer Schülerin „aktuell hat. So können z.B. kritische, gefährliche oder belastende Verhaltensweisen und Haltungen [...] vor allem über ihre Funktion verstanden werden, d.h. Handlungen wie stehlen, weglaufen, aggressiv reagieren, sich entziehen oder lügen sind so zu verstehen, dass deutlich wird, welche subjektiv sinnvolle Funktion sie in der Überlebensstrategie und im Handlungsrepertoire" (Heiner/Schrapper 2004, 208) haben und welchen Beitrag die institutionelle Rahmung dabei spielt. Solchen Eigensinn in biografischen Verläufen zu entschlüsseln, erfordert eine hohe reflexive Kompetenz und einen ressourcenorietierten Blick auf die Jugendlichen, der erlernt werden muss (vgl. Spies 2002, Spies 2004, Mührel 2005).

Zur Strukturierung gibt es verschiedene Vorgehensweisen: So unterscheidet z.B. Müller (2004) auch für die Einzelfallhilfe der Schulsozialarbeit entlang der von ihm formulierten Trias des „sozialpädagogischen Könnens" in „Fall von..." „Fall für..." und „Fall mit..." (vgl. Müller 1997) unterschiedliche Perspektiven der Fallarbeit: Zunächst ist der sachliche Hintergrund zu klären. Im Fall von Natascha (s. P 2: *Natascha)* ist das die Kindeswohlgefährdung. Weiter ist zu klären, wer oder was hier hilfreich ist, also beispielsweise für Natascha ihre Vermittlung in eine Kriseneinrichtung (Inobhutnahme). Die Perspektive des „Fall für" verlangt „Verweisungswissen" (Müller 1997, 41), das die Grundlage für weiterführende Hilfen durch andere Instanzen sein muss. Wenn im dritten Schritt geprüft wird, wer oder was außerdem in diesem Fall berücksichtigt werden muss, ist das die Dimension des „Fall mit", also z.B. der Eltern von Natascha, die möglicherweise mit der Vermittlung in die Inobhutnahme nicht einverstanden sind. Nach Müller gehören außerdem zwingend die vier Prozessschritte Anamnese (Vorinformationen), Diagnose (Problemidentifikation, Indikation), Intervention (Eingriff) und Evaluation (Bewertung, Kritik) zur Fallklärung: Um Natascha zu helfen, hat die Schulsozialarbeiterin nach den Informationen und ihrer Diagnose über die Vermittlung in die Einrichtung interveniert und sollte anschließend für sich oder in ihrem Team ihr Vorgehen kritisch reflektieren.

Heiner und Schrapper (2004) bieten vier interdependente und in mehrfachen Wechselwirkungen zueinander stehende „Komplexe" zur Orientierung an: Sie beginnen mit der Informationssammlung und Verarbeitung, an der die Betroffenen einen möglichst großen Anteil haben sollen, rekonstruieren (sozialökologisch) auf der Basis dieses Materials die biografischen Strategien, Muster und Ressourcen, bevor sie die Dynamiken zwischen institutionellem und individuellem System aus mehreren Perspektiven analysieren. Anschließend wird in einem systematischen Verfahren zusammengefasst, ausgewertet und bewertet, bevor dann eine fachliche Einschätzung und Beurteilung kommuniziert und in eine Interventionsstrategie umgesetzt wird (vgl. Heiner/Schrapper 2004).

Stellt man diesen sozialpädagogischen Vorgehensweisen das schulpädagogische Verfahren der Fallbesprechung nach der „Vier Stufen Methode" (Schlömerkemper 2006) gegenüber, wird deutlich, dass dieses Verfahren zwar die Wahrnehmungen (1), Gefühle (2), Ideen (3) und Lösungsvorschläge (4) einer Lehrexpertengruppe strukturiert, aber ohne Einbezug derer, die Gegenstand der Fallberatung sind, auskommt und weit weniger biografisch und institutionell reflexiv, systemisch strukturiert vorgeht.

Innerhalb des Handlungsfeldes Schulsozialarbeit kommt den Beratungskontakten die wichtigste Rolle im solchen diagnostischen Verstehens- und Einzelfallhilfeprozess zu.

1.2 Beratung

Beratung ist eine der zentralen Tätigkeiten innerhalb der Einzelfallhilfe der Schulsozialarbeit. Mit Beratungshandeln werden sowohl Schüler und Schülerinnen als auch Lehrkräfte, Eltern und Administration bei der Bewältigung von Schwierigkeiten innerhalb der Bildungseinrichtung unterstützt. Die sozialpädagogische Beratung für Eltern ist allerdings im Rahmen des Arbeitsfeldes „Kooperation mit Eltern" und dort als Vorstufe von Erziehungsberatung anzusiedeln (s. Kapitel 3.3.1 *Kooperation mit Eltern und Personensorgeberechtigten*). Da die Lehrerberatung als kollegiale und nicht als sozialpädagogische Beratung im Einzelfall oder zur Gesamtsituation zu verstehen ist, gehört sie als Tätigkeit der Schulsozialarbeit in das Arbeitsfeld „Schulentwicklung", denn sie bezieht sich insgesamt auf grundlegend konzeptionelle pädagogische Ausrichtungen einer Schule und deren Schulklima (s. Kapitel 3.4 *Schulentwicklung*).

Wenngleich im schulischen Feld auch schulisch verantwortete Beratung etabliert ist und mit zumeist sehr geringen Ressourcen, z.B. durch Beratungslehrer oder Schulpsychologen vorgehalten wird und außerdem (auch ohne entsprechenden Ausbildung) zum Alltagsgeschäft von Lehrerinnen und Lehrern gehört, hat Schulsozialarbeit hier eine eigene Expertise. Sie stützt sich in ihrem Handlungsrepertoire auf jene Methoden, die der Sozialen Arbeit in Beratungskontexten insgesamt zur Verfügung stehen (vgl. Galuske 2003, Nestmann et al. 2004). Im Wesentlichen gelten hierfür die Merkmale, dass

a) eine spezifische Form der Rollenverteilung in der Beratungsinteraktion akzeptiert wird,
b) die Interaktion kommunikativ über Sprache ausgetragen wird und
c) der Beratungsanlass eine mittlere Problemdichte nicht übersteigt.

Für die sozialpädagogische Beratung gelten darüber hinaus noch vier weitere Maximen, denn sie muss zunächst ihren Kompetenzbereich festlegen, der sich im Falle von Schulsozialarbeit z.B. auf den Schüler- und Schülerinnenstatus ihrer Zielgruppe und deren Bezugspersonen (Eltern/Lehrer) beziehen oder aber auch z.B. in der Beratung zur Berufsorientierung eine Spezialisierung finden kann. Trotz dieses engen Bezugs zur Schule, gilt für die Beratung durch Schulsozialarbeit, dass sie

d) als sozialpädagogisches Beratungsangebot auch durch ihre Allzuständigkeit charakterisiert ist, denn „alles, was im Alltag zum Problem werden *kann*, *kann* auch zum Thema sozialpädagogischer Beratung werden" (Galuske 2003, 172 Hervorhebung im Original) und führt insofern zwangsläufig eine Vielfalt an Möglichkeiten des Beratungshandelns mit sich.

e) In den Aufgabenbereichen der Schulsozialarbeit grenzt sich allerdings hinsichtlich des institutionellen Rahmens die grundsätzliche Vielfalt der sozialpädagogischen Beratungsformen und Zielgruppen insoweit ein, dass sich die sozialpädagogische Beratung hier in erster Line an Schüler und Schülerinnen richtet und nur mittelbar auch an deren Eltern oder Personensorgeberechtigten, die Lehrer und Lehrerinnen sowie andere im schulischen Feld Tätige.
f) Hier gilt auch die von Thiersch (2004) betonte, spezifische Handlungsintention, der zufolge sozialpädagogische Beratung zwar auf zwischenmenschlichen Beziehungen aufbaut und Alltagstechniken der Konflikt- und Krisenbewältigung zum Gegenstand hat, aber darüber hinaus auch den gesellschaftlichen Kontext berücksichtigt, die Alltagswelt der Ratsuchenden mit ihren vielschichtigen und vor allem sozioökonomischen Bedingtheiten in die gemeinsamen Überlegungen einbezieht und somit letztlich auch eine politische Dimension hat (vgl. Galuske 2003, 173 ff.).
g) Darüber hinaus muss sozialpädagogische Beratung auch über entsprechende intersektionale (u.a. ‚gender'-‚race'-‚class') Kompetenzen und jugendkulturelle Kenntnisse verfügen: So zeigen beispielsweise Jungen eine erheblich geringere Beratungsbereitschaft (vgl. Zumhasch 1999, 265) bzw. Beratungszugänglichkeit als Mädchen: Sie geben durchgängig häufiger an, dass sie bei Sorgen und Problemen mit niemandem sprechen können und zeigen eine Abhängigkeit von Leistungspositionen und die Neigung zum einsamen Problemumgang (vgl. Olk et al. 2000). Sofern sie aber Gelegenheit haben, mit einer vertrauenswürdigen Schulsozialarbeiterin oder einem Schulsozialarbeiter zu sprechen, nutzen sie diese Möglichkeit und berichten auch im Klassenzusammenhang von der hilfreichen Erfahrung.

Sozialpädagogische Beratung durch Schulsozialarbeit ist eine sehr komplexe, anspruchsvolle Aufgabe, die neben Strukturmaximen und systematischer Orientierung an der Einzelfallhilfe auch weitreichende Kenntnisse über die Lebenswelt der Jugendlichen berücksichtigen und Beratungsangebote konzeptionell auf den Bedarf von Kindern und Jugendlichen abstimmen muss:

Jugendstudien, die nach der Relevanz von Eltern zur Problemlösung Jugendlicher fragen, zeigen eine erstaunliche Schere zwischen Bedeutungszuschreibungen der Jugendlichen und ihrer tatsächlichen Situation bei der Suche nach hilfreicher Alltagsberatung durch Eltern(teile): Die IPOS Studie (2003) weist einen Anteil von 89% aus, die bei der Lösung schwerwiegender Probleme Hilfe bei ihren Eltern suchen würden – fraglich ist, ob sie diese dort auch finden können. Olk et al. (2000) bestätigen diese Zweifel: Es findet sich zwar auch für ältere Schülerinnen und Schüler eine hohe Relevanz der Eltern als Rat gebende Bezugspersonen, aber immerhin ein Viertel der Befragten gibt an, „dass die Eltern ihnen in ihrer jetzigen Situation keinen Rat mehr geben können" (ebd., 59), und es ist zu bedenken, dass Schulerfolg im Jugendalter vor allem von „allgemeinen Klimafaktoren" und insbesondere dem „Ausmaß an Konflikten in der Familie" abhängig zu sein scheint (Klein-Allermann/Kracke 1995, 255), die wiederum in Fällen von restriktiver Familienerziehung oder Scheidung die besondere Präferenz der Eltern (vgl. Zumhasch 1999, 265) bei individuellen Problemlagen relativieren. Lehrern wird bei persönlichen (z.B. Drogen, Peers) und leistungsbezogenen Problemen (z.B. Motivation, Schulangst) nur wenig Vertrauen entgegengebracht (vgl. ebd., 263).

Es ist zwar die originäre Aufgabe schulpsychologischer Beratung, zur „Leistungs- und Entwicklungsfähigkeit von SchülerInnen, LehrerInnen und Schulen im Zusammenhang mit ihren individuellen und organisatorischen Möglichkeiten" (Liermann 2004, 865) beizutragen und Hilfen anzubieten, aber vom Betreuungsschlüssel und der Erreichbarkeit her betrachtet ist schulpsychologische Beratung ein hochschwelliges Angebot, das der Vermittlung bedarf und dessen größtes Defizit zudem in der kaum vorhandenen Einbindung in dezentrale, auf den Sozialraum bzw. das Einzugsgebiet der Einzelschule bezogene, multiprofessionelle Unterstützungstätigkeit besteht.

Die sozialpädagogischen Beratungsangebote der Schulsozialarbeit sind also zwischen der hochspezialisierten schulpsychologischen Beratung und den Grenzen der Alltagsberatung im sozialen Umfeld angesiedelt und sind so angelegt, dass sie Lernbedingungen und Lebenssituationen von Schülern und Schülerinnen lebensweltorientiert, parteinehmend, aufklärend und befähigend, motivierend sowie unterstützend verbessern.

Literatur zur Vertiefung:

Ader, Sabine (2006): Was leitet den Blick? Wahrnehmung, Deutung und Intervention in der Jugendhilfe. Juventa: Weinheim.

Heiner, Maja (Hrsg.) (2004): Diagnostik und Diagnosen in der Sozialen Arbeit. Ein Handbuch. Eigenverlag des Deutschen Vereins für öffentliche und private Fürsorge: Berlin.

Müller, Burkhard (Hrsg.) (1997): Sozialpädagogisches Können. Ein Lehrbuch zur multiperspektivischen Fallarbeit. Lambertus Verlag: Freiburg.

Nestmann, Frank/Engel, Frank/Sickendik, Ursel (Hrsg.) (2004): Das Handbuch der Beratung. Band 2: Ansätze, Methoden und Felder. dgvt Verlag: Tübingen.

Schrapper, Christian (Hrsg.) (2004): Sozialpädagogische Diagnostik und Fallverstehen in der Jugendhilfe. Anforderungen, Konzepte, Perspektiven. Juventa: Weinheim.

2 Sozialpädagogische Gruppenarbeit

Pädagogische Gruppenarbeit als methodischer Arbeitsansatz ist in schulischen Kontexten schon allein daher allgegenwärtig, weil eine Schulklasse eine Gruppe ist und der Unterricht und dessen didaktische Binnengestaltung (z.B. über Anteile von Kleingruppenarbeit) bzw. interessengeleitete Arbeitsgruppen (z.B. Sport, Kultur) immer auch von Gruppendynamiken bestimmt werden. Nun darf aber einerseits eine Klasse nicht grundsätzlich mit einer Gruppe der *Sozialpädagogischen Gruppenarbeit* gleichgesetzt werden, weil allein schon die Klassenstärken in der Regel die empfohlene Gruppengröße übersteigt. Andererseits wird Schulsozialarbeit aber einen Teil ihrer Gruppenarbeit auch auf Klasse als Großgruppe beziehen müssen, wenn sie im Schulalltag den Arbeitsbereich des *Sozialen Lernens* gestaltet. Die strukturelle Bedingung der Aufteilung von Schülern und Schülerinnen in jahrgangsbezogene Klassen geben der Schulsozialarbeit Bedingungen vor, die sie bei ihren Konzeptionen von Gruppenangeboten berücksichtigen muss. Dafür ist zum einen die Fähigkeit erforderlich, Gruppenprozesse zu initiieren, zu beobachten, zu beeinflussen und Gruppenarbeit trotz aller grundsätzlichen Prozessfreiheiten einer Gruppe an planvolles, zielgerichtetes Handeln zu binden. Zum anderen muss Schulsozialarbeit für ihre Gestaltung von Gruppenangeboten berücksichtigen, dass Gruppenkontexte und Gruppenarbeitsformen bzw. das Lernen als Teil einer Gruppe über die unterrichtsmethodischen Sozialformen für Schülerinnen und Schüler und über Zugehörigkeiten und Nicht-Zugehörigkeiten im Peer-Kontext (z.B. auf Schulwegen, in Pausen) zunächst mit der Institution Schule und deren Zielvorgaben verbunden ist. Außerdem ist davon auszugehen, dass die Peergroup und die über innere Differenzierungen des Gruppenunterrichts gewonnenen Lern- und Sozialerfahrungen auf die *Sozialpädagogische Gruppenarbeit* zurückwirken.

Gruppenarbeit kann sowohl in arbeitsgleichen als auch in arbeitsteiligen, homogenen (z.B. Jungengruppen) oder heterogenen (z.B. jahrgangsübergreifenden, altersgemischten) Lerngruppen eingesetzt werden. Letztlich handelt es sich immer dann um Formen von Gruppenarbeit, wenn zwei oder mehr Personen in ‚face-to-face'-Situationen *gemeinsame* Aufgaben zu lösen versuchen (vgl. Krapp/Weidemann 2006). Die gemeinsame Arbeitsaufgabe ist stets die Grundlage, auf der die Gruppe arbeitet und zu gemeinsamen Ergebnissen kommen soll. Die Arbeit kann dabei sowohl episodisch als auch dauerhaft sein und teilautonome Aufgaben einbeziehen. Letztere sollten aber keine wesentlichen Aspekte betreffen und sind stark einzugrenzen, um den Gruppenarbeitscharakter zu gewährleisten. Während die Rahmensituation in der Regel von außen (z.B.

durch die Schulsozialarbeit) bestimmt wird, ist die Gruppe letztlich für die detaillierte Arbeitsplanung, -verteilung und -kontrolle selbst verantwortlich. So will sowohl die *Sozialpädagogische Gruppenarbeit* als auch die schulpädagogische Gruppenarbeit grundsätzlich Kommunikationsfähigkeit von Schülerinnen und Schülern fördern, indem sie ihnen Anlässe zur Interaktion bietet. Sie animiert dazu, sich zugleich in eigener Initiative für Ziele und Vorhaben zu engagieren und kooperativ auf die Ziele anderer Gruppenmitglieder einzugehen, um das gemeinsame, übergeordnete Gruppenziel zu erreichen – wobei sie je nach Setting und Kontext durchaus auch der Moderation bedarf, um sich immer wieder auf den kooperativen Aufgabencharakter zu konzentrieren. Dabei übernimmt die Gruppenleitung insgesamt eine dezentrale, moderierende Rolle.

Unabhängig davon, ob Gruppenerfahrungen positiv oder negativ konnotiert sind, ist die didaktische Anlage von sozialpädagogisch verantworteten oder veranlassten Lernarrangements im schulischen Kontext auf diese räumliche Nähe und die damit verbundenen Vorerfahrungen rückbezogen und muss je nach Anlass und Ziel ihre (sozialpädagogische) Leitungsfunktion[36] auch mit schulpädagogischen Leitungsmaximen in Abstimmung bringen oder auch beide gegeneinander abwägen. Letzteres mag besonders dann zum Tragen kommen, wenn die normativen Vorgaben *Sozialpädagogischer Gruppenarbeit*, wie z.B. Selbstbestimmung, Selbstentfaltung und Selbstverwirklichung (vgl. Pfaffenberger 1997) mit schulischen Anforderungen kollidieren oder aufgrund von Gruppenkontexten (Klasse, Peergroup, Clique o.ä.), die mit Leistungserwartungen verbunden sind, die motivationale und demotivationale Reaktionen der Gruppenmitglieder im Gruppenprozess beeinflussen. Hier kommen also institutionelle Kontexte[37] und gegebenenfalls soziale Problemlagen zum Tragen, die von der Gruppenmethodik berücksichtigt werden müssen und das *Gruppenlernen* (vgl. Kunert 2001) maßgeblich mitbestimmen, aber nicht immer ausgeglichen oder umfassend genug bearbeitet werden können. Nellesen (2002) weist in diesem Zusammenhang darauf hin, dass „die menschliche Empathie (...) für den Nahbereich und kleine familienähnliche Konstellationen evolutioniert worden [ist] und es (...) immer besonderer methodischer und diagnostischer Anstrengung (bedarf),

36 „Auf dem Hintergrund systemischer Gruppentheorien bzw. konstruktivistischer Erkenntnismodelle sind heute die Einschätzungen hinsichtlich der pädagogischen Einwirkungsmöglichkeiten gegenüber Gruppen und Gruppenprozessen eher vorsichtig geworden. Versteht man Gruppe als ein in sich geschlossenes System, welches sich nach eigenen Prinzipien und Regeln organisiert, dann sind die Möglichkeiten einer pädagogischen Einflussnahme von außen beschränkt" (Schumann 1998, 286)

37 Besonders deutlich wird dies, wenn man sich klar macht, dass Kinder und Jugendliche, die sich im Kontext der Schule bewegen, vor allem die Schülerrolle ausfüllen. Deshalb ist es oft besonders schwer sie zu selbstbestimmten Aktivitäten zu motivieren, da die Schülerrolle eine vom Lehrpersonal und dem Schulcurriculum zu großen Teilen fremdbestimmte Rolle ist.

die Auswirkungen von Organisationen und Institutionen auf unser Verhalten zu erfassen" (ebd., 526). Ein Sachverhalt, der im Rahmen *Sozialpädagogischer Gruppenarbeit* beispielsweise für Gruppenarbeitsanlässe wie Unterrichtsdisziplin oder Gewalthandlungen und Ausgrenzungsprozesse wie ,bullying' zum Tragen kommt. Hier wird deutlich, dass die Gruppenleitungstätigkeit hohe fachliche Anforderungen an die pädagogische Diagnose- und Handlungskompetenz stellt: „Über Handlungskompetenz in Gruppen zu verfügen, bedeutet (...), trotz (...) Unklarheiten handlungsfähig zu sein bzw. zu bleiben und mit den Konsequenzen verantwortungsvoll umzugehen. JedeR GruppenleiterIn findet sich hier auf einer Skala zwischen reflektierender Prozessbegleitung und steuerender Prozessstrukturierung wieder" (Nellesen 2002, 532).

Jegliche Gruppenarbeit ist in ihrer methodischen Verortung durch die Klärung der anzustrebenden Ziele und der dafür nötigen Maßnahmen (Inhalte und Methoden) bestimmt. Während die Ziele gemeinsam mit den Gruppenmitgliedern geklärt werden müssen, liegt es in der Fachlichkeit der sozialpädagogischen Fachkräfte, die geeigneten methodischen Herangehensweisen zu finden, zu vermitteln und über zielgerichtete Inhalte in die Gruppenprozesse einzubringen. Dafür sind sowohl grundlegende Kenntnisse über Gruppenphasen und -dynamik nötig als auch darüber, mit welchen Mitteln diese kreativ, anregend und variantenreich zu verdeutlichen, zu steuern und für zufriedenstellende Aktivitäten zu mobilisieren sind (vgl. Kunert 2001, Nellesen 2002).

Der methodische Aufbau von Gruppenangeboten und ihre Intentionen sind stets auf das fachliche Selbstverständnis von Anwaltschaftlichkeit der Schulsozialarbeitsfachkräfte (s. Kapitel 2 *Schulsozialarbeit sichert und unterstützt ,Anschlussfähigkeit'*) zurückzubeziehen, damit zielgerichtete Gruppenangebote tatsächlich personen- und gegenstandsadäquat eingesetzt werden können. Methoden der Gruppenarbeit sind demnach voraussetzungsvoll und jeweils auch auf ihre „Verträglichkeit" (Nellesen 2002, 525) hin zu prüfen, weil von (gruppenfall-)spezifischen Voraussetzungen, Reichweiten und Grenzen ausgegangen werden muss. So kann zum Beispiel die Technik so genannter ,Traumreisen' je nach Gruppenkontext eine geeignete Entspannungsübung sein oder auch zu einer beängstigenden Grenzerfahrung mit retraumatisierendem Effekt werden.

P 4

Unbeabsichtigte Auswirkungen auf die Gruppendynamik

Auch ungewollte Effekte können gruppendynamisch hochwirksam sein und sich auch außerhalb des Gruppenkontextes niederschlagen: In einer siebten Jahrgangstufe macht die Schulsozialarbeit ein Gruppenangebot für Mädchen, hält aber kein Äquivalent für Jungen vor. In einer Gesprächsrunde über die Erfahrungen mit Schulsozialarbeit reagierten die Jungen genau an der Stelle, als dieses Angebot von den Mädchen als besonders wichtig und gut erläutert wird mit so auffälligen Störungen, dass die Diskussionsrunde beendet werden muss: In der Auseinandersetzung um die hilfreichen und weniger hilfreichen Angebote ihrer Schulsozialarbeit berichtete eine Diskussionsteilnehmerin sehr wertschätzend von ihren Erfahrungen in der Mädchengruppe. Daraufhin wird sie zunächst von ihrem Sitznachbarn tätlich angegriffen, lässt sich aber in der Berichterstattung nicht stören, woraufhin sie erneut angegangen wird. Während weitere Mädchen sich positiv zur Mädchengruppe äußern, entsteht eine solche Unruhe unter den übrigen Jungen, dass sich weder Lautstärke noch Störungen wieder reduzieren lassen. In der Reflexion dieses Diskussionsverlaufs und -abbruchs wird deutlich, dass die Verteilung von Mädchen und Jungen in der Stuhlkreisrunde von Beginn an geteilt war. Möglicherweise handelt es sich hier um einen gruppendynamischen Effekt, der auf die Partialisierung der Gruppenangebote zurückzuführen ist, da sich in zwei vergleichbaren Runden mit siebten Klassen anderer Schulen keine so konfliktbelastete Teilung nach Geschlechtszugehörigkeit ergab. Für die Schulsozialarbeiterin, die bei der Diskussionsrunde leider nicht zugegen gewesen ist, wäre die Reaktion der Jungen ein guter Anlass gewesen, die Angebote der Schulsozialarbeit zu hinterfragen und die Jungen nach ihren diesbezüglichen Wünschen zu fragen. Die durch den Unmut der Jungen verursachte Störung wäre konstruktiv zu wenden, um einen neuen Gruppenprozess zu beginnen, indem die Bedürfnisse der Jungen und Mädchen gleichermaßen Berücksichtigung finden.

Auch das Aufgabenfeld der Konfliktbewältigung (s. Kapitel 1.2 *Konfliktbewältigung*) verweist auf Gruppenkontexte, wenn Schulsozialarbeiterinnen und Schulsozialarbeiter z.B. Peer-Mediations-Gruppen aufbauen, deren Tätigkeit koordinieren, Lehrkräfte bei Klassenkonflikten unterstützen oder auch Projekte zur Gewaltprävention initiieren sowie Ausbildungen für Streitschlichter und Trainings für Mediatoren organisieren. All diese Maßnahmen haben wiederum Konsequenzen für die Gestaltung des Gruppengefüges innerhalb einer Klasse, über deren Reichweite wir bislang nur wenig wissen.

So werden beispielsweise Konzepte der Peer-Mediation[38] schulformübergreifend (altersangepasst) an Grundschulen, an sämtlichen Schulformen der Sekundarstufen I und vereinzelt auch an Berufsbildenden Schulen angewandt. Eine Entwicklung, die das Thema *Konfliktbewältigung* vor dem Hintergrund eines subjektiv wahrgenommenen (vgl. Behn u.a. 2006, 13) Handlungsdrucks zur Gewaltprävention seit Beginn der 1990er Jahre zunehmend zum curricularen Bestandteil von Schule hat werden lassen – die ihrerseits diesen Bereich häufig, aber nicht zwingend, in die Verantwortung der Schulsozialarbeit übergibt. Solche Projekte werden von einer hohen schulpädagogischen und sozialpädagogischen Akzeptanz getragen. Sie folgen alle dem Grundgedanken, einzelne Schülerinnen oder Schüler umfassend als Mediatoren auszubilden, damit diese anschließend selbstständig, unter Berücksichtigung bestimmter Vorgaben, bei der Schlichtung von Konflikten ihrer Mitschülerinnen und Mitschüler aktiv werden. So sollen Gewalthandlungen reduziert bzw. ihnen vorgebeugt werden und eine konstruktive Konfliktkultur im schulischen Alltag etabliert werden. Zugleich werden von Ausbildung und angewandter Mediation nachhaltige Entwicklungsanreize zur Förderung und Festigung sozialer Kompetenzen erwartet. Eine Erwartung, die der Annahme folgt, dass „eine Störung oder Problemlage als ein Ergebnis des gesamten Sozialisationsprozesses, vor allem der Nicht-Passung von individuellen Handlungskompetenzen und gesellschaftlichen Anforderungen, angesehen werden kann", und die Folgerung nahe legt, dass „wirksame Prävention frühzeitig und breit angelegt sein sollte" sowie der institutionellen Vernetzung bedarf (Melzer/Schubarth 2008, 241).

Dabei sind allerdings eine Reihe von Fragen bislang unberücksichtigt geblieben: Unter anderem jene nach dem Spannungsfeld zwischen ‚neuer Streitkultur' und traditionellen Schulrechtsmaßnahmen, oder welche Konsequenzen die Streitschlichter-Tätigkeit auf das innerschulische Sozialgefüge oder auch auf den außerschulischen Lebenskontext hat. Zur Umsetzung der Vorgaben und Zieldefinitionen liegen bislang nur wenige empirische Studien[39] vor, die sich auf allgemeine Evaluationen bzw. Wirkung der Mediation innerhalb des Systems Schule beziehen. Die außerschulischen Lebenszusammenhänge der Peermediatoren und die Reichweite von deren Tätigkeit auf ihre Konfliktbewältigungsfähigkeit bleiben zumeist unberücksichtigt. Allerdings lässt die Studie von Smith

---

38 Z.B. Konfliktlotsen, Schülermediatoren, Streitschlichter, Konfliktmanager, Schülerstreitschlichter, Peer-Mediatoren, Vertrauensschüler, Kummerlöser oder Friedensstifter.

39 Z.B. Engert (2001), Mees/Schmidt (2003), Caesar (2004), Preuss-Lausitz (2006), Behn et al. (2006).

und Watson (2004) darauf schließen, dass ein solches Projekt Kinder in ihrer persönlichen Entwicklung fördern kann.

Die größte Forschungslücke besteht hinsichtlich der Frage nach der präventiven und damit längerfristigen Wirkung der Projekte. Jenseits von darstellenden Moment- und Bestandsaufnahmen fehlen empirische Befunde, die die „Nutzerperspektive" (vgl. Oelerich/Schaarschuch 2005) derjenigen abbilden, an die sich solche Settings des sozialen Lernens richten und die die Ansätze als Mediatoren gegenüber ihren Peers vertreten müssen. Bei der Umsetzung von Peermediationsansätzen muss Schulsozialarbeit (sofern die Streitschlichter-Ausbildung in ihren Aufgabenbereich fällt) berücksichtigen, dass wir bislang kaum Kenntnisse darüber haben, welche positiven und möglicherweise auch negativen Effekte die systematische Konfrontation mit einer konstruktiven Konfliktvermittlungsmethode und deren notwendigen Einzelelementen (z.B. Konflikttheorie, Gesprächstechniken) auf die Konfliktpraxis der ausgebildeten Schüler außerhalb der Schule haben kann (vgl. Lattorf/Spies 2011).

Literatur zur Vertiefung:

Baur, Jörg/Blumenberg, Franz-Jürgen (2004): Soziale Gruppenarbeit als Hilfe zur Erziehung. In: Fegert, Jörg M./Schrapper, Christian (Hrsg.): Handbuch Jugendhilfe – Jugendpsychiatrie. Interdisziplinäre Kooperation. Juventa Verlag: Weinheim und München, S. 125-134.

Breidenstein, Georg (2006): Teilnahme am Unterricht – Ethnographische Studien zum Schülerjob. In: Krüger, Heinz-Hermann (Hrsg.): Studien zur Schul- und Bildungsforschung, Band 24. VS Verlag: Wiesbaden.

Galuske, Michael (2003): Methoden der Sozialen Arbeit. Eine Einführung. 5. Auflage. In: Rauschenbach, Thomas (Hrsg.): Grundlagentexte. Sozialpädagogik/Sozialarbeit. Juventa Verlag: Weinheim und München.

Heiner, Maja (1994): Methodisches Handeln in der Sozialen Arbeit. Lambertus Verlag: Freiburg.

3 Vernetzung ins Gemeinwesen

Eine gemeinwesenorientierte Schulsozialarbeit berücksichtigt in ihren Konzeptionen und Aktivitäten, dass Schule in die soziale Struktur einer Kommune eingebunden ist. Zur sozialen Struktur gehören die Menschen, die dort – also innerhalb des Sozialraums – in einem politisch bestimmten Rahmen leben und die Gestaltung des Gemeinwesens mittragen. Anbieter und Träger von offener und verbandlicher Jugendarbeit, Kirchen und gemeinnützige Vereine, der Allgemeine Soziale Dienst (ASD), außerschulische Bildungsanbieter, Kindertagesstätten und andere öffentlich zugängliche Einrichtungen und Institutionen gestalten gemeinsam die soziale Struktur des Gemeinwesens nach den rechtlichen und regionalen Maßgaben und Möglichkeiten. Mit dem Ziel, soziale Probleme abzubauen, orientieren sie sich in ihrem Handeln am Sozialraum und versuchen ihre Angebote bürgernah, transparent und unter Beteiligung der Betroffenen umzusetzen. Aber auch Sozialplanungs- und Stadtentwicklungsfragen sind Bestandteil von Gemeinwesenarbeit, die somit auch eine steuernde Funktion hat.

Wenngleich nun Schulsozialarbeit keineswegs die Gemeinwesenarbeit in ihren Zuständigkeitsbereich deklarieren kann und soll, so ist sie doch mit ihrer Verortung in der Jugendhilfe dem sozialräumlichem Handeln als Maxime der Sozialen Arbeit verpflichtet, nimmt in ihrer Mittlerfunktion zwischen Schule und Lebenswelt die Bedingungen im Gemeinwesen in den Blick bzw. nutzt und vernetzt sich und ihre Schule mit dem Gemeinwesen. Der Kooperationsverbund Schulsozialarbeit (2006) betont in seinen Erläuterungen der Handlungsansätze, dass Schulsozialarbeit den Sozialraum (Stadtteil, Infrastruktur, Betriebe, Freizeitangebote, Familien, Sozialstruktur u.a.m.) im Rahmen eines ganzheitlichen Bildungsverständnisses in ihre Arbeit einbeziehen und die Schule in ihren Bestrebungen, sich dem Sozialraum zu öffnen (s. auch Kapitel 3 *Kooperation als Kerngeschäft der Schulsozialarbeit*), unterstützen soll.

V 6

Vernetzung ins Gemeinwesen bei Offenen Angeboten

Wenn also Schulsozialarbeit beispielsweise offene Angebote für Kinder und Jugendliche (s. Kapitel *Offene Angebote für Kinder und Jugendliche*) als Bestandteil schulischer Tages- und Freizeitgestaltung (mit)verantwortet, hat sie sowohl die Möglichkeiten schulische Räume, aber auch jene des Sozialraums zu nutzen und so eine Vernetzung mit dem Gemeinwesen herzustellen. – Eine Aufgabe, die angesichts der für die Kinder- und Jugendarbeit gültigen Strukturprinzipien von zentraler Bedeutung ist, denn „in allen Einrichtungs- und Projektformen der Offenen Kinder- und Jugendarbeit geht es fast immer um Räume als Rückzugs-, Erfahrungs-, Entfaltungs-, Aneignungs- und Bildungsgelegenheiten für Kinder und Jugendliche" (Deinet 2008, 468), für deren Ermöglichung Schulsozialarbeit auch mit unterschiedlichen Einrichtungstypen[40] zusammenarbeiten kann. Sei es, dass langfristige Kooperationen aufgebaut werden, sei es, dass zeitlich befristete Projekte oder auch Ganztagsbetreuungsangebote oder Hausaufgabenhilfen auf diese Weise organisiert und angeboten werden. Die institutionelle Annäherung und ebenso die Aufgabenpalette der Schulsozialarbeit scheinen bei kreativer und ressourcenorientierter Ausgestaltung vor allem eine „multiple Lernkultur" (ebd.) an und mit unterschiedlichen Lernorten ermöglichen zu können.

Dabei ist sie zugleich an den programmatischen Bedingungen der Offenen Kinder- und Jugendarbeit orientiert, wenngleich sie diese auch angesichts des Einzelschulkontextes, der jeweiligen Schulform bzw. Schulstufe und ihrer weiteren Aufgaben kaum jemals ‚Eins zu Eins' übernehmen kann.[41] Schon aufgrund von Durchmischungsreduktion wegen Altersgruppeninteressen und Schul(form-)gebundenheit, aber auch aus juristischen Fragen zu Betreuungsgewährleistung und Aufsichtspflicht, werden sich *Offene Angebote für Kinder und Jugendliche* in schulischen Zusammenhängen nicht komplett an den Maßgaben der Offenen Kinder- und Jugendarbeit ausrichten können. Ungeachtet dessen werden sie sich aber – anders als schulische Curricula dies in der Regel tun – an den Interessen und Lebenslagen von Kindern und Jugendlichen orientieren und ihren Schwerpunkt auf die Vermittlung von Persönlichkeitsbildung legen.

40 Deinet nennt hier als Auswahl „große und kleine Einrichtungen, Jugendtreffs im ländlichen Raum, Mädchentreffs, Kinder- und Jugendkulturarbeit in Jugendkunstschulen, soziokulturelle Zentren, Jugendzentren, Abenteuerspielplätze, Spielmobile und selbstverwaltete Jugendhäuser" (ebd., 468).

41 Genau darin zeigt sich die Spezifik der Schulsozialarbeit gegenüber den anderen Angeboten der Kinder- und Jugendhilfe.

Deinet (2008) betont im Zusammenhang mit den Anforderungen des ganztägig konzipierten Schulalltags die zu differenzierenden Angebotskonzepte für Grundschulkinder, die eher Hort- und Erlebnischarakter haben müssen, während jüngere Jugendliche der Sekundarstufe I vor allem den lebensweltorientierten, freiwillig aufsuchbaren, nicht-formellen Bildungsraum für Selbstorganisation und Partizipation z.B. in Form eines Schülercafés oder als Schulstation mit Brücke zur Jugendhilfe brauchen. – Ein Raum, der dementsprechend auch gut außerhalb von Schule und innerhalb einer Jugendarbeitseinrichtung, also im Sozialraum des Gemeinwesens, gelegen sein kann (vgl. ebd., 469). Wenn eine Schule sich in den Stadtteil bzw. Sozialraum hinein öffnet und mit außerschulischen Angeboten in Einrichtungen der Offenen Kinder- und Jugendarbeit kooperiert, profitiert sie von

- oftmals gut ausgestatteten Räumlichkeiten,
- guten, konzeptionellen Verbindungen von offenen und geschlossenen Angeboten,
- oft langjährigen Erfahrungen in der Freizeit- und Erlebnispädagogik,
- Möglichkeiten, Kindern und Jugendlichen Raum zum Ansprechen sensibler Themen außerhalb der Schule zu bieten,
- Erreichbarkeit einer oft größeren und heterogenen Zielgruppe (vgl. ebd., 470).

Dagegen bieten innerschulische Angebote „den Vorteil, dass

- das Bild der Schule nach innen und außen an Qualität gewinnt
- sie von der Schule wahrgenommen und eher aktiv unterstützt werden
- es eine direkte örtliche und zeitliche Anbindung an die Schulen gibt
- die Kinder und Jugendlichen den Raum Schule in ihrer Freizeit erleben und kennen lernen können
- und die Hausaufgabenhilfen qualitativ besser sind“ (ebd., 470).

Schulsozialarbeit kommt für die konzeptionelle Gestaltung von Freizeitangeboten im innerschulischen und außerschulischen Kooperationskontext die Aufgabe zu, sich an den Entwicklungsphasen ihrer Zielgruppe zu orientieren und ggf. das Handlungsrepertoire passend zu Cliquen- und Szeneorientierungen aufzubauen, Erreichbarkeit sicher zu stellen und Abgrenzung zu ermöglichen. Dabei muss außerdem ein am Aneignungsverständnis (vgl. Deinet/Reutlinger 2004) orientiertes Bildungssetting für nicht pädagogisch durchstrukturiertes *Soziales Lernen* vertreten werden. Hier kann sich Schulsozialarbeit auf das breite Angebotsrepertoire der Kinder- und Jugendarbeit beziehen, um die Aneignungs- und Bildungsprozesse herauszufordern, in-

dem sie auf die Didaktisierungen von Projekten, Kursen, Workshops oder auf Lernangebote im Medienkontext und zur Kultur- und Erlebnis-Pädagogik zurückgreift. Ebenso stehen Ferien- und Freizeitmaßnahmen mindestens implizit unter einem Aneignungs- und Bildungsanspruch, die sich außerdem auch in institutionenübergreifende Kooperationsprojekte einbinden lassen.
Es gilt demnach zu fragen, inwiefern die Angebote das „Zukunftsversprechen (einlösen), dass die aktive Nutzung der pädagogisch organisierten Lernangebote (z.B. in der Schule und in der Jugendarbeit) die eigene Selbstbewusstheit fördert und Möglichkeiten der erweiterten Selbstbestimmung, Selbstverständigung und Selbstverwirklichung für die Zukunft eröffnet und damit auch das Selbstvertrauen in die eigene und gesellschaftliche Zukunft stärkt" (Braun 2008, 114).

Zur Vernetzung ins Gemeinwesen gehören neben der Vernetzung mit sozialen Diensten und Einrichtungen der Jugendhilfe, um für krisenhafte Verläufe in Einzelfällen schnell Hilfe anbieten zu können (s. Kapitel 3.2.2 *Individuelle Förderung*), auch die Kontakte zu Initiativen, Stadtteilarbeitskreisen, Vereinen und Betrieben. Darüber hinaus ist absehbar, dass der Schulsozialarbeit bei der aktuellen Entwicklung im Rahmen der *Kommunalen Bildungsplanung* eine wichtige Rolle im Kontext von Stadtentwicklung und Planungsprozessen zukommen wird. Mit dem Konstrukt der kommunalen Bildungsplanung oder Bildungsverantwortung zeichnet sich in jüngerer Zeit (vor allem im Rahmen der Ganztagsschulentwicklung) eine doppelte bzw. zweifache Verzahnung von Schule und Gemeinwesen ab: Zum einen kooperieren besonders Ganztagsschulen vermehrt mit außerschulischen Partnern in der Kommune und werden so „von autonomen Institutionen zu Partnern im Sozialraum" (Bleckmann/Durdel 2009, 11). Zum anderen aber beginnen Kommunen, sich jenseits der bisherigen Schulträgerschaftsfragen mit schulischen Themen zu beschäftigen, formulieren Ansprüche an das Bildungssystem und stellen Ressourcen zur Verfügung.

So mahnen z.B. die Experten der Schulkommission der Böll-Stiftung (Heinrich-Böll-Stiftung 2009) in ihrem Bildungsbericht an, dass die Weiterentwicklung der Bildungsbedingungen dringend der interinstitutionellen Kooperationen bedarf, um ungenutzte Ressourcen zu mobilisieren und künftig themenbezogen in Verantwortlichkeiten statt in Zuständigkeiten zu denken und handeln. Die strukturelle Konsequenz ist die vermehrte Vernetzung ins Gemeinwesen, die ihrerseits auch vom Gemeinwesen ausgehen kann und derzeit auf förderliche politisch Bedingungen zu stoßen scheint. So verortet beispielsweise auch der Deutsche Städtetag (2007) den „Ausgangspunkt für Bildungsprozesse in den verschiedenen Lebensphasen“ auf kommunaler Ebene. „Hier entscheidet sich Erfolg oder Misserfolg von Bildung, werden die Grundlagen für berufliche Perspektiven, gesellschaftliche Teilhabe und gleichzeitig die Zukunftsfähigkeit einer Region gelegt. Die Städte prägen mit ihren vielfältigen Einrichtungen die Bildungslandschaft Deutschlands: Kindertagesstätten, Familienzentren, Einrichtungen der Kinder- und Jugendarbeit, Schulen, Volkshochschulen und zahlreiche Kultureinrichtungen sind Eckpfeiler der öffentlichen Infrastruktur in der Bildung. Die Verantwortung der Städte in der Bildung muss deshalb gestärkt werden“ (Deutscher Städtetag 2007).

Eine gemeinwesenorientierte Schulsozialarbeit ist in der sozialräumlichen Ausrichtung ihrer sozial integrativen Angebote somit eine Schnittstelle, die den doppelten Öffnungsprozess einerseits für ihre konzeptionellen Ansätze nutzen kann, aber andererseits auch zum ‚Medium‘ für die Umsetzung der Öffnung werden kann. Sei es, dass sie aus kommunalen Ressourcen finanziert ist oder sei es, dass sie die Vermittlungsstelle ist, die sich auf die Maximen der kommunalen Bildungslandschaft (vgl. Bleckmann/Durdel 2009) berufen kann. Mit anderen Worten: Schulsozialarbeit kann unter dieser Prämisse – im Sinne der Auflistung von Bleckmann und Drudel (ebd.) – gemeinwesenorientiert auf einen definierten, lokalen Raum bezogen arbeiten, indem sie langfristige, professionell gestaltete, auf gemeinsames, planvolles Handeln abzielende, kommunalpolitisch gewollte Netzwerke zum Thema Bildung mitgestaltet und dabei stets die Perspektive des lernenden Subjekts vertritt, dessen formale Bildungsorte und informelle Lernwelten zusammenzubringen versucht und dabei durch eine kommunale Planungsstruktur unterstützt wird.

Die Vernetzungstätigkeit von Schulsozialarbeit ins Gemeinwesen kann nur ein kleiner Baustein einer übergeordneten, kommunal- und bildungspolitisch zu verantwortenden Struktur der *Kommunalen Bildungsplanung* sein, die keinesfalls in der Verantwortung von Schulsozialarbeit liegen kann. Im Gegenteil: So betonen die Experten der Schulkommission der Böll-Stiftung in ihren Reformvorschlägen, dass bei der Ausgestaltung von regionalen Bildungs- und Verantwortungsgemeinschaften dafür Sorge getragen werden muss, dass die beteiligten Einrichtungen ein Höchstmaß an Entscheidungskompetenz und Unterstützung für die Gestaltung ihres pädagogischen Angebots erhalten müssen, damit „die Zuständigkeit für das pädagogische und das nicht-pädagogische Personal, d.h. zunehmend für Schulsozialarbeiter und Sozialpädagogen“ so geregelt werden kann, dass „eine optimale Zusammenarbeit gewährleistet wird“ (Heinrich-Böll Stiftung 2009, 31).

Die Grundlage einer solchen Planungskonzeption ist eine Abkehr von der bislang gängigen Versäulungsstruktur von Bildung, Betreuung und Erziehung, indem nunmehr Zugänge für Bildungsräume und Übergänge zwischen

Bildungsräumen ermöglicht und eröffnet werden und die Angebote darin am Orientierungswert ausgerichtet sind (vgl. Maykus 2009). Für solche Strukturen sind Maykus zufolge die Kooperationsbedingungen auf den vier Ebenen Schule/Institution (1), Sozialraum (2), Kommune (3) und Land (4) konzeptionell noch zu entwickeln und abzustimmen. Auch Olk (2008) betont den Charakter des ‚work-in-progress', der aktuell in der Auseinandersetzung um die kommunale Bildungsplanung berücksichtigt werden muss und weist darauf hin, dass die steuernde Funktion innerhalb eines solchen Systems von einer integrierten Fachplanung getragen werden muss. Als Gründe für den laufenden Entwicklungsprozess nennt Olk (ebd.) die Öffnungsnotwendigkeiten, die sich im Rahmen von Schulentwicklung und Ganztagsschulkonzeptionen herausgestellt haben. Auch die veränderten Verständnisse hinsichtlich Bildungsbegriff und Bildungsbiografie stützen das neue Verständnis kommunaler Bildungsverantwortung und werden durch sozialräumliche Gegebenheiten und politischen Bedarf zur Sicherstellung von wirtschaftlichen Belangen einer Kommune derart ergänzt, dass die Kooperation von Schule und Jugendhilfe zum zentralen Angelpunkt für die praktische Umsetzung im pädagogischen und institutionellen Alltag wird.

Literatur zur Vertiefung:

Bleckmann, Peter/Durdel, Anja (Hrsg.) (2009): Lokale Bildungslandschaften. Perspektiven für Ganztagschulen und Kommunen. VS Verlag: Wiesbaden.

Deinet, Ulrich/Krisch, Richard (2003): Der sozialräumliche Blick der Jugendarbeit. Methoden und Bausteine zur Konzeption und Qualifizierung. VS Verlag: Wiesbaden.

Galuske, Michael (2003): Methoden der Sozialen Arbeit. Eine Einführung. 5. Auflage. In: Rauschenbach, Thomas (Hrsg.): Grundlagentexte. Sozialpädagogik/Sozialarbeit. Juventa Verlag: Weinheim und München.

Heiner, Maja (1994): Methodisches Handeln in der Sozialen Arbeit. Lambertus Verlag: Freiburg.

Müller, Wolfgang C. (2006): Wie Helfen zum Beruf wurde – Eine Methodengeschichte der Sozialen Arbeit. Edition Sozial, Neuausgabe, Juventa Verlag: Weinheim und München.

Olk, Thomas (2008): Kommunale Bildungsplanung. In: Coelen, Thomas/ Otto, Hans-Uwe (Hrsg.): Grundbegriffe der Ganztagsschule. Beiträge zu einem neuen Bildungsverständnis in der Wissensgesellschaft. VS Verlag: Wiesbaden, S. 949-957.

C Das Arbeitsprofil: Arbeitsbereiche, Aufgabenfelder und Praxisbeispiele

Im Fachdiskurs finden sich unterschiedliche Darstellungen zu den Arbeitsbereichen und Aufgabenfeldern, die von Schulsozialarbeit entweder bedient oder mit Bezug auf ihre Schnittstellenfunktion ‚gemanagt' werden müssen: So unterteilen z.B. Schumann, Sack und Schumann die „Leistungsschwerpunkte von Schulsozialarbeit" in die Kategorien „Kernprozesse", „Unterstützende Prozesse" und „Managementprozesse" (AWO-Kreisverband 11/2004, 6). Zu den Kernprozessen gehören hier „Offene Arbeit in Anlaufstellen, Soziale Gruppenarbeit, Freizeitpädagogische Arbeit, Mädchenarbeit, Arbeitsweltbezogene Jugendarbeit und Individualberatung und biografische Begleitung" (ebd., 5). Diese Kernprozesse sind in einer vierstufigen Pyramide angeordnet, deren Basis die Offene Kinder- und Jugendarbeit sowie allgemein niedrigschwellige Angebote und die Unterstützung der Schule in sozialpädagogischen Belangen bilden. Darauf baut in Stufe zwei die Soziale Gruppenarbeit auf, sowie die Freizeit- und Schulfahrten als Angebote unterschiedlicher Zugangsschwellen. In der dritten Stufe ist die Jugendsozialarbeit und die Berufsorientierung verortet, bevor an der Spitze der Pyramide die Individualhilfen und die Beratung stehen. Als Querschnittsaufgabe findet sich Mädchenarbeit an einer langen Seite der Pyramide in allen Stufen wieder (vgl. ebd.). Den unterstützenden Prozessen sind im Modell von Schumann et al. „Arbeit mit Eltern, Beratung des Systems Schule, Beschaffung, Sicherheit und Hauswirtschaft" (ebd.) zugeordnet. Die Managementprozesse enthalten verschiedene Lenkungsaufgaben und -anlässe, Evaluationen und Personalentwicklung.

Bolay, Flad und Gutbrod (2005, 23) nennen ihrerseits fünf „zentrale Handlungsebenen von Schulsozialarbeit, die in der Praxis in verschiedensten Mischungsverhältnissen realisiert werden". Sie unterscheiden zwischen Einzelfallunterstützung (1) „für belastete und belastende SchülerInnen, teilweise gekoppelt mit den Möglichkeiten Sozialer Gruppenarbeit" (ebd.) und erzieherisch, sozialisatorisch und bildungsspezifisch ausgerichteten offenen und projektförmigen Angeboten (2), die durch Beratung (3) ergänzt werden. Außerdem hat Schulsozialarbeit den Autoren zufolge sich durch Gemeinwesenbezug (4) mit der regionalen Jugendhilfe zu vernetzen und zur Schulentwicklung (5) beizutragen.

Braun und Wetzel (2006) strukturieren die „Sozialpädagogische Profilbildung der Schulen“ in die fünf Felder „Erlebnispädagogik“, „Soziales Lernen“, „Sozialpädagogische Beratung“, „geschlechterdemokratische Bildung und Erziehung“ sowie die „berufsbezogene Jugendbildung“ und beziehen sowohl räumliche Bedingungen als auch schulische Veränderungsnotwendigkeiten in ihre kritische Auseinandersetzung mit ein.

Der Kooperationsverbund Schulsozialarbeit (2006) unterscheidet acht „Arbeitsbereiche“ (ebd., 7 ff.), während beispielsweise Drilling (2001) sozialpädagogische Beratung im Einzelfall, soziale Gruppenarbeit und strukturelle Kooperation als zentrale Arbeitsweisen entlang der „Problemkreise Gewalt und Sucht“ (ebd., 123) differenziert. Speck (2007) gliedert die Angebote und Leistungen wiederum auf der Grundlage seiner ausführlichen Auseinandersetzung mit Programmstrukturen in mindestens sechs anzubietende „Kernleistungen“ (ebd., 62 f.).

Speck weist darauf hin, dass Angebotsbreite und -varianz der Schulsozialarbeit den Eindruck von „Profillosigkeit des Arbeitsfeldes“ (ebd.) entstehen lassen könnten, die Praxis also begründete Priorisierungen ebenso wie übergreifende Profilierungen benötige. Speck verwendet dafür den Terminus „Arbeitsprofil“ (ebd.) und schlägt vor, die Kernleistungen an ihrem Förderauftrag für die schulische und außerschulische Entwicklung, dem Benachteiligungsabbau und den schützenden Effekten zu messen und als ergänzungsoffene „Pflichtaufgaben“ jeglicher Schulsozialarbeit zu verstehen (vgl. ebd., 63).

Uns scheint für eine Einführung in das Handlungsfeld eine insgesamt etwas breitere Differenzierung sinnvoll als sie von den genannten Autoren vorgenommen wird. Vor allem ist es uns wichtig, neben dem Bezugsrahmen im schulischen Handeln auch kurz zu skizzieren, auf welchem fachlichen Hintergrund das jeweilige Aufgabenfeld aufbaut. Dabei gilt es, nicht nur die sozialpädagogisch, sondern z.T. auch curricular oder schulpädagogisch zu begründenden Arbeitsbereiche und Aufgabenfelder über ihre jeweilige Spezifik für die Tätigkeitsgebiete Sozialer Arbeit an Schulen aufzuschlüsseln und Zuordnungen vorzunehmen. Es ist unvermeidlich, dass dabei auch Schnittmengen zu klären und deren Grenzen genauso wie Potenziale von Überscheidungen auszuloten sind[42].

Nach einer kurzen allgemeinen Beschreibung wird im Folgenden jedes Aufgabenfeld entlang einer Skizze (Abbildung 4) vorgestellt und einem von drei Arbeitsbereichen zugeordnet. Darüber hinaus wird die Bildungsfunktion der Aufgabenfelder herausgearbeitet. Damit wollen wir einen Beitrag zur Klärung eines Arbeitsprofils leisten, das – Speck (2007) zufolge – „bei allen notwendigen Dif-

42 Dies mag auf den ersten Blick verwirrend erscheinen, hat sich aber in der Erprobung im Kontext von Einführungsveranstaltungen und studentischer Erarbeitung mithilfe des Gruppenpuzzleverfahrens als sinnvoll und für die Vielfalt der Tätigkeitsbereiche im Handlungsfeld als klärend erwiesen.

ferenzierungen möglichst projekt-, schultyp-, schul- und länderübergreifend" (ebd., 62) gelten sollte.

Die Vielzahl der einzelnen Tätigkeiten ist dabei natürlich auch dem mehrdimensionalen Auftrag von Schulsozialarbeit geschuldet. So bilden die Anleihen, die Schulsozialarbeit in ihrer Funktionsanbindung an die Soziale Arbeit bei deren originären Handlungsfeldern bzw. deren methodischen Umsetzungen nimmt, erst in der Zusammenschau das für Schulsozialarbeit typische Bild. Die Herausforderung für die Betrachter ist vor allem, jeden der Bausteine von Schulsozialarbeit nicht als Verkürzung eines außerhalb oder innerhalb von Schule mehr oder weniger etabliert vorhandenen methodischen Ansatzes mit je eigenem Auftrag zu verstehen. Vielmehr sind die Aufgabenfelder und Ansätze der Schulsozialarbeit jeweils aus einem angrenzenden Professionsgebiet entlehnt und von dort abgeleitet und finden in der Schulsozialarbeit eine neue Integration im Kontext der Schule. Mit anderen Worten: Die meisten der Aufgabenfelder schließen an die methodischen Standards der Jugendhilfe an, müssen aber zugleich auch sehr spezifisch auf den interinstitutionellen Kontext des schulischen Rahmens zugeschnitten sein. Sie sind jeweils sowohl von ihrer originären, außerschulischen oder rein innerschulischen Anlage her zu betrachten als auch in ihrer Spezifik innerhalb der interdisziplinär anzulegenden und institutionell passgenau zu gestaltenden Arbeitsbereiche *Soziales Lernen, Individuelle Orientierung und Hilfe* und *Bildungsbedingungen* anzunehmen.

Wenn Positionen wie beispielsweise jene von Bolay et al. (2005) oder Speck (2007) stets die Position der Jugendhilfe, die dienstrechtliche Unabhängigkeit, die sozialpädagogische Fachlichkeit und die gleichberechtigte Kooperationsprämisse betonen und einen Überblick über die Tätigkeitsschwerpunkte im Handlungsfeld geben, ist angesichts der gängigen Praxis und ihrer rechtlichen Rahmung festzuhalten, dass sie jeweils auf der von Vogel (2006) als normative Diskursvorgabe diskutierten „Wünschbarkeit" (ebd., 18) aufbauen und entsprechend angreifbar sind – vor allem, wenn die Rechtslage der Aufgabenfelder eindeutig in schulische Hoheit (z. B. Schulentwicklung) fällt und angesichts von Veränderungen in der Ausbildungslandschaft je nach Bezeichnung des Studiengangs die (sozial)pädagogische Fachlichkeit der Professionellen auch von als bildungswissenschaftlich gekennzeichneter Expertise abgelöst werden kann.

So soll mit unserer Positionierung der Versuch unternommen werden, die tatsächlichen Tätigkeiten in ihrer Bildungsfunktion abzubilden, ohne die dafür nötige Fachlichkeit *zu* eng an sozialpädagogische Expertise zu binden. Damit unterstreichen wir unsere Herangehensweise, die Schulsozialarbeit als ein Produkt der Kooperation der unterschiedlichen an Schule tätigen Disziplinen, insbesondere der Sozial- und der Schulpädagogik sieht: Schulsozialarbeit dient der Sicherstellung und Unterstützung von Anschlussfähigkeit von Schülerinnen und Schülern mit unterschiedlichen sozialen und ethnischen Hintergründen, deren Bildungsbedingungen sie verbessert, indem sie mit bildungswissenschaftlicher und sozialpädagogischer Expertise dazu beiträgt, bestehende Benachteiligungen abzubauen, die individuelle und soziale Entwicklung zu fördern und ‚empowerment'-Strategien zu vermitteln. Sie ist als interinstitutionelle Vermittlungsinstanz im Bildungs- und Hilfesystem zu verstehen, die als anwaltschaftliche ‚Sozialisationsbrücke' zur Verbesserung der Lern- und Lebensraumbedingungen von Kindern und Jugendlichen in Kontexten des Bildungssystems unter zu Hilfenahme eines breiten Handlungsspektrums von Lern- und Bildungssettings agiert (s. Kapitel 2 *Schulsozialarbeit sichert und unterstützt ‚Anschlussfähigkeit'*.

Zur Umsetzung der Angebote in den Arbeitsgebieten des *Sozialen Lernens* und der *individuellen Orientierung und Hilfe* greift Schulsozialarbeit auch konzeptionell in schulische Belange und Entwicklungen ein und baut Strukturen auf, die lebenswelt-, sozialraum- und schulkonzeptbezogene Gruppenangebote, Einzelberatungen und fallbezogene Hilfen vorhalten oder vermitteln – also die tradierten *Bildungsbedingungen* verändern.

Wenngleich die Entwicklungsaufgaben für alle Kinder und Jugendlichen grundsätzlich gleich sind, stellen sie aber je nach den Bedingungen und Handlungsspielräumen in deren Lebenswelt unterschiedliche Anforderungen und erfordern variierende Unterstützung zur erfolgreichen Bewältigung (vgl. Braun 2008; Braun/Wetzel 2006). Dafür nutzt die Schulsozialarbeit im Wesentlichen in der Sozialen Arbeit entwickelte Settings in einer ihren Arbeitsbereichen entsprechenden Programmatik und Erweiterung. Der Handlungsrahmen ‚Schule' muss dabei von seiner ursprünglichen Intention und Anlage her berücksichtigt sein, damit einerseits klar ist, auf welche Handlungsmaximen und fachlichen Standards das Angebot aufbaut und wo andererseits speziell für die jeweiligen Handlungskontexte der Schulsozialarbeit und ihrer Programmatik erweitert, begrenzt oder umformuliert werden muss. Außerdem muss ein Aufgabenfeld, das rein formal bereits durch eine schulische Auftragsdefinition curricular und/oder organisationsbezogen abgedeckt ist, wie dies z. B. für die Berufswahlorientierung gilt (s.u.), in seinen Kontextbedingungen so geklärt sein, dass die fachliche Expertise der Schulsozialarbeit auf ihre unterstützenden und ergänzenden Funktion konzentriert bleibt[43].

Stets sind Ermöglichung von Schulerfolgen, Abbau von Lernbarrieren, Sicherung verwertbarer Abschlüsse und Gewährleistung von schulischer ‚Haltekraft' die Leitgedanken, die hinter der schulsozialarbeiterischen Deklination

43 Die Unterstützung kann z. B. für die sozialpädagogischen Fachkräfte auch darin bestehen an einer Schulentwicklung mit zu arbeiten, die die curriculare und organisatorische Umsetzung des schulischen Auftrags verbessert (s. Kapitel 3.4 *Schulentwicklung*).

jedes Arbeitsbereichs stehen. Die Palette der neun Aufgabenfelder zeigt dabei deutlich, dass Jugendhilfe die fachliche Säule ist, die „unverzichtbare und andererseits mögliche Beiträge schulbezogener sozialer Interventionen zu Entwicklungs- und Bildungschancen im Kindheits- und Jugendalter" (Otto 2006, 377) zu leisten vermag.

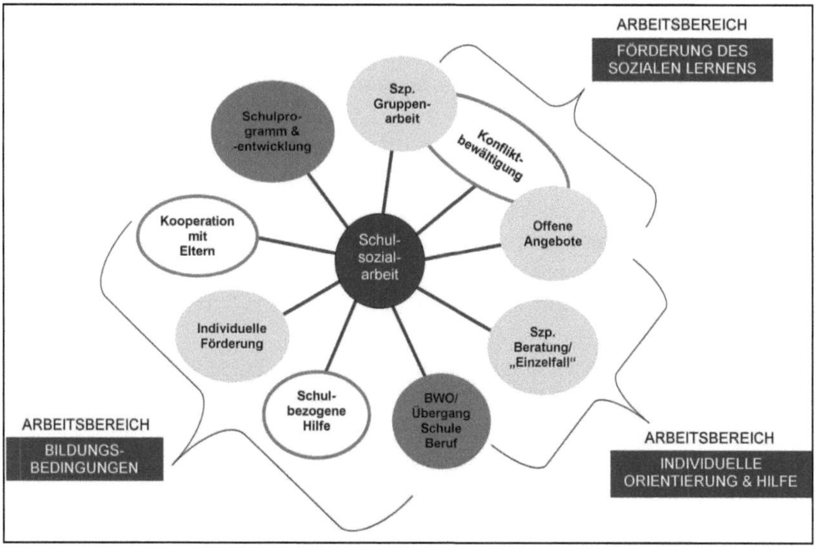

Abbildung 4: Aufgabenfelder[44] der Schulsozialarbeit

Die Grafik der Abbildung 4 stellt die Aufgabenfelder der Schulsozialarbeit dar und bündelt nach den Anlässen des Einsatzes in die drei Arbeitsbereiche ‚Soziales Lernen', ‚Individuelle Orientierung und Hilfe' und ‚Bildungsbedingungen'. Dabei werden die einzelnen Aufgabenfelder nach konzeptionellen Rahmungen durch die fachlichen Hoheitsbereiche von Jugendhilfe und Schule zusammengefasst. So gehören die Aufgabenfelder ‚Offene Angebote' und ‚Sozialpädagogische Gruppenarbeit' originär in den lebensweltorientierten Methodenkontext der Jugendhilfe und werden zu unterschiedlichen Graden über die Schulsozialarbeit in die Schule transportiert oder kooperativ mit Schule zusammen umgesetzt. Im Uhrzeigersinn gelesen, zeigt ‚Konfliktbewältigung' ein Aufgabenfeld, das aufgrund seiner Intention des ‚Sozialen Lernens' zum Teil in der Gruppenarbeit und zum Teil in den offenen Angeboten für Kinder und Jugendliche an-

44 hellgrau = sozialpädagogische Expertise der Jugendhilfe; dunkelgrau = schulischer Hoheitsbereich, weiß= schulische Zuständigkeit und sozialpädagogischer Fach- und Methodeninput

gesiedelt ist. Konfliktbewältigung als Bildungsanliegen ist in diverse Kontexte (z.B. *Offene Angebote für Kinder und Jugendliche*) eingebunden und gehört sowohl zum schulischen als auch zum sozialpädagogischen Aufgabenfeld. In beiden Kontexten war sie allerdings bis vor kurzem eher implizit als explizit enthalten und wurde erst im individuellen Einzelfall je nach Kontext entweder der sonderpädagogischen, der intensiv-sozialpädagogischen oder der psychologisch-therapeutischen Expertise zugewiesen. Seit Konfliktbewältigung aber über Mediations- und Sozialkompetenzprogramme zum pädagogischen Alltag in schulischen und über explizite Gewaltpräventionsarbeit in außerschulischen Kontexten geworden ist, hat das ‚Soziale Lernen' als bildungswirksamer Bestandteil an Bedeutung gewonnen. So ist Konfliktbewältigung aktuell über eine Vielzahl an programmatischen Strategien und Manuals – zu nennen sind z.B. Streitschlichtungskonzepte der Peermediation oder Trainingsprogramme zur Erweiterung der sozialen Handlungskompetenzen – ein eigener Aufgabenbereich für Schulsozialarbeit geworden, kann aber ebenso gänzlich im schulpädagogischen Kontext verortet sein – besonders dort, wo keine Schulsozialarbeit oder schulnahe Jugendarbeit vertreten ist.

Während die ‚Offenen Angebote für Kinder und Jugendliche' die Schnittstelle zwischen ‚Sozialem Lernen' und ‚Individueller Orientierung' markieren, dient die ‚Sozialpädagogische Beratung' explizit zur Klärung individueller Fragen und Probleme, wobei beide Arbeitsbereiche in der Sozialen Arbeit zu verorten sind. Dagegen ist die ‚Berufsorientierung' zusammen mit Angeboten zur ‚Unterstützung am Übergang von der Schule in den Beruf' (Transition) ein Aufgabenfeld, das zwar auch der individuellen Orientierung dient (und über die Jugendsozialarbeit bzw. die Jugendberufshilfe inhaltlich auch an die Jugendhilfe angebunden ist), nach der gültigen Rechtslage aber curricular und organisatorisch zunächst von der Schule umzusetzen und zu verantworten ist. Gleiches gilt für die ‚Individuelle Förderung', ähnliches für die Kooperation mit Eltern und für die ‚Schulprogrammgestaltung/Schulentwicklung'. Beide Aufgabenfelder liegen in der Verantwortung der Schule, können aber unter Einbindung der sozialpädagogischen Fachkräfte eine deutlich nachhaltigere Wirkung entfalten als dies bei einem rein schulpädagogischen Zugang möglich wäre. Dies hängt mit den vielen lebensweltlichen Bezügen dieser Aufgabenfelder zusammen: So können über ihre Gestaltungsvarianten Bildungsbedingungen der Schüler und Schülerinnen von institutioneller Seite und mit Blick auf primäre und sekundäre Herkunftseffekte[45] verbessert werden. Umgekehrt gilt grundsätzlich auch für die

45 „Als primäre Herkunftseffekte gelten die Ursachen, die für Unterschiede in den gezeigten Schulleistungen von Kindern unterschiedlicher sozialer Herkunft verantwortlich sind. Sekundäre Herkunftseffekte benennen im Unterschied dazu Ursachen dafür, warum es bei gleichen gezeigten Leistungen Unterschiede – und nicht Gleichheit – in den Bildungsentscheidungen

zuvor genannten, im sozialpädagogischen Zusammenhang verankerten und begründeten Arbeitsbereiche, dass sie im Kontext ‚Schule' in der Regel nachhaltiger wirken können, obwohl sie – anders als die vier letztgenannten – allerdings sämtlich auch als berufsbezogene Jugendhilfe ohne direkte strukturelle Betroffenheit von Schule quasi additiv und ‚neben' Schule stattfinden können.

für Kinder unterschiedlicher sozialer Herkunft gibt. (...) in der Realität sind immer beide Ursachenkomplexe gleichzeitig vorhanden und miteinander verwoben" (Solga 2008, 15).

1 Förderung des Sozialen Lernens

1.1 Sozialpädagogische Gruppenarbeit

1.1.1 Beschreibung des Aufgabenfelds der Sozialpädagogischen Gruppenarbeit

Die ‚Sozialpädagogische Gruppenarbeit' ist im Rahmen von Schulsozialarbeit aus unserer Sicht zunächst ein methodisches Instrument (s. Teil B *Methodisches Handeln*), um – unabhängig vom Einzelfall – Inhalte zu vermitteln und Arrangements des (sozialen) Lernens in meist präventiver Absicht zu konstruieren. Dementsprechend dient sie *auch* der Gestaltung von Freizeitangeboten im Sinne der *Offenen Angebote für Kinder und Jugendliche* oder dem Aufgabenfeld der *Konfliktbewältigung*, der (auch in der Arbeitsfeldbeschreibung des Kooperationsverbundes Schulsozialarbeit) als eigenständiger Arbeitsbereich neben der *Sozialpädagogischen Gruppenarbeit* steht. Darüber hinaus wird Sozialpädagogische Gruppenarbeit auch als erzieherisch wirksame Maßnahme zur Förderung der Persönlichkeitsentwicklung im konkreten Einzelfall bzw. für eine Gruppe von Einzelfällen eingesetzt. Über Inhalte und Zugehörigkeit der sozialpädagogisch konzipierten Gruppe lernen Kinder und Jugendliche, die Schwierigkeiten im sozialen oder emotionalen Verhalten zeigen, ihre eigenen Fähigkeiten und Kompetenzen sowie Handlungsstrategien kennen und reflektiert einzuschätzen. Dabei gehen (im Idealfall) alle Akteure einen länger andauernden, offenen Dialog ein, indem sie miteinander über (schwierige) Situationen, Probleme und Erfahrungen sprechen und Lösungsansätze – auch mit Bezug auf die gemeinsame Gruppe – herausarbeiten. Die grundsätzlichen Prinzipien dieser Gruppenarbeit lehnen sich an die oben beschriebenen, allgemeinen Grundlagen an, werden aber dem jeweiligen Projekt oder Anlass entsprechend moduliert. Diese Art der ‚Gruppenbezogenen Einzelfallhilfe' ist sowohl an die ‚Soziale Gruppenarbeit', wie sie gemäß § 29 im SGB VIII als Hilfe zur Erziehung für ältere Kinder und Jugendliche vorgesehen ist als auch an die Erziehung in einer Tagesgruppe gemäß § 32 SGB VIII angelehnt. Hier nun scheint sich die Frage zu klären, warum die *Sozialpädagogische Gruppenarbeit* als Arbeitsbereich der expliziten Erwähnung bedarf, anstatt als methodische Gestaltungstechnik überall dort erwähnt zu werden, wo sie zum Einsatz kommt, wenn thematische Arbeit erläutert wird: Wenngleich sowohl die „Soziale Gruppenarbeit" (§ 29 SGB VIII) als auch die „Tagesgruppe" nach § 32 SGB VIII als Hilfen zur Erziehung *keinesfalls* in den originären Aufgabenbereich der Schulsozialarbeit fallen, da diese Hilfen als

Erziehungshilfe gemäß § 27 SGB VIII im Anspruchsbereich der Erziehungssorgeberechtigten liegen, den Verbleib des Kindes bzw. des Jugendlichen in der Familie sicherstellen sollen und ausschließlich über die Jugendhilfe vorzuhalten sind, bietet sich für Schulsozialarbeit (da sie Soziale Arbeit in der Schule leistet) einerseits die – präventiv zu verstehende – inhaltlich-methodische Anlehnung an diese Erziehungshilfemaßnahmen, andererseits aber auch die Vermittlungsfunktion der Schulsozialarbeit als Verständnisfolie an. Sie kann im Einzelfall z. B. sowohl eine solche Hilfe vermitteln als auch mit einem Träger einer solchen Maßnahme die Kooperationsmöglichkeiten mit der Schule und am Ort der Schule gestalten. Dies kann beispielsweise im Fall einer ganztägig konzipierten Förderschule mehreren Schülerinnen und Schüler die Tagesgruppenteilnahme am Ort der Schule ermöglichen, erspart ihnen weitere Wege und bindet die Erziehungshilfemaßnahme alltagsnah und niedrigschwellig in den Bildungskontext ein. Schulsozialarbeit hat hier eine koordinierende Funktion, die z. B. die Überwindung administrativer Hindernisse vorantreibt. Es wäre im Sinne eines Bildungssystems, das die Inklusionschancen der Kinder und Jugendlichen zu verbessern sucht, wenn entsprechende Bildungssettings (die Erziehungshilfemöglichkeiten integrierende) Konzepte ‚Sozialpädagogischer Gruppenarbeit' für alle Schulformen entwickelt würden – speziell wenn ganztägige Beschulungsformen mit dem Besuch einer Tagesgruppe kollidierten. Andernfalls würde zugunsten einer zunächst rein logistischen Schulformatsvorgabe auf eine differenzierte (vgl. Vetter 2003) ‚Hilfe zur Erziehung' verzichtet.

1.1.2 Sozialpädagogische Gruppenarbeit im Kontext Schule

Während Speck (2007) als Beispiele für die Kernleistung *Sozialpädagogischer Gruppenarbeit* im schulsozialarbeiterischen Aufgabenbereich u.a. erlebnispädagogische Maßnahmen, außerunterrichtliche Projekte und offene Förderangebote (vgl. ebd., 62) nennt, gliedert der Kooperationsverbund Schulsozialarbeit (2006) diesen Arbeitsbereich in vier *Anlässe*, die sich hinsichtlich ihrer Ziele und Organisationsformen unterscheiden. Hier wird zunächst ganz allgemein die Möglichkeit der zielgruppen- und themenorientierten Angebote, die an gemeinsame Fragestellungen oder Interessen von Schülern und Schülerinnen anknüpfen, von jener abgegrenzt, bei der Schülerinnen und Schüler die Verantwortung für bestimmte Aufgaben bei der Gestaltung des Schullebens übernehmen sollen. Dazu kommen außerdem Gruppenangebote, die mit Einzelfallbezug zur Verbesserung persönlicher und sozialer Kompetenzen, z. B. zur Überwindung von Entwicklungsschwierigkeiten und Verhaltensauffälligkeiten dienen, sowie jene, die als Arrangements des sozialen Lernens (z. B. sozialpädagogische Begleitung von Klassenfahrten, Krisenintervention oder Projektarbeit) von Schulsozialarbeit konzipiert und in bereits vorhandene Gruppen (Schulklassen) hineingetragen werden. Letztlich deckt sich diese Auflistung mit dem Vorschlag von Speck (2007), der unter Projekt- und Erlebnispädagogik zusammenfasst, was hier noch einmal differenziert ist. – Wenn der Kooperationsverbund Schulsozialarbeit (2006) ebenso wie Speck (2007) in diesem Zusammenhang die sozialen Kompetenztrainings nennt und außerdem berufsorientierende Angebote als themenbezogene „Sozialpädagogische Gruppenarbeit" listet, zeigt sich, wie fließend die Grenzen zwischen den Aufgabenfeldern der Schulsoziarbeit sein können bzw. sein *müssen,* weil Zuordnungen vorgenommen werden, die sich in der Praxis keinesfalls derart trennscharf wiederfinden bzw. in der je eigenen Logik der Differenzierungsansätze gute Gründe der Platzierung haben.

1.1.3 Zur Bildungsfunktion von Gruppenarbeit

Mit Gruppenangeboten unterschiedlichster Art will die Schulsozialarbeit u.a. soziale Beziehungsfähigkeit und individuelle Persönlichkeitsentwicklung fördern, Lernbarrieren abbauen, Lern- und Arbeitsmotivationen verbessern und in individuellen Entwicklungskrisen stützen. Wenn Kinder und Jugendliche im Setting von Gruppenarbeit ein positives Selbstbild entwickeln und ihre emotionale Situation besser erfassen lernen, wird damit sowohl der Bildungsprozess des Individuums im Sinne des Sich-Bildens der Persönlichkeit (vgl. Kapitel 4 *Erziehung und Bildung*) begünstigt als auch seine Integration in die Gruppe und in die schulische Gemeinschaft unterstützt. So werden bildende Lernvoraussetzungen geschaffen, die problematische Lernsituationen entschärfen und Bildungs- ebenso wie Sozialbiografien insgesamt stabilisieren können. Slavin (1993) bezieht theoretische Modellannahmen auf die Gruppenarbeit und führt an, dass verhaltenstheoretisch insbesondere solche Gruppenarbeiten Begründung finden, die „eine positive Interdependenz durch Gruppenkontingenz zu erreichen versuchen und z.B. die Belohnung einzelner Gruppenmitglieder von der Leistung der anderen Mitglieder abhängig machen" (zitiert nach Krapp/Weidmann 2006, 407).

Insgesamt hält das Aufgabenfeld *Sozialpädagogische Gruppenarbeit* eine Vielzahl unterschiedlicher Angebote bereit und ist eine methodische Gestaltungsform sowie ein sachliches, zielgerichtetes Konzept für inhaltliche Bedarfe. Bildungswirksam sind interessenbedingte Gruppenarbeiten, die sich projektorientiert oder unbefristet mit bestimmten Aufgaben beschäftigen und dabei z.B. zum Demokratielernen beitragen, oder auch jene, die dezidiert mit dem Erwerb von persönlichen und sozialen Kompetenzen zur Persönlichkeitsentwicklung anregen. Die von Schulsozialarbeit verantwortete oder koordinierte Gruppenarbeit stützt sich methodisch auf themen-, erlebnis- und handlungsorientierte Anteile, die sie sowohl in unterrichtlichen Kontexten als auch in außerunterrichtlichen Zusammenhängen praktiziert.

Den integrationswirksamen Vorteilen von gruppenpädagogischen Konzeptionen stehen allerdings die ebenso im Gruppenkontext möglichen Ausgrenzungsprozesse sozial oder kognitiv schwächerer Gruppenmitglieder gegenüber, wenn z. B. die grundsätzliche Eigenverantwortung der Gruppe zu Disziplinschwierigkeiten führt, stellen die damit verbundenen Konflikte die Gruppenleitung vor die fachliche Anforderung, in einer möglichst offenen Diskussion *mit* der betroffenen Gruppe über die Erträge der Gruppenarbeit für die Optimierung des Settings zu sorgen. Bei hinreichend fachlicher Kompetenz der Gruppenverantwortlichen (vgl. Klafki 2003, 50 ff.) ist, den Befunden von Konrad und Traub (2005) zufolge, die sorgfältige Aufgabenauswahl der entscheidende Einflussfaktor, der über Gelingen oder Scheitern einer Gruppenarbeit entscheidet. Ein Befund, der auf eine Untersuchung der Adressatenwahrnehmung in Unterrichtsprozessen rekurriert, aber Elemente wie z. B. Motivation und Eignung des Kontextes unberücksichtigt lässt. Diese schon 1999 von Krüger diagnostizierte Forschungslücke bezüglich der Entwicklungen, Kooperations- und Lenkungsprobleme sowie Wirkungsweisen *Sozialpädagogischer Gruppenarbeit* (vgl. Krüger 1999) sind bis dato keineswegs systematisch bearbeitet (s. Kapitel 2 *Sozialpädagogische Gruppenarbeit* in Teil B).

P 5

Zwei Modelle der Sozialpädagogischen Gruppenarbeit

1) Nach der Darstellung von Drilling (2001) geht die „Soziale Gruppenarbeit" der Schulsozialarbeit an Schweizer Schulen auf den Interventionsbedarf von Lehrkräften zurück, die die sozialisationsrelevanten Funktionen zur Verbesserung des Klassenklimas nutzen wollten und besonders die positiven Effekte in Fällen von Gewaltproblemen schätzen (vgl. ebd., 133). Drillings differenzierte Ablaufrekonstruktion eines solchen Gruppenprozesses betont die Lernmöglichkeiten von Techniken konstruktiver Kommunikation und die gruppensozialisatorischen Wirkungen der Gleichaltrigen sowie die Begleitung durch den Schulsozialarbeiter als „Person, die den Gruppenprozess wachsam begleitet, Impulse zu einem offenen Umgang gibt und eine Atmosphäre des Vertrauens schafft" (ebd., 134). Bemerkenswert ist vor allem die von Drilling beschriebene Veränderung der Gruppendynamik durch den offenen Umgang mit Problemen, den Einsatz von Steuerungstechniken (Moderationen, Sitzordnungen, Kommunikationsregeln etc.) und die Konzentration auf die emotionalen Prozesse mit letzlich bildendem

Effekt: „In vielen Fällen wird in einer sozialen Gruppenarbeit, auch wenn diese von der Lehrkraft zum Thema Gewalt angekündigt wurde, letztlich über das Selbstkonzept einer jeden teilnehmenden Person gesprochen. Veränderungen können bereits zwischen den einzelnen Sitzungen festgestellt werden“ (ebd., 136). Neben der Möglichkeit der Kontaktaufnahme zur Einzelfallhilfe bietet das Gruppenarbeitsmodell die Möglichkeit, gezielt die Selbstwertstärkung der einzelnen Gruppenmitglieder im Sinne des ‚empowerment‘-Gedankens zu betonen (als präventive Maßnahme zur Vermeidung oder Reduzierung künftiger Gewalthandlungen) und anhand des vorgegebenen Ablaufschemas (ebd., 135) auch die Kooperationsstruktur eindeutig und verbindlich zu gestalten.
2) Laut Schumann et al. können in der ‚Sozialpädagogischen Gruppenarbeit‘ der von den Autoren evaluierten Schulsozialarbeit einer Frankfurter Gesamtschule, die in den dortigen Angeboten der Offenen Kinder- und Jugendarbeit entstehenden Kontakte zu Schülern und Schülerinnen intensiviert werden. Hier stützt sich die *Gruppenarbeit* konzeptionell auf die Offenen Treffs und will sinnvolle Freizeitgestaltung und Betreuungsangebote im Zusammenhang mit der Möglichkeit des sozialen Lernens vorhalten, um Selbstbewusstsein und Persönlichkeit zu stärken (vgl. Schumann et al. 2006).

Literatur zur Vertiefung:

Drilling, Mathias (2001): Schulsozialarbeit. Antworten auf veränderte Lebenswelten. Haupt Verlag: Bonn, Stuttgart, Wien.

Galuske, Michael (2003): Methoden der Arbeit. Eine Einführung. 5. Auflage. In: Rauschenbach, Thomas (Hrsg.): Grundlagentexte. Sozialpädagogik/Sozialarbeit. Juventa Verlag: Weinheim und München.

Kunert, Kurt (2001): Gruppenlernen. In: Otto, Hans Uwe/Thiersch, Hans (Hrsg.): Handbuch der Sozialarbeit/Sozialpädagogik. Luchterhand Verlag: Neuwied, S. 745-756.

Schumann, Michael/Sack, Anja/Schumann, Till (2006): Schulsozialarbeit im Urteil der Nutzer. Evaluation der Ziele, Leistungen und Wirkungen am Beispiel der Ernst-Reuter-Schule II. Juventa Verlag: Weinheim und München.

Zum Weiterdenken:

- Welche Anforderungen stellen die theoretischen Grundlegungen Sozialer Arbeit an Schule für die Konzeption und Gestaltung von sozialpädagogischen Gruppenangeboten für Kinder und Jugendliche im Kontext Schule?
- Wie unterscheiden sich Klassenverbände von sozialpädagogischen Gruppen und welche Rückwirkungen hat dies auf die Schulsozialarbeit mit Klassen?

1.2 Konfliktbewältigung

1.2.1 Beschreibung des Aufgabenfelds der Konfliktbewältigung

Das Erlernen von sozial akzeptierten und allgemein anerkannten Konfliktbewältigungsstrategien ist eine Entwicklungsaufgabe, die im Rahmen von Sozialisations- und Erziehungsprozessen vor allem im Kinder- und Jugendalter zu leisten ist, aber auch im Erwachsenenalter andauert und Menschen in Konfliktsituationen immer wieder vor neue (Lern-)Herausforderungen stellt (z. B. Mobbing am Arbeitsplatz, Gewalt in Partnerschaften, Trennung und Scheidung). Konfliktbewältigung ist eine kulturell vorgegebene Entwicklungsaufgabe mit überwiegend normativem Charakter, die zu sozialem Ausschluss führen kann bzw. mit Sanktionen belegt ist, wenn das Bewältigungsverhalten außerhalb dieser Normen liegt (vgl. Flammer 1999). Sie geht mit veränderten Anforderungen an die Kompetenzen im Umgang mit sozial-kultureller Pluralität und Heterogenität einher und erfordert erhebliche Orientierungsleistungen in einer von vielfältigen Medien durchdrungenen Alltags-, Kommunikations- und Informationswelt. Zudem kann der Umgang mit Konflikten sogar für berufliche Chancen relevant sein, wenn z. B. die Konfliktlösungskompetenz über gelingende oder scheiternde Übergänge von der Schule in die Erwerbstätigkeit beeinflussen: ‚soft skills'-Zertifizierungen, wie z. B. Konfliktlösefähigkeit (vgl. Nentwig-Gesemann et al. 2005), sind einstellungsrelevante Hinweise für Arbeitgeber, die Wert auf Gruppenfähigkeit oder Kommunikationskompetenz legen. Konfliktbewältigungskompetenzen, die im Rahmen von schulischen Lernsettings vermittelt werden (sollen), sind aufgrund des gesellschaftlichen Integrationsauftrags jene, die den Werten und Normen der ‚bürgerlichen Mitte' entsprechen, das heißt, dass ihre Vermittlung stets auch im Rahmen kultureller Pluralität innerhalb der Gesellschaft und dementsprechend konkurrierenden Erwartungen gedacht und in ihrer Kontroll- und Selektionsfunktion kritisch reflektiert werden muss.

Konflikte, die auf aggressives Verhalten von Lehrerinnen und Lehrern gegenüber Schülerinnen und Schülern zurückzuführen sind und solche, bei denen die Aggressionen von den Schülerinnen und Schülern ausgehen, gehören zum Aufgabenfeld *Konfliktbewältigung*[46]. Im Unterschied zur Gewalt, die von Lehrkräften gegen Schüler ausgeht und in Fällen schweren Machtmissbrauchs durch seelische Verletzungen, körperliche Strafen und andere entwürdigende Maßnahmen strafrechtliche Konsequenzen haben muss, muss bei der von Schülern gegen Lehrer ausgehenden Gewalt die Entwicklungsphase der Adoleszenz Berücksichtigung finden (vgl. Varbelow/Bull 2008). Varbelow und Bull (2008) verweisen in diesem Zusammenhang ausdrücklich darauf, dass Klassenklima und die Qualität der Lehrer-Schüler-Beziehungen ausschlaggebend für die Auftretenshäufigkeit von ‚bullying' gegen Lehrkräfte ist. „Schulen, an denen die Lehrer-Schüler-Beziehung als geringfügig emotional unterstützend wahrgenommen wird, der Schülerzusammenhalt nicht gefördert und dem systematischen Ausschluss einzelner Schüler nicht entgegengewirkt wird, berichten in größerem Ausmaß von Gewaltproblemen – sowohl innerhalb der Schülerschaft als auch von Schülern gegen Lehrer" (ebd. 108).

Im Aufgabenfeld *Konfliktbewältigung* treffen die schul- und sozialpädagogischen Verständnisse eines zu erlernenden, angemessenen Konfliktverhaltens auch auf sonderpädagogische und psychologische Betrachtungsweisen und eine Vielzahl an Programmen oder Handlungsanweisungen zum Umgang mit Konflikten und Konfliktverhaltensweisen. Wenngleich die erzieherischen Überlegungen im Kontext konfliktträchtigen Verhaltens bis in sumerische und ägyptische Zeit vor 3000 Jahren zurück reichen, scheint sich erst in jüngster Zeit ein Verständniswandel hin zur positiv-konstruktiven Lernsettinggestaltung zu etablieren[47]. So ist die Distanzierung von körperlicher Gewalt im schulischen Kontext noch relativ jung[48], ebenso wie die Einsicht, dass Konfliktbewältigung ein

46 „Als Risikofaktoren für Gewalt erweisen sich insbesondere ein „restriktives" Lehrer(innen)verhalten (z. B. abwertendes, etikettierendes, aggressives Lehrerhandeln) und die Desintegration in der Schülergruppe, während die Akzeptanz durch Lehrkräfte gewaltmindernd wirkt. In Schulen und Klassen mit einer guten Lernkultur und einem guten Sozialklima gibt es auch weniger Gewalt. Diese legt eine Abkehr von der traditionellen Unterrichtsschule und die Erhöhung der sozialen Qualität von Schulen nahe. Allerdings zeigen die Befunde auch, dass die Schule zwar „dämpfend" und „abfedernd" wirken kann, dass aber der schulische Einfluss auf die Gewaltgenese insgesamt recht begrenzt ist" (Melzer/Schubarth 2008, 244).

47 Ein Prozess, zu dem parallel allerdings die alte Strategie der Ausgrenzung aufrechterhalten wird, wenn Kinder und Jugendliche wegen ihres Konfliktverhaltens des Klassenzimmers verwiesen oder bei länger andauerndem problematischen Konfliktverhalten in separierende Schulen „abgeschult" werden.

48 Körperliche Bestrafung als traditionelle Form erzieherischen Handelns an Schulen wurde 1949 in der DDR, erst 1973 in den alten Bundesländern mit Ausnahme von Bayern und schließlich 1980 auch dort abgeschafft.

anspruchsvolles Aufgabenfeld ist, der spezifische Kompetenzen sowie ein (infra-)strukturelles Problemverständnis und eine entsprechende personelle, qualifizierte Zuständigkeit erfordert (vgl. Preuss-Lausitz 2004). Auch die Überlegungen, welche Bedingungen ein „verhaltensförderlicher Unterricht" (ebd. 14) erfüllen muss, wie dieser mit dem Schulformat und seinen klimatischen Bedingungen verbunden ist (vgl. ebd.), welche Funktion Lernorten bzw. Lernsettings wie z. B. „Schulstationen" (vgl. Nevermann 2004) oder „Schülerclubs" (vgl. Sörensen 2004 beide in Preuss-Lausitz) zukommen, die sich an der Offenen Kinder- und Jugendarbeit orientieren, sind zwar in schulischen Diskursen vorhanden, aber dort noch kaum mit Bezug auf die fachlich-disziplinären Konsequenzen diskutiert. Nur vereinzelt finden sich Überlegungen, dass für eine nachhaltige Gestaltung dieses Lernfeldes auch die institutionelle Infrastruktur zur Zusammenarbeit mit Einrichtungen der Jugendhilfe (z. B. Erziehungsberatungsstellen, ASD etc.) und der entsprechende politische Wille nötig sind (vgl. Preuss-Lausitz 2004).

Von einzelnen Ausnahmen abgesehen, werden Kinder und Jugendliche, deren Konfliktverhalten nicht den sozialen Normen entspricht, nach wie vor auch mittels struktureller Gewalt kenntlich gemacht: Sie werden als „verhaltensauffällig" klassifiziert und im Schulsystem vielfach in entsprechend besondernden Schulen zusammengeführt – sie werden sozusagen nach altägyptischer Tradition verstoßen: „Einen Schüler, der Zwietracht stiftet, in die Irre geht, die Weisungen übertritt, sich allem widersetzt, was gesagt wird, und elende Reden im Munde führt, einen solchen Schüler soll man, auch wenn es der leibliche Sohn ist, verstoßen" (Brunner 1891, 113 zitiert nach Buchinger 1998, 85).

1.2.2 Aufgaben der Schulsozialarbeit bei der Konfliktbewältigung

Die Vermittlung von Kompetenzen sozialverträglicher Konfliktbewältigung durch die Schulsozialarbeit ist als Arbeitsbereich eng mit den Settings Sozialpädagogischer Gruppenarbeit verbunden. Auch gibt es verschiedene methodische Szenarien zur Thematisierung von Konfliktlernen und zur Vermittlung von Konfliktbewältigungsstrategien. Letztlich ist aber dieser Kompetenzerwerb als Bestandteil verschiedener Entwicklungsaufgaben[49] zu verstehen, für deren Bewältigung es u.a. gezielt gestalteter Lernsettings bedarf, in denen soziale Kompetenzen und der Umgang mit Konflikten erlernt werden können: So beginnt beispielsweise der Kooperationsverbund Schulsozialarbeit die Auflistung der

49 Braun (2008) betont, dass „die Formulierung von Entwicklungsaufgaben immer eine normative Perspektive wünschenswerter personaler Entwicklungen (sie sind in den Konzepten von ‚Kindheit' und ‚Jugend' enthalten), wie auch eine empirisch-rekonstruktive Erforschung faktisch sich vollziehender Prozesse des Aufwachsens von Kindern und Jugendlichen" (ebd. 110) beinhaltet.

schulsozialarbeiterischen Tätigkeiten für dieses Aufgabenfeld mit dem Verweis auf Sozialpädagogische Gruppenarbeit, in deren Rahmen „Kinder und Jugendliche Kompetenzen zur Bewältigung von Konflikten erwerben können" (ebd. 2006, 8).

Konfliktbewältigung steht also im Zentrum des praktischen Aufgaben- und schulischen Lernfeldes ‚Soziales Lernen', bezieht sich in erster Linie auf die Gemeinschaft innerhalb der Schule und wird durch die Vermittlungstätigkeit von Schulsozialarbeit „bei Konflikten unter Schüler/innen, zwischen Schüler/innen und Lehrkräften oder zwischen Eltern und Lehrkräften" (Kooperationsverbund Schulsozialarbeit 2006, 8) auf individueller Ebene ergänzt. Eine Ebene, die zugleich strukturell eng mit gruppenbezogenen Konfliktbewältigungsanforderungen verbunden ist: Schließlich ist mit der Etablierung von Schulsozialarbeit in den meisten Fällen eine positive Auswirkung auf das Schulklima verbunden (vgl. u.a. Schumann et al. 2006; Olk/Speck/Bathke 2003), womit zugleich die Konfliktanlässe verringert werden. Als Konsequenz eines verbesserten Umgangs mit Problemen und Konflikten ebenso wie durch die Vermittlungsfunktion in Einzelfällen, ist davon auszugehen, dass Schulsozialarbeit über die Lernanlässe und Unterstützungsangebote zur Konfliktbewältigung letztlich auch die ‚drop-out'-Risiken von Schülerinnen und Schülern verringern kann (vgl. Spies 2009): Unbewältigte Konflikte mit Mitschülerinnen und Mitschülern oder Lehrkräften sind weitaus relevanter als bislang angenommen und in vielen Fällen sogar ursächlich für ‚drop-out'-Prozesse (vgl. Stamm 2006). Dies gilt besonders, wenn die Konflikte den Tatbestand des ‚mobbing' erfüllen (vgl. Scheithauer/Hayer/Petermann 2003, Smith/Watson 2004).

Geht man davon aus, dass die im Aufgabenfeld *Konfliktbewältigung* subsumierten Tätigkeiten der Schulsozialarbeit sich in erster Linie auf Schüler und Schülerinnen beziehen, deren Verhalten in Konfliktfällen durch verbale oder physische Aggression bestimmt ist und auch jene im Blick hat, die von solcherart agierenden Mitschülern bedroht sind oder sein können, so reichen die Anforderungen an Sachkenntnis und Positionierung der Schulsozialarbeit im Aufgabenfeld Konfliktbewältigung von Disziplinierungsmaßnahmen wie z.B. den sogenannten ‚Trainingsraummodellen' (kritisch dazu Bröcher 2005), über Streitschlichter-Ausbildungen und Sozialkompetenztrainings bis hin zu Formen von Konfliktverhaltensweisen, die sich im Kontext der neuen Medien- und Kommunikationsstrukturen entwickeln (z.B. ‚mobbing', ‚bullying', ‚cyber-bullying'[50],

50 „Bullying bedeutet, dass eine Person das Opfer von wiederholten Demütigungen oder psychischer Gewalt wird und sich dagegen nicht wehren kann, wobei die Erniedrigung hier über die Tat selbst und nicht über die multimediale Aufzeichnung und Weiterverbreitung stattfindet" (Richard et al. 2008, 74). Beim ‚cyber-bullying' passiert dieser Prozess öffentlich und auch grup-

,happy slapping'[51]) und solche, die gestützt von medial inszenierten Dramatisierungen große Verunsicherungen erzeugen (z. B. Angst vor Amokläufen; vgl. dazu Bondü et al. 2008, 86).

Insgesamt lassen sich vier Ebenen unterscheiden:

1. In erster Linie sollen Schüler und Schülerinnen lernen, sich *angepasst* zu verhalten. Schulsozialarbeit ist hier z. B. für die Durchführung von Sozialtrainings anhand von Manuals wie ,Fit for Life', ,Faustlos' oder das ,Training mit aggressiven Kindern' (Petermann/Petermann 2007) verantwortlich, die speziell auf das Erlernen und Einüben von sozialen Kompetenzen angelegt sind und auch in Kooperation mit Lehrkräften durchgeführt werden. Diese Trainings sollten auf die jeweiligen Bedingungen der Altersgruppen oder Lernausgangslagen abgestimmt sein und dienen z. B. der Stärkung des Selbstwertgefühls und der sozialen Wahrnehmungskompetenz.
2. Auf der zweiten Ebene unterstützt Schulsozialarbeit Konfliktlösungen zwischen Schülern und deren Eltern sowie den Lehrkräften, wenn absehbar ist, dass ohne solche Hilfe unbewältigte Konflikte die Bildungschancen und die soziale Integration der Schüler und Schülerinnen bedrohen. Hier sind unter anderem Aggressionen von Schülern gegenüber Lehrerinnen und Lehrern relevant. Beispielsweise verlassen die Schülerinnen und Schüler bei Störung oder nach Absprache den Unterricht und suchen die SchulsozialarbeiterInnen auf. Dabei bringen sie eine „Auszeitkarte" mit, auf der für die Klassenlehrer vermerkt wird, ob in einem gemeinsamen Problemgespräch nach einer Lösung gesucht wurde und wie diese ggf. aussieht. Auf dieser Ebene stellt sich die Frage, ob und inwieweit Schulsozialarbeit von Schülerinnen und Schülern möglicherweise als Interessenvertretung der normierenden Institution verstanden wird? Schüler und Schülerinnen schätzen allerding die entlastende Funktion der Konfliktklärungshilfe durch Schulsozialarbeit.

---

penbezogen über Internet und Handy mit der Möglichkeit, dass sich mehrere Personen beteiligen können.

51 „Happy Slapping (...) beschreibt grundsätzlich einen meist willkürlichen Angriff einer oder mehrerer Personen auf eine einzelne Person (...). Der Einsatz der Handy-Kamera zum Aufzeichnen des betreffenden Szenarios ist zwingend. Jene Aufnahmen werden dann über das Internet oder per Bluetooth von Handy zu Handy verbreitet" (Richard/Grünwald/Recht 2008, 73)

3. Auf einer dritten Ebene wird die Soziale Arbeit an den Schulen vermittelnd tätig, wenn Konflikte zwischen Eltern und Schülern zu bearbeiten bzw. zu schlichten sind. Dabei können die familiären Konflikte derart weit reichend sein, dass das Jugendamt und ggf. auch die Jugendpsychiatrie einbezogen werden müssen.
4. Viertens schließlich kommt es vereinzelt vor, dass konflikthaftes Verhalten einzelner Jugendlicher im außerschulischen Alltag die Zusammenarbeit mit der Polizei oder der Jugendgerichtshilfe erforderlich macht, hier ist die Schulsozialarbeit im Aufgabenfeld Konfliktbewältigung gefordert.

Ungeachtet dessen, ob sich die Zunahme an konfliktträchtigem, aggressivem oder provozierendem Verhalten von Kindern und Jugendlichen tatsächlich empirisch belegen lässt oder aber auf Überalterung bzw. Übersensibilisierung von Lehrkräften, auf soziale oder familiäre (Mangel-)Situation(en) oder auf Unterschiede zwischen den hierarchischen Bedingungen und Strukturen der Schule zu den modernen demokratischen Familienpraxen zurückzuführen ist, gilt für die Schulsozialarbeit, dass sie die kommunikativen Bedingungen schaffen muss, damit Schüler und Schülerinnen angemessenes Konfliktverhalten erlernen können. Zuvor aber benötigen alle Akteure grundlegende Kenntnisse, um solche Prozesse überhaupt identifizieren und verbalisieren zu können. Bis vor wenigen Jahren verfügte man im deutschsprachigen Raum noch nicht einmal über einen Begriff für die Konflikte, die wir mittlerweile mit ‚mobbing' und ‚bullying' bezeichnen. Und so müssen nicht nur die Schüler und Schülerinnen, die davon direkt betroffen sind, sondern auch all jene Personen, unter deren Augen sich solche Konflikte entwickeln (können), lernen, den Vorgang als Gruppenprozess zu begreifen und die eigenen wie auch die fremden Positionen und Rollen fassbar zu machen (vgl. u.a. Salmivalli/Neiminen 2002, Salmivalli 2001). Außerdem brauchen sie Sachkompetenz hinsichtlich der aktuellen Varianten von Konfliktverhalten sowie Medien- und Differenzierungskenntnisse, um z.B. im Fall von ‚happy slapping' das „aktive Zuschlagen mit Überraschungskomponente zur Erstellung von eigenen Bildern" vom „passiven Umgang mit Bildern der Gewalt, d.h. den Bildertausch und das Fotosharing" (Richard et al. 2008, 73) und auch vom ‚bullying' abgrenzen zu können.

Es scheint, dass sich im schulischen Kontext die Haltung gegenüber dem Lernfeld ‚Konfliktbewältigung' allmählich zu verändern beginnt, denn seit Schule (gerne gemeinsam mit Schulsozialarbeit oder durch sie vertreten) die Programmatiken von Konzepten und Modellen des sozialen Lernens (z.B. ‚Fit for Life' nach Jugert/Rehder/Notz/Petermann 2008 oder Peer-Mediation) in ihrem Alltag verankert und die Minderung von Aggressionen als pädagogisches

Ziel Eingang in pädagogische Haltungen findet, hat Schule – und mit ihr Schulsozialarbeit – die Chance, junge Menschen bei ihrer Auseinandersetzung mit der Entwicklungsaufgabe Konfliktbewältigung nachhaltig zu unterstützen.

Die schnelle Orientierung an fertigen Programmen birgt allerdings erhebliche Risiken für diejenigen, die Adressaten eines Lernsettings zur Konfliktbewältigung sind. So können die auf den ersten Blick attraktiven Settings durchaus auch kontraproduktiv oder schädlich sein (vgl. Scherr 2002) – besonders, wenn Programmatiken und Arrangements von administrativer Seite vorgegeben werden – zumal auch im Rahmen von kriminologischen Untersuchungen (Pfeiffer 1997) empirisch belegt ist, dass *nicht* von einer verhaltensändernden Wirksamkeit oder gar Empathiesteigerung von Anti-Aggressions-Trainings ausgegangen werden kann.

1.2.3 Zur Bildungsfunktion von Konfliktbewältigung

Der Schulsozialarbeit kommt im Aufgabenfeld *Konfliktbewältigung* eine Vermittlerfunktion zwischen Schülern und Lehrern, ebenso wie innerhalb der Schülergruppe und auch bei Konflikten zwischen Kindern und ihren Eltern oder Eltern und Lehrern zu. Zugleich ist dies eine höchst bildungsrelevante Funktion Sozialer Arbeit, denn zum einen werden hier Konfliktbewältigungsmuster gelernt, die auch im weiteren Lebensverlauf Relevanz haben, insbesondere auch mit Hinblick auf die Selbstwirksamkeitserfahrungen der Kinder und Jugendlichen, und zum anderen können unbewältigte Konflikte Bildungsprozesse stören und damit letztlich die Bildungserfolgschancen schmälern.

Soziales Lernen bezieht sich auf die vier Komponenten Gemeinschaft, Praxis, Sinn und Identität (vgl. Lave/Wenger 1991, Bittlingmayer/Bauer 2008). Um an der Gemeinschaft teilhaben zu können und sich zugehörig zu fühlen, bedarf es der aktiven Beteiligung, die sinnhafte Erfahrungen beinhaltet und zu persönlichem Wachstum führt. Wo solche Lernprozesse aus unterschiedlichen Gründen, u.a. wegen eines Mangels an entsprechenden Rollenvorbildern, nicht im alltäglichen sozialen Austausch erlebt werden können und die Alltagskommunikation nicht die entsprechenden Grundlagen des (verbalen) differenzierten Umgangs mit seinem sozialen Gegenüber beinhaltet, können auf Alters- bzw. Entwicklungsstufen abgestimmte, verhaltenstheoretische Programme mit dem Schwerpunkt auf der sozialen Kompetenz, wie z. B. „Fit for Life" (vgl. Jugert/Rehder/Notz/Petermann, 2010), der gewalttätigen Konfliktlösung vorbeugen bzw. entgegenwirken und soziale Kompetenzentwicklung und Einstellungsreflexionen anregen. Hier steht, ähnlich wie im Peer-Mediationsansatz, das Einüben von gewaltfreien Konfliktlösungsstrategien, der Umgang mit konkurrierenden Interessen und problematischen Ereignissen als Bildungsanliegen im Zentrum der Programmatiken.

Durch die Vermittlung sozialer Kompetenzen sollen auch die fachlichen Kompetenzen und Bildungserfolge verbessert werden – eine Strategie, die sich auf die empirischen Befunde zum engen Zusammenhang[52] zwischen Bildungserfolg und Sozialkompetenzen beziehen kann (vgl. z.B. Ehninger/Melzer 2005, Melzer/Schubarth 2008). Da diese Programmstrategien zumeist auf eine Erweiterung der Möglichkeiten des kommunikativen Repertoires zielen und vielfältige Kommunikationsmöglichkeiten die Selbstbestimmungsoptionen des Individuums erhöhen, wächst die Kompetenz der Perspektivenübernahme, der empathischen Möglichkeiten und der wechselseitigen Bezogenheit und folglich die Chance zur Integration in die Gemeinschaft und Gesellschaft.

Literatur zur Vertiefung:

Bittlingmayer, Uwe H./Bauer, Ulrich (2008): Erwerb sozialer Kompetenzen. In: Coelen, Thomas/Otto, Hans-Uwe (Hrsg.): Grundbegriffe der Ganztagsbildung. Das Handbuch. VS Verlag: Wiesbaden, S.164-172.

Bröcher, Joachim (2005): „Ab in den Trainingsraum!“ Zur Kritik der „neuen“ Disziplinierungspädagogik. In: Pädagogisches Forum: unterrichten, erziehen, Heft 3/2005, S. 139-145.

Ehninger, Frank/Melzer, Wolfgang (2005): Der mögliche Beitrag der Ganztagsschule zur Kompetenzentwicklung von Schülerinnen und Schülern. In: Spies, Anke/Stecklina, Gerd (Hrsg.): Die Ganztagsschule – Herausforderungen an Schule und Jugendhilfe. Band 1: Dimensionen und Reichweite(n) des Entwicklungsbedarfs. Klinkhardt Verlag: Bad Heilbrunn, S. 35-54.

Melzer, Wolfgang/Schubarth, Wilfried (2008): (Gewalt-)Prävention. In: Coelen, Thomas/Otto, Hans-Uwe (Hrsg.): Grundbegriffe der Ganztagsbildung. Das Handbuch. VS Verlag: Wiesbaden, S. 241-252.

52 „Die Analysen zum Zusammenwirken von Fachleistungen, Sozial- und Selbstkompetenzen legen nahe, dass es durch diesen Synergismus möglich ist, mittels Interventionen im Bereich des Sozialverhaltens auch die fachliche Leistungsfähigkeit zu fördern. Umgekehrt kann ein Fachunterricht, der an den Interessen der Schüler(innen) orientiert ist, auch deren Selbstwirksamkeitskonzepte entwickeln helfen, was der Persönlichkeitsentwicklung zugute kommt. (…) Das hier entfaltete Bildungsverständnis erfordert ein verstärktes Bemühen der Schule, die Bildungs- und Vermittlungsanstrengungen breiter als bisher zu begreifen. (…) Weitere Einflussbereiche, wie die Familie und die *Peers* sind für die Sozialisation und Kompetenzentwicklung von zentraler Bedeutung“ (Melzer/Schubarth 2008, 247, Hervorhebung im Original).

Scheithauer, Herbert/Hayer, Tobias/Niebank, Kay (Hrsg.) (2008): Problemverhalten und Gewalt im Jugendalter. Erscheinungsformen, Entstehungsbedingungen, Prävention und Intervention. Kohlhammer Verlag: Stuttgart.

Scherr, Albert (2002): Mit Härte gegen Gewalt? Kritische Anmerkungen zum Anti-Aggressivitäts- und Coolness-Training. Verfügbar unter: http://www.sozialarbeit.ch/dokumente/haerte_und_gewalt.pdf (letzter Zugriff 11.8.2009).

Zum Weiterdenken:

- Welche Anforderungen stellen die theoretischen Grundlegungen Sozialer Arbeit an Schule für die Konzeption und Gestaltung von Angeboten zur Konfliktbewältigung?
- Welche Maßstäbe müssen an Konzeptionen und Programmatiken des Konfliktlernens aus ethischer und fachlicher Sicht angelegt werden?
- Wo und wie können wir Widersprüche und Deckungen zwischen Programmatiken des Konfliktlernens und der Lebenswelt der Schüler und Schülerinnen erkennen?
- Wie kann Schulsozialarbeit mit solchen Widersprüchen umgehen?

1.3 Offene Angebote für Kinder und Jugendliche

1.3.1 Beschreibung des Aufgabenfelds der Offenen Angebote

Im Aufgabenfeld der *Offenen Angebote für Kinder und Jugendliche* wird die besondere Herausforderung, die sich Soziale Arbeit im Kontext Schule stellen muss, besonders deutlich:

a) Die Kinder- und Jugendarbeit ist bis vor nicht allzu langer Zeit zunächst einmal durch ihre grundsätzliche Distanz zur Schule definiert gewesen und rückt erst mit der Debatte um Ganztagsbildung im Zuge der Ganztagsschulentwicklung näher an Schule heran: So weist Thole noch 2000 darauf hin, dass Kinder- und Jugendarbeit grundsätzlich ein pädagogisch gerahmtes Sozialisationsfeld *außerhalb* von Familie, Schule und Erwerbsarbeit sei (vgl. Thole 2000). Über die zunehmende Verbreitung von Schulsozialarbeit und die wachsende Anzahl von ganztägigen Schulkonzepten gelangt dieses Aufgabenfeld nun nicht nur näher an Schule *heran,* sondern allmählich auch in sie *hinein.* Dieser Annäherungsprozess ist zugleich von einem diskursiven Abgrenzungsprozess begleitet. Eine Abgrenzung, die auch durch institutionelle Paradigmen vorgegeben ist, denn Strukturprinzipien der Kinder-

und Jugendarbeit, wie z.B. Freiwilligkeit, Offenheit, geringe institutionelle Macht, Beziehungsabhängigkeit, Partizipation und Diskursivität, stehen schulischen Strukturprinzipien wie Verpflichtung, Curriculum, Hierarchisierung, Leistungsorientierung und Erlassabhängigkeit diametral gegenüber. Offene Kinder- und Jugendarbeit kann in der sich jüngst rasant verändernden Struktur der Bildungslandschaft nun nicht mehr (wie bis vor gar nicht allzu langer Zeit, vgl. z.B. Richter 1998, 17) programmatisch als Sozialisationsinstanz von Schule und Familie abgegrenzt werden, sondern ist nun im schulischen Kontext über die Soziale Arbeit an Schule involviert.

b) Die sozialpädagogische Grundorientierung der Sozialen Arbeit mit Kindern und Jugendlichen verlangt, dass sie sich im Aufgabenfeld der *Offenen Angebote für Kinder und Jugendliche* grundsätzlich an der Lebenswelt der Kinder und Jugendlichen und an einem Bildungsverständnis ausrichtet, das Bildung als Eigenleistung des Subjektes versteht (vgl. Kapitel 4 *Erziehung und Bildung*).
c) Zudem treffen im Aufgabenfeld *Offene Angebote* schulische und sozialarbeiterische ‚Hoheitsbereiche' besonders intensiv aufeinander und bergen einerseits entsprechend reichhaltige Entwicklungsoptionen der kreativen Ausgestaltung, aber andererseits auch ein hohes Konflikt- und Konkurrenzpotenzial, mit dem sensibel umgegangen werden muss.

Die fachlichen Grundlagen und Ressourcen für entsprechende Angebote sind grundsätzlich in der Offenen Kinder- und Jugendarbeit der Jugendhilfe vorhanden und für Soziale Arbeit an Schule nicht neu zu entwerfen. Der Schulsozialarbeit stellt sich die Aufgabe, mit außerschulischen Angeboten ressourcen- und adressatinnenorientiert zu kooperieren, Netzwerke produktiv zu nutzen und schulorganisatorisch einzubinden sowie durch eigene Angebote zu ergänzen. Schulsozialarbeit hat eine zentrale Aufgabe in der Gestaltung von Lern- und Bildungssettings, die weitaus mehr bedeutet als das methodische Handwerkszeug der Jugendarbeit in schulische Kontexte hinein zu transferieren oder in Ganztagsschulen Betreuungszeiten abzudecken.

1.3.2 Offene Angebote für Kinder und Jugendliche im Kontext Schule

Im Aufgabenfeld *Offener Angebote für Kinder und Jugendliche* macht Schulsozialarbeit Freizeitangebote, die als dritte Komponente der Tätigkeiten und Arrangements zur Förderung des ‚Sozialen Lernens' die Bildungsbedingungen und -chancen von Kindern und Jugendlichen verbessern können. Freizeitangebote sind ein zentrales Aufgabenfeld der Offenen Kinder- und Jugendarbeit, das durch freie und öffentliche Träger sowie die Jugendverbands- und -vereinsarbeit zum Kerngeschäft der Jugendhilfe gehört. Allerdings verweisen beispielsweise Braun und Wetzel (2006) darauf, dass in der Praxis die Möglichkeiten der Kombination von freizeitpädagogischen und konfliktpädagogischen Angeboten zumeist nicht hinreichend ausgeschöpft werden und vor allem die „bemerkenswerte Konflikthaftigkeit im schulischen Zusammenleben“ (ebd. 41), derentwegen vielfach Schulsozialarbeitsprojekte überhaupt eingerichtet werden, hier durch die Verschränkung von freizeitpädagogischen Angeboten mit solchen des ‚Sozialen Lernens‘ zu bearbeitet wären, aber in ihrem demokratischen Bildungspotenzial und ihrer Anschlussfähigkeit an die Gemeinwesenarbeit nicht angemessen abgebildet werden (vgl. Braun/Wetzel 2006, 41). Entscheidend ist, dass die Angebote grundsätzlich für alle Schüler und Schülerinnen einer Schule zugänglich sind, zielgruppenorientiert oder themenorientiert nach den Maximen der Offenen Kinder- und Jugendarbeit gestaltet werden können und niedrigschwellig angelegt sind. Neben Sozialkontakten zu anderen Kindern dienen die *Offenen Angebote für Kinder und Jugendliche* darüber hinaus zum Vertrauensaufbau und als Anknüpfungspunkt für individuelle Beratungen (vgl. u.a. Kooperationsverbund Schulsozialarbeit 2006, Braun/Wetzel 2006, Schumann/Sack/Schumann 2006).

Das grundsätzliche Ziel der *Offenen Angebote* ist die allgemeine Entwicklungsförderung, die im Rahmen sinnvoller und kreativer Freizeitgestaltung angeregt und unterstützt werden soll. Dabei stehen die *Offenen Angebote* der Schulsozialarbeit keineswegs in Konkurrenz zur Offenen Kinder- und Jugendarbeit, wie sie gemäß § 11 SGB VIII als Angebot der Jugendhilfe im außerschulischen Kontext vorzuhalten ist. Vielmehr sind deren Maximen und Standards sowie die Kooperationsmöglichkeiten mit außerschulischen Einrichtungen und Trägern die Faktoren, die der Schulsozialarbeit hier Orientierung und Entwicklungsoptionen bieten (vgl. V 6 *Vernetzung ins Gemeinwesen bei Offenen Angeboten*).

1.3.3 Zur Bildungsfunktion von Offenen Angeboten für Kinder und Jugendliche

Im Grunde genommen reagiert Schulsozialarbeit mit ihren *Offenen Angeboten* auf den Bedarf von Schule, unterrichtslose Zeit im schulischen Kontext und mit pädagogischen Angeboten zu gestalten.

Damit befinden wir uns letztlich in einem über 300 Jahre alten Diskurs zum Spannungsfeld zwischen Freizeit und Unterricht, der seit den Anfängen der schulischen Unterrichtsgestaltung andauert und stets den sich wandelnden gesellschaftlichen Lern- und Bildungsverständnissen unterworfen ist. Opaschowski und Pries (2008) sprechen in diesem Zusammenhang von einer

„folgenschwere(n) Trennung von (Unterrichts-)Arbeit und Freizeit" (ebd., 423), die „die Polarisierung von Pflicht und Neigung" (ebd.) zur Folge hatte. Obwohl die positiven Wirkungen von Lern- und Bildungsprozessen, die außerhalb des schulisch organisierten und formalisierten Unterrichts stattfinden, z. B. hinsichtlich der Lesefähigkeit, empirisch belegt sind (vgl. ebd.) und z. B. auch die Entwicklung von demokratischem Bewusstsein und Handeln in freiwilligem Engagement durch Angebote der Jugendarbeit begünstigt werden (vgl. Düx/Sachs 2005), fällt es im praktischen schulischen Kontext oftmals schwer, die Bildungsprozesse, die über aktive Freizeitgestaltung im sozialen Raum informeller Kontexte angeregt werden können, zu erklären und sowohl in ihrem Selbstzweck als auch in ihrem leistungsfördernden Potenzial für schulische Anforderungen verständlich zu machen – schließlich drängen sich mit dem Wort ‚Freizeit' der Müßiggang und mit der Betonung der ‚Offenheit' der Gedanke an Unstrukturiertheit auf. Wegen solcher Assoziationen ist die Schulsozialarbeitspraxis oftmals gezwungen, sich zu rechtfertigen, wenn es zu begründen gilt, warum z. B. ein angemessen ausgestatteter Raum- und Zeitbedarf für dieses Aufgabenfeld einzukalkulieren ist.

Allerdings zeigen die Befunde von Schumann, Sack und Schumann (2006), dass auch Eltern die positiven Effekte der Freizeitangebote wahrnehmen und auch Braun und Wetzel betonen ein „erhebliche(s) Interesse" von Eltern an „sportive(n) und erlebnispädagogische(n) Angebote(n)", weil diese „für einen relevanten Teil der SchülerInnen eine wichtige Bereicherung der Schule als Lebensraum" (Braun/Wetzel 2006, 40) bedeuten.

Opaschowski und Pries (2008) betonen aus Sicht der pädagogischen Freizeitforschung, dass „die Befähigung zu lebenslangem Lernen genauso wie die Vermittlung von Berufs- und Freizeitkompetenzen, damit sich die Menschen in ihrer Lebensplanung und Lebensgestaltung mit den sich dynamisch entwickelnden gesellschaftlichen Veränderungen aktiv auseinandersetzen können", zu den „zentralen Bildungsaufgaben der Zukunft gehört" (ebd. 430), und dass den „sich schon heute im Schulalltag stellenden Sinn-, Orientierungs- und Bewältigungsproblemen junger Menschen (…) nur durch eine enge Kooperation von Schul-, Sozial- und Freizeitpädagogik wirksam begegnet werden (kann)" (ebd.). Freizeitpädagogisch gestaltete Angebote der Schulsozialarbeit sind demzufolge also nicht nur auf den Kontext des ‚Sozialen Lernens', sondern zugleich auch auf individuelle biografische Optionserweiterungen ausgerichtet und sorgen dafür, dass „in den Bildungskonzepten die Individualität der Lernenden im Lebensverlauf sowie die Situiertheit im sozialen Raum informeller Bildung Berücksichtigung finden" (ebd.). Das heißt, Angebote zur außerunterrichtlichen, selbstorganisierten Freizeitgestaltung regen selbstgesteuerte Bildungsprozesse, kommunikative und soziale Kompetenzen sowie die Bereitschaft zur Übernahme von Verantwortung an und begünstigen die Persönlichkeitsbildung (vgl. Deinet 2008). Darüber hinaus fördern sie die Lernfreude und Leistungsbereitschaft der Schüler und Schülerinnen. Diese Angebote müssen dafür allerdings auch von schulischer Seite her wertgeschätzt werden und in einem bildungspolitischen Gesamtkonzept eingebettet sein.

P 6

Offene Angebote für Kinder und Jugendliche in der Praxis

Die Praxis ist letztlich noch vielfältiger, als die oben skizzierte Theorie dies beschreiben kann, denn es werden neben schulbezogenen Gruppen, aktiven Pausengestaltungen und altersangepassten Freizeitangeboten, wie z.B. Backen, Werken, Schulgarten oder Erste-Hilfe-Kurs auch geschlechtsbezogene Angebote (Jungenarbeit, Mädchenarbeit[53]) gemacht. Kooperationen für Ferienangebote erstrecken sich über mehrere Schulen oder werden gemeinsam mit Einrichtungen der Offenen Jugendarbeit organisiert und koordiniert. Eltern von Grundschulkindern werden in die Freizeitprogramme der Grundschulen einbezogen – eine Entwicklung, die im Kontext von Jugendarbeit und Gemeinwesenarbeit (s. Kapitel 3 *Vernetzung ins Gemeinwesen*) dort, wo Jugendeinrichtungen an Stadtteilzentren angebunden sind, schon eine längere Tradition in der Jugendhilfe hat. Sport- und Kulturangebote[54] werden mit gesundheitsförderlichen Themen und Maßnahmen, wie z.B. Schulfrühstück kombiniert und Ferienprogramme enthalten erlebnispädagogische Maßnahmen wie Segeln oder Klettern. Insgesamt leistet Schulsozialarbeit mit freizeitpädagogischen Angeboten einen Beitrag zur Verbesserung der individuellen Bildungsprozesse und der gesellschaftlichen Teilhabe, indem sie vielfältige Impulse und niederschwellige Anregungen bietet.

Außerdem trägt Schulsozialarbeit mit schulübergreifenden wie auch den schulstufenbezogenen Angebotsdifferenzierungen und der Einbindung der Grundschuleltern zur inhaltlichen Weiterentwicklung des Aufgabenfeldes der offenen Angebote und zur Öffnung von Schule in den Stadtteil bei, was durch Sozialraumerkundungsspiele (z.B. „Stadtkrimi“) ebenso wie durch die Kooperation mit Einrichtungen der Offenen Jugendarbeit vertieft wird.

---

53 Zum Beispiel wenn Mädchen und ihre Mütter „Wellness und Gesundheit – Wohlfühlen in einem gesunden Körper“ als Angebot erhalten oder überregionale Projekte genutzt werden (z.B. das niedersächsische Landesprojekt: „Fußball für Mädchen“).

54 Zum Beispiel Schwimmen, Kino, Filmprojekt, Theaterprojekt mit externen Schauspielern, Trommelprojekt mit externen Musikern etc.

Letztlich ist solch vielfältige Freizeitarbeit aber auch die Grundlage für Einzelfallhilfe bzw. deren Zugangsschlüssel. Aus der Nutzerperspektive wird dieser Sachverhalt besonders dann deutlich, wenn Jugendliche z.B. bei Vernachlässigung der offenen Angebote Beratungsangebote nicht mehr so intensiv wahrnehmen wie vorher. Geht man von den empirischen Befunden aus, die z.B. Olk et al. (2003), Bolay et al. (2004), Speck (2006) oder auch Schumann, Sack, Schumann (2006) vorgelegt haben, so sind „niedrigschwellige und gruppenbezogene Angebote in der Schulsozialarbeit nicht nur aus Gründen der Lebensweltorientierung, sondern auch zur niedrigschwelligen Kontaktaufnahme zu (bestimmten) Schülerinnen fachlich notwendig und sinnvoll" (Speck 2006, 288). Nach Schumann, Sack, Schumann (2006) werden insbesondere solche Angebote angenommen, die im Kontrast zu sonstigen Freizeitaktivitäten stehen, neue Möglichkeiten (z.B. auch in finanzieller Hinsicht) erschließen und direkte Zugänge zu Einzelfallhilfe und Beratungsangeboten ermöglichen. Für den Aufbau einer Beziehung sind in diesem Prozess insbesondere Vertrauen und Diskretion wichtig (vgl. Bolay 1999), damit sich die Jugendlichen auch anderen Angeboten gegenüber öffnen. Ein Bindungsprozess, der dann Grundlage für künftige, individuelle Beratungen und respektierende Einzelfallhilfen ist.

Die Schlüsselbedürfnisse aller Nutzerinnen und Nutzer lassen sich für den Handlungsbereich *Offene Angebote* folgendermaßen zusammenfassen (vgl. auch Kapitel 6 *Von den Adressaten zu den Aneignern*): Freizeitangebote sind die Basisangebote, um erste und neutrale Kontakte zur Schulsozialarbeit zu knüpfen. Solche Angebote ermöglichen den Jugendlichen, sich zunächst unabhängig von etwaigen Problemen und gruppenorientiert zu öffnen. Von Beginn an müssen die Sozialarbeiter sich dabei als diskrete Vertrauenspersonen erweisen, die immer eine anwaltschaftliche Grundhaltung gegenüber den Jugendlichen haben[55]. Über diesen ersten und elementaren Bindungsprozess erschließen sich die Jugendlichen aktiv weitere Angebote, wie z.B. Beratung bei individuellen Problemen, für die sie von der Kompetenz ihres Gegenübers überzeugt sein wollen.

55 Eine „Verbündung" der Schulsozialarbeiterinnen und Schulsozialarbeiter mit den Lehrkräften ist nicht möglich, wenn die Lehrkräfte nicht als Zielgruppe, sondern als Kooperationspartner verstanden werden. Kooperationspartner haben klare Ziele und Aufgabenverteilungen und diese sind für alle Seiten offen gelegt (s. Kapitel 3 *Kooperation als Kerngeschäft der Schulsozialarbeit*).

Literatur zur Vertiefung:

Coelen, Thomas (2004): Kommunale Jugendbildung. Vernetzung von Jugendhilfe und Schule als kommunales Angebot. In: Hartnuß, Birger/ Maykus, Stephan (Hrsg.): Handbuch Kooperation von Jugendhilfe und Schule. Ein Leitfaden für Praxisreflexionen, theoretische Verortungen und Forschungsfragen. Eigenverlag des Deutschen Vereins für öffentliche und private Fürsorge: Berlin, S. 255-276.

Deinet, Ulrich/Sturzenhecker, Benedikt (Hrsg.) (2005): Handbuch Offene Kinder und Jugendarbeit. 3., völlig überarbeitete und erweiterte Auflage, VS Verlag: Wiesbaden.

Lindner, Werner/Thole, Werner/Weber, Jochen (Hrsg.) (2003): Kinder- und Jugendarbeit als Bildungsprojekt. Leske + Budrich: Opladen.

Maykus, Stephan (2004): Merkmale sozialpädagogischer Bildungsarbeit in der (Mit-)Gestaltung von Individuellen und Institutionellen Bildungsprozessen: Schlussfolgerungen für die Konzeptionalisierung von Schulsozialarbeit. In: Hartnuß, Birger/Maykus, Stephan (Hrsg.): Handbuch Kooperation von Jugendhilfe und Schule. Ein Leitfaden für Praxisreflexionen, theoretische Verortungen und Forschungsfragen Eigenverlag des Deutschen Vereins für öffentliche und private Fürsorge: Berlin, S. 299-325.

Spiegel, Hiltrud von (Hrsg.) (1997): Offene Arbeit mit Kindern – (k)ein Kinderspiel. Erklärungswissen und Hilfen zum methodischen Arbeiten. Votum Verlag: Münster.

Uhlendorf, Uwe/Rosenbauer, Nicole (2008): Didaktische Konzepte in der Kinder- und Jugendarbeit. In: Coelen, Thomas/Otto, Hans-Uwe (Hrsg.): Grundbegriffe der Ganztagsbildung. Das Handbuch. VS Verlag: Wiesbaden, S. 476-484.

Zum Weiterdenken:

- Welche Anforderungen stellen die theoretischen Grundlegungen Sozialer Arbeit an Schule für die Konzeption und Gestaltung von Offenen Angeboten für Kinder und Jugendliche im Kontext Schule?
- Welche Rückwirkungen werden die zeitliche Ausdehnung der Schulzeiten (z.B. Ganztagsschule) oder die Verdichtung der schulischen Arbeit (z.B. die Verkürzung auf 12 Schuljahre) auf die Offenen Angebote der Kinder- und Jugendhilfe haben?
- Wie kann die Offene Kinder- und Jugendarbeit auf diese Entwicklungen reagieren?
- Können und sollen die Offenen Angebote im Kontext Schule einen Ersatz für die Angebote der Offenen Kinder- und Jugendhilfe darstellen?

2 Individuelle Orientierung und Hilfe

2.1 Sozialpädagogische Beratung im Kontext Schule

2.1.1 Das Aufgabenfeld der Sozialpädagogischen Beratung

Mit Beratungshandeln werden sowohl Schüler und Schülerinnen als auch Lehrkräfte, Eltern und Administration bei der Bewältigung von Schwierigkeiten innerhalb der Bildungseinrichtung unterstützt. Wenngleich im schulischen Feld auch schulisch verantwortete Beratung etabliert ist und mit zumeist sehr geringen Ressourcen, z.B. durch Beratungslehrer oder Schulpsychologen[56] vorgehalten wird und außerdem (auch ohne entsprechende Ausbildung) zum Alltagsgeschäft von Lehrerinnen und Lehrern gehört, hat Schulsozialarbeit hier eine eigenen Expertise. Sie stützt sich in ihrem Handlungsrepertoire auf jene Methoden, die der Sozialen Arbeit in Beratungskontexten insgesamt zur Verfügung steht (s. Teil B *Methodisches Handeln*).

Die Schulsozialarbeit muss sehr genau abwägen, wann (und *wie*) ein Beratungsprozess in die Weitervermittlung führt oder aber (vorläufig) abgeschlossen werden kann. Dafür ist es notwendig, über sichere Kenntnisse der Grundlagen der Jugendberatung zu verfügen (vgl. dazu ausführlich z.B. Reutlinger 2004) – allerdings ohne diese ersetzen zu wollen. Ebenso muss sie über Grundkenntnisse der Sucht- und Drogenberatung sowie der Migrationsberatung verfügen, sich im Kontext von Beratung für Opfer von (sexueller) Gewalt auskennen und methodenplural agieren können. Außerdem kann sich Schulsozialarbeit mit ihren Angeboten an Eltern richten und ihnen als Optimum im Sinne der Erziehungskooperation (vgl. V 4 *Lehrerinnen und Lehrer sind Kooperationspartner*) Hilfe anbieten oder zur Erziehungsberatung vermitteln. Hinsichtlich der gemeinsamen Beratung mit Lehrkräften (vgl. Kapite 3 *Kooperation als Kerngeschäft der Schulsozialarbeit*) müssen Schulsozialarbeiterinnen und Schulsozialarbeiter die Maximen und Modelle kollegialer Beratung und ihrer Moderation vertraut sein. Und – last but not least – muss sich sozialpädagogische Beratung in schulischen Zusammenhängen sowohl von schulpsychologischer Beratung abgrenzen als auch mit ihr und ihren Möglichkeiten zusammenarbeiten, damit

56 Es ist zwar die originäre Aufgabe schulpsychologischer Beratung, zur „Leistungs- und Entwicklungsfähigkeit von SchülerInnen, LehrerInnen und Schulen im Zusammenhang mit ihren individuellen und organisatorischen Möglichkeiten" (Liermann 2004, 865) beizutragen und Hilfen anzubieten, aber vom Betreuungsschlüssel und der Erreichbarkeit her betrachtet ist schulpsychologische Beratung ein hochschwelliges Angebot, das Vermittlungstätigkeit bedarf und dessen größtes Defizit zudem in der kaum vorhandenen Einbindung in dezentrale, auf den Sozialraum bzw. das Einzugsgebiet der Einzelschule bezogene, multiprofessionelle Unterstützungstätigkeit besteht.

Klärungsprozesse im Sinne der betroffenen Schüler und Schülerinnen zur Verbesserung von deren Lernsituation und Positionierung innerhalb der Bildungsinstitution stattfinden können.

Mit dieser Vielfalt an Anforderungen werden mindestens ebenso viele Erwartungen an die Beratungstätigkeit und deren Möglichkeiten herangetragen. Das heißt, dass diejenigen, die diese Beratungsarbeit leisten, sich von überhöhten Erwartungen (z. B. seitens der Lehrerschaft) abgrenzen müssen. Damit die Problemklärung tatsächlich kooperativ *mit* den zu beratenden Schülern und Schülerinnen und *ohne* stellvertretende Deutung durch die Vertreter der Institution ablaufen kann, sollten Zuweisungspraxen zugunsten der Freiwilligkeitsmaximen und Vertraulichkeitsstandards konsequent abgelehnt werden.

Die sozialpädagogische Beratung muss ihre Unterstützung einerseits so gestalten, dass Schüler und Schülerinnen innerhalb ihrer Bildungssituation gestärkt, ‚drop-out'-Risiken minimiert und (wenn nötig) weiterführende Hilfen vermittelt werden, damit die „Normalbiografie" (Braun/Wetzel 2006, 142) möglichst wenig vom Beratungsanlass gestört wird – während die Schulsozialarbeit sich andererseits zugleich der Zunahme gesellschaftlicher Risikolagen und -strukturen bewusst sein muss. Braun und Wetzel (2006) betonen hierzu: „Ihr zentrales Ziel ist die Rekonstruktion der alltäglichen Lebensführung durch die Umgestaltung/Verbesserung der objektiven Bedingungen sowie durch die ‚Neuformierung'/Erweiterung der subjektiven Fähigkeiten, Fertigkeiten und Bereitschaften – und damit das Gewinnen eines neuen Gleichgewichts zwischen den Anforderungen der verschiedenen Lebensbereiche und den eigenen Erwartungen, Kompetenzen und Perspektiven. Mit der Verwirklichung dieses Zieles hebt sich die beratende Unterstützungstätigkeit auf. (…) Da sich die BeraterInnen quasi als dritte ‚Instanz' zwischen die dyadische Beziehung des rat- und hilfesuchenden Subjekts zu seinen unmittelbaren und übergreifenden, gesellschaftlichen Lebensbedingungen ‚schieben' und so eine triadische Konstellation aufbauen, müssen diese in ihrem professionellen Handeln in der Lage und bereit sein, zentrale Widersprüche in entwicklungsoffene Balancen zu bringen" (Braun/Wetzel 2006, 142 f.). Dies ist insofern eine ganz spezielle Herausforderung, da Schulsozialarbeit in Abgrenzung zur Sozialpädagogischen Beratung, die in problemfokussierten bzw. fokussierenden Institutionen wie z. B. der Jugend- und Erziehungsberatung oder der Drogen- und Suchtberatung angeboten wird, und jener, die Jugendliche in Einrichtungen der Offenen Kinder- und Jugendarbeit finden können, einerseits unspezifischer und andererseits schul(problem)bezogener ist und stets unter Berücksichtigung ihres speziellen institutionellen Settings zu agieren hat.

So sind die Beratungsangebote der Schulsozialarbeit stets auch aus ihrer Scharnierfunktion heraus zu verstehen, die immer dann, wenn im Einzelfall vertiefende Beratung oder Hilfe nötig ist, vermittelnd und vernetzend mit spezifizierten Einrichtungen zusammenarbeiten muss – sich also ihrer Kompetenzen und Grenzen sehr genau bewusst sein muss, damit Prozesse weder verschleppt noch aufgebläht werden. Vor der beratenden Hilfe steht jedoch immer auch deren Zugänglichkeit, die sich

- über die räumlichen Bedingungen als sichtbarem Rahmen des Beratungssettings,
- sowie über infrastrukturelle Schutzbedingungen der Ratsuchenden,
- wie auch pädagogisch-kooperative Regelungen der Inanspruchnahme,
- über die Informiertheit der Schülerinnen und Schüler,
- deren Akzeptanz des Angebots und
- ihre Eingebundenheit und Platzierung innerhalb der Gesamtkonzeption der Schulsozialarbeit sowie des Schulprogramms und die
- grundsätzliche Vertrauenswürdigkeit der beratenden Personen in einer Schule

ausdrückt. So sind z. B. die Beratungsräumlichkeiten erstens überhaupt vorzuhalten, zweitens so ansprechend zu gestalten, dass ein offenes Gespräch gefördert wird, aber auch nicht so offen zu platzieren, dass Ratsuchende für die gesamte Schülerschaft bzw. das Kollegium sichtbar werden. Darüber hinaus dürfen schulische Belange die individuelle Krisenbewältigung nicht in einer Art überlagern, dass sie Beratungskontakte verhindern (so sollte ein Schulsozialarbeiter z. B. ein wichtiges Gespräch nicht unterbrechen müssen oder ständig gestört werden). Braun und Wetzel (2006) betonen, dass außerdem stets in einem differenzierten Vorgehen zu prüfen ist, inwiefern Einzelfallberatung „tatsächlich die angemessene pädagogische Bearbeitungsweise ist" (ebd., 147) oder ob – z. B. in Fällen von ‚mobbing' und ‚bullying' – nicht Gruppenarbeit das angemessene Setting wäre oder aber, ob die Beratung nicht besser außerhalb der Schule stattfinden sollte.

2.1.2 Aufgaben der Sozialpädagogischen Beratung

Als Aufgabe von Schulsozialarbeit ist die Sozialpädagogische Beratung in der Systematik zwischen den Angeboten der *Offenen Angebote für Kinder und Jugendliche* und der individuellen Förderung und den schulbezogenen Hilfen angesiedelt, da sie zugleich auch zur Einzelfallhilfe gehört. Die *Offenen Angebote* bieten Kontaktanlässe, bauen in ihren spezifischen, niedrigschwelligen Settings Vertrauen auf und vertiefen die Arbeit bei Bedarf durch ein Beratungsangebot.

Durch Sozialpädagogische Beratung im Einzelfall wird seitens der Schulsozialarbeit den Hochschwelligkeit erzeugenden Auslagerungsprozessen von Beratungsangeboten (vgl. Coelen 2004a, 264) entgegengewirkt und zugleich die Zugänge zur *Individuellen Förderung* im Sinne ‚klassischer' Einzelfallhilfe als originäre Aufgaben der Jugendhilfe erleichtert bzw. ihnen vorgebeugt. Ein Beitrag solcher Beratungsangebote zur Verwirklichung unterstützender Hilfen der biografischen Lebensbewältigung und der damit verbundenen Bewältigungsanforderungen (vgl. Böhnisch 1997, 36 ff.) besteht in einer normalisierenden und entlastenden Problemlösungshilfe sowie der präventiven Belastungsreduktion. Ebenso kann sie den oder die Ratsuchende(n) durch den Einsatz kommunikativer Mittel darin unterstützen, in Bezug auf ein Lebensproblem oder spezifische Lebensschwierigkeiten einen Zugewinn an Wissen, Orientierung, Lösungs- und Handlungsfähigkeit zu erreichen, der dazu führt, mit diesen oder künftigen Problemen besser umgehen und leben zu können.

Als schulalltagsinhärentes Angebot ist Sozialpädagogische Beratung durch Schulsozialarbeit ständig präsent, hält sowohl informellen Rat, aber auch über längeren Zeitraum andauernde, formellere Beratungssettings vor, und kann außerdem auch in Kombination oder Ergänzung zu schulischen Beratungsangeboten (z. B. durch Beratungslehrer) in einem umfassenderen schulischen Beratungskonzept platziert sein. Sie ist ein extrem vielfältiges Aufgabenfeld, das hohe Anforderungen an die fachlichen Kompetenzen stellt: Hier gilt es z. B. sowohl systemisch als auch lösungsorientiert zu beraten, die Lebenswelt der zu Beratenden zu berücksichtigen und stets mit dem Gedanken des ‚empowerment' an den Ressourcen der Beratenden anzusetzen.

Auch die Verfahrensweisen bedürfen der Reflexion: So verbietet es sich Braun und Wetzel (2006) zufolge, die Problemverortung auf der Problemsicht von Dritten (z. B. Lehrkräften) aufzubauen. Ansätze die Aufträge Dritter (hier sind insbesondere Lehrer oder Eltern gemeint) konzeptionell verankern (s. z. B. Gollan/Ulbrich 2006) müssen vor dem Hintergrund einer klaren Zielgruppendefinition und einer anwaltschaftlichen Grundhaltung der Schulsozialarbeiterinnen und Schulsozialarbeiter gegenüber den Kindern und Jugendlichen abgelehnt werden[57]. Die von Gollan und Ulbrich eingebaute, grundsätzliche Ablehnungsmöglichkeit einer „empfohlenen" Beratung ist vor dem Hintergrund des Abhängigkeitsverhältnisses der Schüler zu den Lehrern, aber auch zu den Eltern, nur theoretisch gegeben. Es ist zudem mehr als fraglich, ob der damit beabsichtigte Motivationsaufbau tatsächlich möglich ist – zumal allein an dieser Stelle weder von einer Vertrauensbasis, noch von Freiwilligkeit und auch nicht von Ver-

57 Letztlich spiegelt ein solches Beratungsmodell im Kontrast zu dem auf Thiersch (2004) zurückgehenden sozialpädagogisch begründeten Modell den Widerspruch zwischen einer Beratungsauffassung, die entweder personenzentriert, aufklärerisch und emanzipatorisch vorgeht und jener, die sich als professionelle und institutionelle Interventionsstrategie versteht – und einen ethisch problematischen Bruch in sich trägt (vgl. Gröning 2000).

schwiegenheit ausgegangen werden kann, also keine der Maximen beraterischer sozialpädagogischer Tätigkeit gewährleistet ist (vgl. ebd. 8 f.). In diesem Negativbeispiel wird Schulsozialarbeit zum verlängerten Arm einer kontrollierenden Instanz. Beratung wird damit zur Sanktion, die das Label der beratenden Hilfe für sich umdeutet.

Das Problem von Aufträgen durch Dritte und den damit verbundenen Fremddeutungen besteht grundsätzlich darin, dass gemäß der Maximen beraterischer Tätigkeiten „das Problemverständnis der Ratsuchenden selbst zum Dreh- und Angelpunkt der gesamten Unterstützungstätigkeit" (Braun/Wetzel 2006, 150) werden muss. Ebenso muss sich die soziale Diagnose am Schutz der Integrität der Ratsuchenden ausrichten, zunächst ihre Verfahrensweisen klären, z. B. sehr umsichtig mit sogenannten Sichtdiagnosen umgehen, die derart massive Interventionen wie Hausbesuche enthalten (vgl. Braun/Wetzel ebd.), abwägen, ob Kurzdiagnosen oder Notationssysteme wie Netzwerkkarte o.ä. hilfreich zur Fallklärung sind und wie die – in schulischen Kontexten noch höchst unübliche – ‚empowerment'-Perspektive im Blick behalten werden kann: „Die professionelle Hilfe kann reichen von einem allgemeinen Gesprächsangebot – z. B. durch einen Anruf, ‚wenn was anbrennt' – über vereinbarte regelmäßige Gespräche bis hin zur zeitlich begrenzten oder sogar auf absehbare Zeit dauerhafte und intervenierende Begleitung" (Braun/Wetzel 2006, 155). Sofern Beratung durch die Schulsozialarbeit nicht dazu führt, dass der oder dem Ratsuchenden „der Aufbau einer entwicklungs- und lernangemessenen, sozial anerkannten und emotional befriedigenden Lebensführung gelingt" (Braun/Wetzel 2006, 156), können auch außerschulische Fachkräfte einbezogen werden. Mit jedem Einzelfall der Beratungsarbeit ist Schulsozialarbeit stets auch verpflichtet, die „jeweils fallverursachenden Bedingungen und problemfördernden intersubjektiven Gründe herauszuarbeiten" (ebd.) und aus der „Rekontextualisierung ihrer Einzelfälle" (Müller 2004, 232) Konsequenzen für die innere Schulreform zu ziehen, denn vielfach haben die „schwierigen Fälle (...) einen institutionellen und/oder Gruppenkonflikt als Ausgangspunkt" (ebd. 231) oder müssen mit biografischen Bedingungen leben, die das Lernen erschweren, aber durch Beratung verbessert werden können.

2.1.3 Zur Bildungsfunktion von Sozialpädagogischer Beratung

Schulsozialarbeit ermöglicht aufgrund ihrer beratenden Unterstützungstätigkeit eine spezifische Anregung von Bildungsprozessen (vgl. Braun/Wetzel 2000). Auch Engel (2004) betont diese Funktion, wenn er pädagogische Beratung unter bildungsorientierter Perspektive nicht nur als „Form der Orientierungs-, Planungs-, und Entscheidungshilfe", sondern auch als „nachhaltig effektive, bildungsorientierte und reflexive Auseinandersetzung mit den unterschiedlichen Orientierungs-, Planungs- und Entscheidungsformen verschiedener Beratungen" (Engel 2004, 113) verstanden wissen will. Aber die Bildungsfunktion von Beratung durch Schulsozialarbeit geht noch weiter: Wenn Schülerinnen und Schülern das Lernen und die Anpassung an die sozialen Anforderungen der Bildungsinstitution ‚Schule' schwer fallen, kann das, der Argumentation von Schleiffer (2005) aus der Perspektive der Kinder- und Jugendpsychiatrie zufolge, auch an Lernbarrieren liegen, die biografisch deutlich *vor* Eintritt in das Schulalter, also jenseits der schulischen Situation begründet sind: Nach Schleiffer (2005) werden lernrelevante Irritationen nur dann zum kommunikativen Lernanlass, wenn beim Individuum das nötige Vertrauen vorhanden ist, dass die damit verknüpften Strukturänderungen (im Wissen und Können) des Individuums sein Selbstkonzept nicht grundlegend gefährden. Wenn hingegen aufgrund einer ungünstigen Bindungssituation in der Familie, früh das Erlernen einer lernvermeidenden Grundhaltung nötig war, wirkt diese Strategie in schulischen Lernsituationen der Wissensaneignung und des sozialen Lernens fort.

Vertrauen und Misstrauen in die Wahrnehmung von Lernanlässen werden in der Familie erlernt. Grundvoraussetzung für eine lernbereite Ausgangslage sind sichere Bindungserfahrungen, die angstfreie Neugier und Erkundungsbereitschaft ermöglichen: „Bindungssichere Kinder werden sich dem Risiko zu lernen aussetzen können, weil sie offen für Irritationen sind. (...) Im Vertrauen darauf, dass ihnen die nötige Hilfe gewährt wird, können sie sich lernbereite Erwartungen leisten. Aufgrund ihrer positiven Lernerfahrungen genießen sie es sogar, ihre Irritabilität und damit Lernfähigkeit zu steigern. Sie haben es gelernt zu lernen" (Schleiffer 2005, 345). Unsichere Bindungserfahrungen führen demzufolge eher zu Lernvermeidungshaltungen. So nehmen z.B. Kinder mit unsicher-ambivalenten bzw. unsicher-verstrickten Bindungskonzepten nicht in erster Linie den Inhalt, sondern das ‚Wie' und ‚Warum' etwas mitgeteilt wird, wahr: „Ein dauerhaft hyperaktives Bindungssystem behindert sie am Explorieren und damit am effektiven Lernen. In Ermangelung eines hinlänglichen Vertrauens sind sie ängstlich um Bindungssicherheit bemüht" (ebd., 345). Schleiffer beschreibt Kinder mit solchen Bindungserfahrungen und Lernstrategien in ihren Explorationsaktivitäten als gehemmter und weniger konzentriert. Sie haben eine geringere Frustrationstoleranz, weniger Selbstvertrauen und mehr Schulleistungsprobleme als Kinder mit sicheren Bindungserfahrungen.

Als Anbieter „pädagogischer Kommunikation" hat Schulsozialarbeit u.a. mit ihrem Beratungsangebot gute Möglichkeiten, den lernbehindernden familiären Bedingungen alternative Erfahrungen entgegenzusetzen und Lernvermeidungshaltungen abbauen zu helfen. Wenn sie Lernvermeidung an den oben ausgeführten Grundgedanken nachvollzieht, beachtet sie, dass Lernvermeidung ein

Schutzmechanismus ist, der vor den mit Lernen verbundenen Strukturänderungen des Selbstkonzeptes schützen soll (vgl. Schleiffer 2005, 347). So kann Schulsozialarbeit ihre Beratungstätigkeit ebenso wie die übrigen Angebote an Maßnahmen der Selbstkonzeptstärkung ausrichten und dazu beitragen, dass die Lernausgangslage verbessert und die Erziehungsschwierigkeiten abgebaut werden. Sie füllt damit eine strukturelle Funktionslücke im Bildungssystem, die Schleiffer (2005) mit den Worten von Schmetz (1999) als nicht gelungene oder fehlende „Passung zwischen den individuellen Lernmöglichkeiten des Kindes und der normativen Erwartungshaltung von Schule“ (Schleiffer 2005, 353) beschreibt.

In der Praxis kann Schulsozialarbeit durch verschiedene Angebote bei Schwierigkeiten der Affektregulation helfen, eine momentane Überforderungs- oder Konfliktsituation zu entschärfen oder über Beratung in Fällen von zuvor massiven Verweigerungshaltungen die Lernmotivation wieder aufzubauen (vgl. Spies 2006b). Dies kann aber auch so aussehen, dass mit den Lehrkräften vereinbart wird, in Einzelfällen des Affektregulationsbedarfs, den betroffenen Schülerinnen und Schülern eine individuelle Auszeit mit klaren Strukturen zu gewährleisten.

Schulsozialarbeit kann u.a. daran gemessen werden, inwieweit sie in der Lage ist, intrinsisch wirksame Motive wie Neugier, Interesse und Risikobereitschaft zu befördern und lernvermeidendem Verhalten entgegen zu wirken. Fingerle (2007) macht mit Blick auf den Resilienzdiskurs aus sonderpädagogischer Perspektive den Vorschlag, solchen Bindungsdefiziten mit einer Lernumgebung zu begegnen, die in ihrer Förderlichkeit an drei *stabilisierenden* Maßstäben gemessen werden soll:

a) Demnach dürfen die Regulationsfähigkeiten einer Person nicht überfordert, aber auch nicht unterfordert werden, indem zwar einerseits Stressoren ferngehalten, aber andererseits auch erfüllbare Veränderungsanforderungen gestellt werden.
b) Außerdem soll die Lernumgebung zur Entwicklungsförderung die Exploration der Umwelt und der eigenen Fähigkeiten befördern und
c) die Orientierung der Exploration auf Ziele, die anschlussfähig für die eigenen Fähigkeiten aber auch sozial anschlussfähig sind, als Maßstab pädagogischer Interventionen setzen.

Eine derartige dreifach reflektierte Absicherung der Zielorientierung, könnte Fingerle (2007) zufolge eine entwicklungsfördernde soziale „Nische“ (ebd., 299) bilden, die unsichere Bindungserfahrungen kompensieren kann. Für die Klärung der Bildungs- und Schutzfunktion von Schulsozialarbeit lässt sich dieses Anliegen für die beiden erstgenannten Punkte in den Arbeitsbereichen *Konfliktbewäl-*

tigung und *Offene Angebote* verorten. Der letztgenannte Punkt ist zugleich jener, mit dem die Aufgabe der Sozialpädagogischen Beratung durch Schulsozialarbeit umrissen werden kann. Die Beratung durch die sozialpädagogischen Fachkräfte hat demnach die Aufgabe, so viel Sicherheit zu ermöglichen, dass Selbstfestlegungen aufgebrochen und Lernverweigerungshaltungen aufgegeben werden können. Für Nutzer des Angebotes ergeben sich Bildungschancen, die auch bei ungünstiger biografischer Situation eine bessere Balance zwischen dem Bedürfnis nach Sicherheit und dem Bedürfnis nach Exploration (seiner Umwelt und seiner Fähigkeiten) ermöglichen können. Dafür ist eine Konstellation von personalen und sozialen Ressourcen nötig, die „über das Passungsverhältnis funktional verknüpft sind und die nicht additiv, sondern interaktiv aufeinander bezogen sind" (Fingerle 2007, 303). Das heißt, die Beratungstätigkeit der Schulsozialarbeit wird bildungswirksam, indem Kinder und Jugendliche nicht mehr auf „zufällige Schlüsselerlebnisse" (ebd., 306) zur Anregung von selbstorganisierten Bildungsprozessen angewiesen sind, sondern über die Beratungskontexte regelmäßig und zuverlässig zur Verfügung stehen, flexible Zielanpassungen unterstützen, personale wie auch soziale Ressourcen erschließen helfen und „offen und flexibel genug sind, um das Auffinden und die Etablierung entwicklungsorientierter Nischen zu unterstützen und das prozessbedingte Misserfolgsrisiko zu bearbeiten" (ebd., 307).

Die sozialpädagogischen Beratungsangebote von Schulsozialarbeit sind sowohl mit Blick auf die in der Regel krisenhaften Herausforderungen des menschlichen Entwicklungsweges und deren Bewältigung und Nutzung des Anregungspotenzials hin auszurichten. Zugleich sind sie aber auch speziell auf die Situation der Schülerinnen und Schüler mit biografischen Beeinträchtigungen hin zu konzipieren, damit die schulische Lernsituation ebenso wie die individuellen Bildungsmöglichkeiten im bestmöglichen Passungsverhältnis zueinander gefördert werden können – und mittelbar dadurch ‚drop-out'-Risiken minimiert werden.

Riedo (2000) ermittelt in der Langzeitanalyse von Integrations- und Separationserfahrungen ehemals schulleistungsschwacher junger Erwachsener in deren schulischen und beruflichen Ausbildungswegen, dass die Belastungen der sozialen Dimension in Familie, Schule und Beruf bei den Bewältigungsthemen überwiegen, welch zentraler Einfluss der familiären Situation für die (Schul-) Laufbahn zukommt und wie dringlich ein stabiler Rückhalt für den Entwurf von Zukunftsperspektiven nötig ist, wenn sich Lernbarrieren vor allem aus negativen psychosozialen Belastungen zusammensetzen und die mit der Separation in gesonderten Schulen verbundene Abwertung in das Selbstbild integriert wird. Zuletzt hat Pfahl (2010) die bildungspolitisch und institutionell zu verantwortende Ausgrenzung von Schülern und Schülerinnen an Sonderschulen und ihre biografische Reichweite aus soziologischer Perspektive der Bildungsforschung empirisch untersucht – ein Diskurs, dessen Befunde ebenfalls in die Konzeption der sozialpädagogischen Beratungsangebote von Schulsozialarbeit einfließen muss, sofern man dort den gängigen Selbststigmatisierungsprozessen von Schülern und Schülerinnen in niedrigqualifizierenden Bildungsgängen entgegenwirken will. – Ein Faktor, der in systemisch orientierten Beratungskonzepten bislang noch nicht hinlänglich Berücksichtigung findet, sich in der schulsozialarbeiterischen Praxis aber alltäglich findet und

- nach Selbstwirksamkeit fördernden Handlungs- und Beratungskonzepten verlangt,
- die enge Verbindung zu den benachbarten Arbeitsbereichen veranschaulicht und
- besonders im Aufgabenfeld *Berufsorientierung und Übergang in den Beruf* zum Tragen kommt.

Literatur zur Vertiefung:

Drilling, Matthias (2004): Schulsozialarbeit. Antworten auf veränderte Lebenswelten. 3. aktualisierte Auflage. Haupt Verlag: Bern, Stuttgart, Wien.

Fingerle, Michael (2007): Der riskante Begriff der Resilienz – Überlegungen zur Resilienzförderung im Sinne der Organisation von Passungsverhältnissen. In: Opp, Günther/Fingerle, Michael (Hrsg.): Was Kinder stärkt. Erziehung zwischen Risiko und Resilienz. 2. völlig neu bearbeitete Auflage, Reinhardt Verlag: München. S. 299-310.

Gröning, Katharina (2009): Entwicklungslinien pädagogischer Beratung – Eine kritische Reflexion über Beratungsformen und Beratungsverständnis. In: neue praxis, Heft 2/2009, 39. Jg., S. 103-116.

Pfahl, Lisa (2010): Techniken der Behinderung. Der deutsche Lernbehinderungsdiskurs, die Sonderschule und ihre Auswirkung auf Bildungsbiografien. Transcript Verlag: Bielefeld.

Riedo, Dominicq (2000): "Ich war früher ein sehr schlechter Schüler…". Schule, Beruf und Ausbildungswege aus der Sicht ehemals schulleistungsschwacher junger Erwachsener. Eine Analyse von Langzeitwirkungen schulischer Integration oder Separation. In: Haeberlin, Urs (Hrsg.): Beiträge zur Heil- und Sonderpädagogik: 23. Beiheft zur Vierteljahresschrift für Heilpädagogik und ihre Nachbargebiete. Haupt Verlag: Bern, Stuttgart, Wien.

Streblow, Claudia (2005): Schulsozialarbeit und Lebenswelten Jugendlicher. Ein Beitrag zur dokumentarischen Evaluationsforschung. Budrich Verlag: Opladen.

Zum Weiterdenken:

- Welche Anforderungen stellen die theoretischen Grundlegungen Sozialer Arbeit an Schule für die Konzeption und Gestaltung von Beratungsangeboten der Schulsozialarbeit?
- Ist der Vertrauensaufbau in Offenen Angeboten für Kinder und Jugendliche für die Akzeptanz und Nutzung von sozialpädagogischen Beratungsangeboten ausreichend, um das Freiwilligkeitspostulat Sozialpädagogischer Beratung gegenüber schulischen Zwängen und Verpflichtungen zu vertreten?
- Wann ist es für einen Schulsozialarbeiter oder eine Schulsozialarbeiterin sinnvoll, eine Beratung nicht selber zu übernehmen, sondern an einen Kollegen oder eine Kollegin außerhalb der Schule zu vermitteln?

2.2 Berufsorientierung und der Übergang von der Schule in den Beruf

2.2.1 Das Aufgabenfeld der Berufsorientierung und des Übergangs von der Schule in den Beruf

Berufsorientierung ist ein lebenslanger Prozess „der Annäherung und Abstimmung zwischen Interessen, Wünschen, Wissen und Können des Individuums auf der einen und den Möglichkeiten, Bedarfen und Anforderungen der Arbeits- und Berufswelt auf der anderen Seite" (Deeken/Butz 2010, 19). Die Berufsorientierung findet somit nicht nur in der Phase des Übergangs von der Schule in den Beruf statt, sondern beginnt bereits deutlich früher und dauert mindestens bis zum Beginn des Ruhestands an[58]. Dabei stehen nach heutigem Verständnis nicht die Vermittlung von konkreten beruflichen und arbeitsrelevanten Fähigkeiten und Fertigkeiten im Vordergrund, sondern „die Herausbildung eines stabilen Fundaments von personalen und psychosozialen Kompetenzen" (ebd., 17), die es jedem ermöglichen einen Selbstfindungsprozess zu durchlaufen, biografische Selbstkompetenz zu erwerben und eine Balance zwischen der beruflichen und der privaten Lebenssphäre zu finden: „Dies bedeutet einen Paradigmenwechsel

58 Einstellungen und Haltungen zu den Themen Beruf und Arbeit werden bereits in der frühesten Kindheit geprägt. Wann der Ruhestand beginnt, kann sehr unterschiedlich sein und auch dieser kann durchaus noch mit Themen wie ehrenamtliche Tätigkeit, Haus- und Familienarbeit etc. verbunden sein. Ein sehr schönes Beispiel andauernder und zugleich integrativer Berufstätigkeit zeigt die Dokumentation „Rentner GmbH" von Bertram Verhaag: abrufbar unter http://www.perspektive50plus.de/filmwettbewerb (letzter Zugriff: 25.7.2010).

in der Berufsorientierung: weg von der beruflichen Beratung – hin zur Förderung des beruflichen Selbstkonzepts“ (ebd., 18).

In der Phase des Übergangs von der Schule in den Beruf bekommt die Berufsorientierung deshalb eine besondere Bedeutung, weil in dieser Phase zwei wichtige ‚Schwellen‘ zu überwinden sind: die ‚erste Schwelle‘ von der Schule in die Ausbildung und die ‚zweite Schwelle‘ von der Ausbildung in den Beruf. Diese Schwellen sind insofern besonders wichtig, weil der weitere berufliche Werdegang stark durch die Art und Weise wie diese Schwellen überwunden werden – und ob sie überhaupt überwunden werden – bestimmt ist (vgl. u.a. Lex 1997, Solga 2005). Darüber hinaus sind Jugendliche am Übergang von der Schule in den Beruf das erste Mal mit konkreten, auf sie selbst bezogenen Fragen der Berufsorientierung konfrontiert, können also nicht auf bereits erworbene Kompetenzen in diesem Bereich zurückgreifen. Ihr Selbstkonzept ist – nicht nur in beruflicher Hinsicht – in der Regel noch nicht gefestigt und die Vorstellungen darüber, wie sie mal leben und arbeiten wollen, sind noch sehr vage und meist unreflektiert.

Nachhaltige Berufsorientierungskonzepte, egal ob sie von Schule, Jugendhilfe oder Dritten (z. B. Arbeitsverwaltung) angeboten werden, müssen Lösungswege aufzeigen, wie die Jugendlichen mit den Veränderungen und Herausforderungen umgehen und sie konstruktiv verarbeiten können (vgl. Deeken/Butz 2010, 21). Dies muss unter Einbezug der Lebenswelten der Jugendlichen erfolgen. Berufsorientierungskonzepte sollten zudem dazu anregen, Normalitätsvorstellungen (der Familie, des sozialen Milieus, der Gesellschaft) offen zu legen und zu hinterfragen, damit bewusste Entscheidungen möglich werden[59]. Im Sinne der Lebensweltorientierung geht es um die Erweiterung von Handlungsmöglichkeiten (vgl. Thiersch 1997, 52). Berufsorientierung hat gleichzeitig den Auftrag die Berufswahlfähigkeit der Jugendlichen zu fördern, Bewerbungsprozesse zu unterstützen, die Anforderungen der Arbeitswelt zu vermitteln und auch den Bedürfnissen der Wirtschaft in Bezug auf die Ausbildungsreife Rechnung zu tragen, indem Schlüsselqualifikationen (z. B. Teamfähigkeit, Kommunikationskompetenz, Zuverlässigkeit) gefördert werden. „Die beiden zentralen Zieldimensionen, Persönlichkeitsentwicklung sowie Vorbereitung auf betriebliche, berufliche und arbeitsweltliche Anforderungen, gilt es in der Berufsorientierung auszutarieren, wobei der Schwerpunkt je nach Zeitpunkt und Ort des Lerngeschehens wechseln kann“ (Deeken/Butz 2010, 23).

59 Hierzu zählen Erwartungshaltungen der Eltern gegenüber dem Sohn, der z. B. das Geschäft übernehmen soll, ebenso wie gegenüber der Tochter, die wie selbstverständlich Hausfrau und Mutter werden soll. Hierzu zählt aber auch die offene Auseinandersetzung mit den oftmals ungewissen Berufsaussichten und dem Thema Arbeitslosigkeit. Themen, die oft selbst in Projekten der Jugendsozialarbeit ausgespart werden (vgl. Krafeld 2000, 113).

Nach wie vor ist es eine originäre Aufgabe von Schule und Arbeitsverwaltung die Berufsorientierung zu begleiten und umfassend auf die Arbeitswelt vorzubereiten (vgl. Kultusministerkonferenz BA/KMK 2004). Dennoch haben sich die Berufsorientierung und die Gestaltung des Berufsübergangs von Jugendlichen in niedrig qualifizierenden Bildungsgängen als spezifischer Arbeitsbereich von Schulsozialarbeit in den letzten Jahren recht breit und relativ stabil etabliert. Diese Entwicklung kann sowohl darauf zurückgeführt werden, dass eine Überforderung der Lehrkräfte in den Schulen in Bezug auf das Thema ‚Berufsorientierung' zu erkennen war, als auch auf die Erkenntnis, dass eine sozialpädagogische Beratung und Begleitung des Übergangs von der Schule in den Beruf möglichst frühzeitig beginnen muss.

Seit den 1990er Jahren wurden die Angebote für die Zielgruppe der benachteiligten Jugendlichen stark ausgeweitet. Sie zeichneten sich durch unterschiedliche Schwerpunktsetzungen aus, je nachdem, ob sie durch die Arbeitsverwaltung, die Bildungsministerien oder die Jugendhilfe finanziert und konzipiert wurden. Zudem setzten die Bundesländer neben den bundesweiten Programmen durch eigene Projekte weitere Schwerpunkte. Selbst Fachleute, die sich hauptberuflich mit dem Übergangssystem beschäftigten, konnten den Überblick verlieren[60]. Zwar wurden in den letzten Jahren die Maßnahmen in diesem Bereich wieder zurückgefahren, dafür werden die Regelfinanzierungen zunehmend durch befristete Projekte ersetzt, was zur Folge hat, dass die Unübersichtlichkeit im Feld durch ständig wechselnde Ansprechpartner bleibt. Für die Lehrerinnen und Lehrer an den Schulen war und ist es somit eine echte Herausforderung einen Überblick über die Hilfsangebote zu behalten.

Die Jugendhilfeträger haben in den letzten Jahren verstärkt Angebote entwickelt, die bereits in den Schulen ansetzen, um die Jugendlichen nicht schon an der ‚ersten Schwelle' zu verlieren, und die Schulen haben diese Angebote der Zusammenarbeit gerne aufgegriffen.

Die grundlegenden schuladministrativen Erlasse zur beruflichen Orientierung beziehen strukturelle Bedingt- und Begrenztheiten der Transitionsgestaltung nach wie vor nicht systematisch, sondern eher ‚sporadisch' in ihre Vorgaben ein – schließlich gelten nach wie vor die über Rahmenvereinbarungen zwischen Kultusministerkonferenz und Bundesagentur für Arbeit fixierten formalen Zuständigkeiten für berufliche Fragen, die folglich den pädagogischen Handlungsspielraum der Schulsozialarbeit begrenzen.

60 In 2007 gab das Bundesministerium für Bildung und Forschung (BMBF) eigens ein Gutachten in Auftrag, um eine Systematisierung der Fördersysteme, -instrumente und -maßnahmen vornehmen zu lassen (BMBF 2009). Eine Übersicht über die Angebote der Benachteiligtenförderung bietet auch das Good-Practice-Center (GPC) (www.good-practice.de).

2.2.2 Berufsorientierung und der Übergang Schule-Beruf als Aufgabe der Schulsozialarbeit

Die Aufgabenfelder ‚Berufsorientierung' und ‚Übergang Schule-Beruf' sind also von der Schulsozialarbeit so zu gestalten, dass die bestehenden Aufgaben der Schule besser erfüllt werden können. Darüber hinaus bieten sich in Bezug auf das Thema ‚Beruf' vielfältige konzeptionelle Möglichkeiten, die Bildungsbedingungen vor allem von benachteiligten Jugendlichen zu verbessern und deren individuelle Orientierungsprozesse flankierend zu begleiten und zu unterstützen. Grundsätzlich gilt dabei, dass es Aufgabe der Schule ist, grundlegende Informationen zur Wirtschafts- und Arbeitswelt zu vermitteln und über die inhaltliche Gestaltung in den einzelnen Fächern sowie über fachübergreifende und außerunterrichtliche Angebote den komplexen Prozess der Berufsorientierung und -wahl[61] zu unterstützen. Auch die die Berufswahlprozesse begleitende Beratung ist in allen ihren Komponenten zunächst Aufgabe der Schule und von dort aus mit den Angeboten der Arbeitsverwaltung abzustimmen. Zur Ausgestaltung gehören u.a. Hilfen für Bewerbungsverfahren, die Organisation und Begleitung von Betriebspraktika, Hinweise auf regionale Stellenangebote und die Anbahnung besonderer Beratungsangebote für Jugendliche, die noch keine Ausbildungsstelle im dualen System, an einer (weiter-)qualifizierenden Schule oder in einer außerbetrieblichen Ausbildung haben.

Die Schulsozialarbeit kann die Schule insbesondere bei der Entwicklung eines durchgängigen Berufsorientierungskonzepts und der Einführung neuer Instrumente, wie z.B. dem Berufswahlpass (BWP) helfen. Die sozialpädagogischen Fachkräfte haben hier oft einen besseren Überblick und mehr Zeit sich über neue Instrumente und Jugend(berufs)hilfeträger zu informieren. Darüber hinaus können die sozialpädagogischen Fachkräfte die Schule in der Vorbereitung und Durchführung der Angebote zur Begleitung des Berufswahlprozesses, der Informationsweitergabe, der Praktikumsauswahl, -vermittlung und -auswertung unterstützen. Die Jugendlichen finden in einem Beratungs- und Unterstützungssetting der Schulsozialarbeit häufig den emotionalen Rückhalt und die individuelle Hilfe in Fragen der gesamten Lebensplanung, die eine wichtige Grundlage und Teil der beruflichen Orientierung ist. Die pädagogischen Aufgaben reichen hier von der schulischen und außerschulischen beruflichen Frühorientierung, über

---

61 Der Berufswahlprozess ist nur ein Teil der Berufsorientierung (s.o.), allerdings der Teil, auf den die Lehrerinnen und Lehrer sich in der Regel konzentrieren. Nicht selten setzen sie das eine mit dem anderen gleich. Dadurch wird aus der Berufsorientierung dann schnell die ‚Berufswahlorientierung'. Aber auch die sozial- und berufspädagogischen Fachkräfte setzen in ihrem jeweiligen Verständnis unterschiedliche Schwerpunkte. Jörg Schudy hat insgesamt vier Bedeutungsvarianten von Berufsorientierung herausgearbeitet, die in der Fachdiskussion kursieren (vgl. Schudy 2002, 9 f.).

Lebens- und Familienplanung, beratende und akquirierende Unterstützungen im Berufswahlprozess, bis hin zur aktiven Begleitung auf dem ersten Arbeitsmarkt – im Sinne einer flankierenden Orientierungs- und Verbleibshilfe (vgl. Spies 2008). Nicht zuletzt muss die Schulsozialarbeit auch das mögliche Scheitern der Jugendlichen im Blick haben: All jene jungen Menschen, die durch strukturelle und diskriminierende Bedingungen oder auch durch individuelle Beeinträchtigungen langfristig vom Erwerbsarbeitsmarkt ausgegrenzt werden, bedürfen ebenfalls einer praktisch stabilisierenden und stärkenden pädagogischen Unterstützung. Ungefähr 15% der nachwachsenden Generation ist der Schritt hin zu einem selbstständigen und von finanzieller Hilfe unabhängigen Erwachsenendasein verwehrt (vgl. Stamm 2007b). Sie stehen vor der paradoxen biografischen Bewältigungsanforderung, perspektivlose Übergangsphasen zwar einerseits auf (marktkonstruierte) ‚Kompetenz- und Reifedefizite' zurückführen zu sollen, diese aber im Interesse der eigenen Handlungsfähigkeit andererseits nicht als individuelles Scheitern zu interpretieren. Die Anforderung für die Jugendlichen besteht darin, die Erfahrung der Exklusion aus dem Beschäftigungssystem nicht zu einer das eigene Leben dominierenden Erfahrung werden zu lassen und die lebensweltliche Einbindung in Bezug auf die Anforderungen des Beschäftigungssystems zu reflektieren. Dabei müssen die Jugendlichen sich auch mit ihrem Selbstkonzept selbstkritisch auseinandersetzen und sich fragen, wie sie die Selbst- und Fremdansprüche an ihre Lebensweise ausbalancieren können (vgl. Pötter 2004a). Die Anforderung ist enorm, denn trotz massiver Verunsicherung und begründeter Resignation sollen die Jugendlichen tragfähige Bewältigungsstrategien entwickeln. In einer solchen ‚Identitätszwickmühle' ist es die pädagogische Aufgabe erwachsener Bezugspersonen, identitätsstiftende Settings bereitzustellen, damit tatsächlich tragfähige Bewältigungsstrategien für eine ungewisse berufliche Zukunft entwickelt werden können. Neben institutionellen Systemgrenzen pädagogischer Praxis und einer Reihe polarer Spannungsverhältnisse zwischen Bildungs- und Beschäftigungsbelangen (vgl. Braun/Wetzel 2006, 185) kennzeichnen auch disziplinäre Diskursgrenzen und -überschneidungen (vgl. Spies/Tredop 2006) die anspruchsvollen Gestaltungsfragen, welche die Schulsozialarbeit in diesem Aufgabengebiet unter berufs- und arbeitsweltbezogenen Gesichtspunkten tangieren.

2.2.3 Zur Bildungsfunktion von Berufsorientierung

Die Relevanz der Themen ‚Beruf und Arbeit' werden, empirischen Erhebungen von Braun/Wetzel (2006, 185 ff.) zufolge, in schulischen Kontexten von Lehrkräften vielfach unterschätzt. Die Befunde aus Sachsen-Anhalt belegen eine „strukturelle Distanz der LehrerInnen zu den Lebenswelten der Heranwachsenden" (ebd., 189). Deren größte Angst ist es, keinen Ausbildungsplatz zu bekommen[62], während ihre Lehrerinnen und Lehrer glauben, dass sie Berufsausbildung, Erwerbstätigkeit und soziale Sicherheit der Relevanz von Unterhaltungselektronik unterordnen (vgl. ebd. 187 f.). Auch für die von Schumann, Sack und Schumann (2006) befragten Frankfurter Jugendlichen, die Unterstützung zu diesem Thema bei einer konzeptionell explizit an biografischen Bewältigungskompetenzen und sozialräumlicher Verankerung ausgerichteten Schulsozialarbeit suchen (vgl. Schumann u.a. 2006 ebd., 82), zeigt sich, dass die Transitionsunterstützung am Übergang von der Schule in den Beruf die bedeutsamste Erfahrung der Nachhaltigkeit von Schulsozialarbeit ist. An dieser Schwelle kommen die von Ziehe (2005a) beschriebenen drei „Schlüsselschwierigkeiten" schulischer Lernkultur „Verwertungssinn", „Strukturierungsdefizite" und „Motivationskonflikte" (vgl. ebd.) besonders deutlich zum Tragen und können durch ein gut strukturiertes Angebot aufgefangen werden.

Bildungsrelevant sind dabei weniger Trainingsmaßnahmen zur Entwicklung von Arbeitstugenden, sondern vielmehr eine Gestaltung der Angebote entlang der drei von Ziehe identifizierten Komponenten „Zugänge zu anderen Welten", „Erfahrung von Strukturiertheit" und „Lockerung motivationaler Selbstfestlegungen" (Ziehe 2005, 288 ff.). Prager und Wieland (2005) weisen als Gründe für Resignationshaltungen eine massive Verunsicherung hinsichtlich beruflicher Zukunftsperspektiven nach, die einer Erhöhung der „Auswahlmöglichkeiten des Ichs" (Ziehe 2005 ebd., 289) bedürfen. Berufsorientierende Angebote, Maßnahmen und Modelle der beruflichen Übergangsbegleitung durch die Schulsozialarbeit dienen dazu, den insgesamt in ihrer gesellschaftlichen Anschlussgewissheit verunsicherten Jugendlichen (vgl. Münchmeier 2005) in niedrig qualifizierenden Bildungsgängen, aber auch an Real- und Berufsschulen eine positive Einstellung zur Zukunft zurückzugeben. Dabei geht es nicht um eine unreflektierte Neumotivierung, die die Jugendlichen zurück in ein Rennen schickt, dass sie nicht gewinnen können[63], sondern um die systematische Möglichkeitserweiterung des Handlungsspielraums, der gegebenenfalls auch von den Normvorstellungen der Gesellschaft oder der sozialen Bezugsgruppe abweicht.

Ganz gleich, ob die Modelle und Programme der Übergangsbegleitung von außerschulischen Trägern angeboten werden oder zum Aufgabenfeld einer in

62 Vgl. hierzu auch die Ergebnisse der Shell-Studien z. B. aus den Jahren 2002, 2006 und 2010.

63 Dies würde man als ‚Aufheizung' bezeichnen können (vgl. Pötter 2004a), im Gegensatz zum sogenannten ‚cooling-out' (vgl. Goffman 1962). Beides stellt den Versuch dar, Einzelne zu motivieren, sich in die gesellschaftlichen Strukturen einzufügen und die ihnen zugewiesene Rolle zu akzeptieren – sich entweder in sein Schicksal zu fügen oder sich noch mal anzustrengen, um eine berufliche Inklusion doch noch zu erreichen. Es ist legitim, dass eine Gesellschaft solche Mittel verwendet, sollte aber immer vor dem Hintergrund der Interpretationshoheit über die Situation kritisch hinterfragt werden.

der Schule etablierten sozialpädagogischen Arbeit gehören, sie erreichen die Jugendlichen besonders gut am Ort Schule. Mit der individuellen Berufsberatung und der Vermittlung von Handlungswissen durch sozialpädagogische Fachkräfte ‚stationärer' Schulsozialarbeit geht für die Jugendlichen im Orientierungsprozess ein Zugewinn an Selbstvertrauen einher, der intrinsische Motivationslücken ausgleichen kann, von den Jugendlichen durchaus als Wettbewerbsvorteil wahrgenommen wird und in dieser Form hinsichtlich der notwendigen fachlichen und zeitlichen Ressourcen keineswegs von schulpädagogischen Akteuren geleistet werden kann (vgl. Schumann et al. 2006, 218; Spies 2006b, 162 ff.).

Auch Eltern lassen sich dort, wo von Schulsozialarbeit ein passgenaues Angebot zur Übergangsbegleitung vorgehalten wird, gerne in ihrer Rolle als Unterstützungshilfe beraten, sofern eine entsprechende, „neutrale" Instanz die von Busse und Helsper (2007) beschriebene Distanz zwischen Schule und Elternhaus überbrückt (vgl. Spies 2006c). Eltern haben einen hohen Informationsbedarf und sind trotz der für die Entwicklungsphase typischen Konflikte im Elternhaus der wichtigste Gesprächspartner für die Jugendlichen in Fragen der eigenen beruflichen Zukunft (vgl. Braun et al. 2006, 318).

P 7

Ein Modell der verzahnten Berufsorientierung

Angesichts pädagogischer und institutioneller Hilfelücken, curricularer Vorgaben, individueller Beratungsbedarfe und nötiger Kooperationsebenen zur betrieblichen Praxis wird hier als Fallskizze ein Modell für abgestimmte und miteinander verzahnte schulische und außerschulische Berufsorientierungskooperation skizziert, die in Anlehnung an die von Bolay (2004) vorgelegte „Vier-Felder-Matrix" zur Qualitäts- und Kooperationsstruktur von Schulsozialarbeit entwickelt und an neun Schulen erprobt wurde (vgl. Spies 2011).

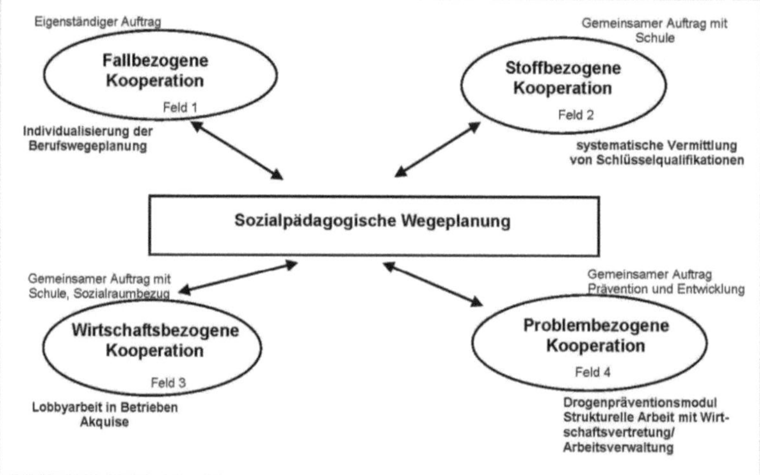

Abbildung 5: Sozialpädagogische Wegeplanung (vgl. Spies 2008, 284, Vier-Felder-Matrix in Anlehnung an Bolay 2004, 1032).

Die *fallbezogene,* individuelle Beratungsarbeit (Feld 1) integriert das bildungsbiografisch notwendige Aufarbeiten von vergangenen und aktuellen Schwierigkeiten im Bildungssystem in die Berufs- und Lebensplanung, ist gleichwertig zu Unterricht positioniert und leistet aktive Hilfe bei der Orientierung in der „Zwischenwelt" zwischen Schule, Praktikum und Ausbildung (vgl. Spies 2006b). In der *stoffbezogenen* Kooperation (Feld 2) werden Themen der Berufseinmündung mit regulärem Unterricht und seinen Inhalten verzahnt (z. B. Team-Teaching für Bewerbungs- und Vorstellungstrainings, Informationen über Möglichkeiten und Anforderungen in weniger bekannten Berufen, Betriebsbesichtigungen) und sind gemeinsam von Schule und

Wegeplanung umzusetzen (Kooperationsniveau 4, vgl. Kapitel 3 *Kooperation als Kerngeschäft der Schulsozialarbeit*). In Abstimmung mit schulischen Akteuren wird die *wirtschaftbezogene* Kooperation auf den Sozialraum bezogen und vermittelt als Berufsberatungsinstanz der Einzelschule über Akquise- und Lobbyarbeit zwischen den Schülern und Wirtschaftsbetrieben (Feld 3). Die *problembezogene* Kooperation entwickelt präventive Stützsysteme in einer Bandbreite, die von Drogenprävention bis zur Anerkennung von qualifizierenden Praktikumsstrukturen durch Wirtschaft und Arbeitsverwaltung reicht (Feld 4)[64].

Die von Schulsozialarbeit koordinierte Kombination von fallbezogener, stoffbezogener, wirtschaftsbezogener und problembezogener Zusammenarbeit am Übergang von der Schule in den Beruf entschärft methodische, personelle und zeitliche Ressourcenlücken von Schule (vgl. Bohl 2002). Dieses integrative Konzept der Benachteiligtenförderung führt zu einer leistungsfördernden Selbstwertsteigerung bei marginalisierten Jugendlichen (vgl. Bojanowski 2006, Spies 2006a). Sie eröffnet ihnen und ihren Schulen berufspraxisbezogene, außerschulische Lernfelder und ist ein Beitrag zur sozialräumlichen Schulaktivierung und *Schulentwicklung*. Für alle in der Berufsorientierungsphase stehenden Schüler und Schülerinnen wirkt eine miteinander verzahnte Beratungs- und Unterrichtspraxis normalisierend, entstigmatisierend und integrierend.

Der derzeit vorherrschende, einseitige Fokus auf zu erwerbende Qualifikationen hat zur Folge, dass die sozialen Bedingungen der betroffenen Jugendlichen von den pädagogisch Verantwortlichen weitreichend ignoriert werden (müssen), während zugleich strukturelle Probleme der Arbeitsgesellschaft als pädagogische Probleme bearbeitet werden (vgl. Großkopf 2007). So wird im Fachdiskurs vielfach darauf hingewiesen, dass die originäre Unterstützungsabsicht von nachschulischen Benachteiligtenprogrammen nicht hinreichend greift, sondern vielmehr Stigmatisierungen verschärft und Ausgrenzungsmechanismen perpetuiert werden (vgl. Spies/Tredop 2006, Christe 2008). Auch die mittlerweile in fast allen Bildungsgängen verankerten Maßnahmen, Arbeitsmappenformate und Kompetenztrainings sind (trotz der guten Absichten) nicht in der Lage, die Strukturprobleme des Arbeitsmarktes zu lösen. Indem jungen Menschen Planbarkeit suggeriert und Planung als individuell zu erbringende Lebensleistung vermittelt wird, werden die strukturellen Bedingungen und Schwierigkeiten des Berufsübergangs ausgeblendet und Resignationshaltungen bei Erfahrungen des

64 Zur Erläuterung der Vier-Felder Matrix am Beispiel von Praktika vgl. Spies 2011.

Scheiterns gefördert. Jugendliche in Maßnahmen der Jugendberufshilfe gestehen sich aufgrund dieser Erfahrungen kaum noch Planungsfreiheiten zu (vgl. May 2007), was eine Reihe von Konsequenzen für ihre weitere Persönlichkeitsentwicklung nach sich zieht. Matt (2005) zufolge ist das – für viele Jugendliche an die allgemeinbildende Schule sich anschließende – Übergangssystem angesichts des hohen Anteils jener, die ohne Qualifikation bleiben, „geradezu mit Selektionsschritten und Ausgrenzungsrisiken gespickt" (Matt 2005, 353) und konterkariert als „Parallelsystem" (ebd.) die ursprünglich integrativen Absichten. Es bewähren sich vor allem jene sozialräumlich und institutionsdurchlässig orientierten pädagogischen Fördermodelle, die – u.a. durch den gezielten Einsatz der Möglichkeiten von Schulsozialarbeit – durch hochflexible Strukturen und Zertifikatswege in einem konzeptionell verankerten Kooperationssetting ungenutzte Potenziale für die Einmündung in den ersten Erwerbsarbeitsmarkt erschließen (vgl. Spies 2011). Hingegen scheitern jene Ansätze, die an (tradierten, festgeschriebenen) institutionellen Strukturvorgaben und Hierarchien festhalten und Ausgrenzungen sowie Selbststigmatisierungsprozesse nicht durchbrechen können. Berufsorientierungskonzepte der Jugendhilfe und der Schulsozialarbeit sollten aber vor allem Reflexionsanregungen und -möglichkeiten bieten, um die Entwicklungsaufgabe der Jugendlichen in dieser Phase zu unterstützen und Freiräume für ein Nachdenken über die eigenen Lebenswünsche und -gestaltung zu schaffen, ohne sofort einen Leistungswettbewerb um Zensuren, Ausbildungsplätze oder Arbeitsplätze auszulösen.

Literatur zur Vertiefung:

Berufswahlpass unter www.berufswahlpass.de

Deeken, Sven/Butz, Bert (2010). Berufsorientierung – Beitrag zur Persönlichkeitsentwicklung. Expertise im Auftrag des Good-Practice-Center (GPC). Bundesinstitut für Berufsbildung (BIBB): Bonn.

Schule-Wirtschaft-Arbeitsleben unter www.swa-programm.de und www.schule-wirtschaft.de

Pötter, Nicole (2009): Jugendsozialarbeit zwischen Integration und Inklusion sozial benachteiligter Jugendlicher. In: Maier, Konrad (Hrsg.): Soziale Arbeit in der Krise der Arbeitsgesellschaft. Verlag Forschung, Entwicklung, Lehre: Freiburg, S. 91-112.

Prager, Jens U./Wieland, Clemens (Hrsg.) (2005): Von der Schule in die Arbeitswelt. Bildungspfade im europäischen Vergleich. Bertelsmann Verlag: Bielefeld.

Zum Weiterdenken:

- Wie kann die Berufsorientierung von Beginn an so angelegt werden, dass sie nicht auf die Berufswahl verkürzt wird?
- Welche Anforderungen stellen die theoretischen Grundlegungen Sozialer Arbeit an Schule für die Konzeption und Gestaltung von Angeboten der Berufsorientierung, wenn Schulsozialarbeit zwar die Probleme des Arbeitsmarktes nicht lösen kann, aber Jugendliche zugleich auf diesen Arbeitsmarkt vorbereiten und sie motivieren soll, in ihre berufliche Zukunft zu investieren?
- Welche Themen sind angesichts des gegenwärtigen Ausbildungs- und Arbeitsmarkts mit den Jugendlichen zu thematisieren?

3 Bildungsbedingungen

3.1 Schulbezogene Hilfen

3.1.1 Das Aufgabenfeld der Schulbezogenen Hilfen

Man könnte meinen, dass sämtliche Schulsozialarbeit zugleich auch immer schulbezogene Hilfe ist. Tatsächlich handelt es sich um ein schwer abgrenzbares Tätigkeitsfeld. Im Kontext der Strukturmaßnahmen für die „Einzelfallhilfe“ (wie z.B. Bolay 2005 oder Speck 2006 dieses Aufgabenfeld subsumieren) entwickelt und koordiniert Schulsozialarbeit Förderangebote, die Kinder und Jugendliche gezielt darin unterstützen, „die Schule und ihre Anforderungen zu bewältigen. Die Aufgabe der Schulsozialarbeiter/innen besteht hierbei darin, Kindern und Jugendlichen in enger Kooperation mit den Lehrern/innen bei der Bewältigung ihrer Lernprobleme und/oder ihrer Lebensprobleme zu helfen, ihre Persönlichkeit zu stärken und im sozialen Umfeld Ressourcen zu erschließen“ (Kooperationsverband Schulsozialarbeit 2007, 9). Der Fokus der Hilfe liegt dabei auf der Bewältigung der schulischen Anforderungen, d. h. hier geht es gezielt um eine Korrektur von schulischer Selektion und ihren Folgen für die weitere Bildungsbeteilung von Kindern und Jugendlichen. Damit greift Schulsozialarbeit auch in den Selektionsmechanismus von Schule ein und kann nachhaltige Auswirkungen auf individuelle Bildungsbiografien haben. Wenn beispielsweise Abschulungen verhindert, fragile Lernbiografien stabilisiert, ‚drop-out‘-Verläufe abgewendet und Einzelne oder auch Gruppen von mehrfach bildungsbenachteiligten Schülern und Schülerinnen (z.B. mit Migrationshintergrund und in schwieriger ökonomischer Situation oder mit Behinderungen) gezielt gefördert werden können, um „verwertbare Bildungszertifikate“ (Braun 2006) zu erwerben, ist dies ein wichtiges Korrektiv für den unumgänglichen, aber immer wieder kritisch zu hinterfragenden Selektionsmechanismus von Schule (vgl. Kapitel 4 *Erziehung und Bildung*). Um dieses Ziel zu erreichen, sind vor allem Interventionsmaßnahmen zur Prävention von Schulverweigerungshaltungen und -verhaltensweisen nötig. Es geht dabei um eine *strukturelle* Modifikation von Angeboten und Maßnahmen, die die Leistungsspektren von Schülern und Schülerinnen in Kooperation mit den Lehrkräften gemeinsam zu erweitern in der Lage sind, indem Lernprobleme und Lebensprobleme wahrgenommen und *gezielt* bearbeitet werden. Letztlich werden in den Arrangements der *Schulbezogenen Hilfen* also Bildungsbedingungen verändert.

Ein Schwerpunkt dieses Aufgabenfelds ist das Thema *Schulverweigerung* und *Schulabsentismus*. Wenn Jungen und Mädchen regelmäßig Schule schwänzen oder am Schulbesuch gehindert werden, wenn sie dem Unterricht physisch oder psychisch fern bleiben und ihre Bildungslaufbahn vor Erreichen des angestrebten Schulabschlusses durch aktive oder passive Verweigerungshaltungen gefährdet ist bzw. abgebrochen wird, fallen sie aus dem Bildungssystem heraus (engl. ‚drop-out') oder werden aus disziplinarischen Gründen ausgeschlossen. Die ‚drop-out'-Quoten liegen deutschlandweit durchschnittlich bei etwa 12%, variieren aber innerhalb eines Bundeslandes und dort in einzelnen Schulen einer Schulform zwischen 0,8% und 21,7% (z.B. in Sachsen-Anhalt), wobei diejenigen Mädchen, die ihre Schullaufbahn wegen Schwangerschaft oder pflegerischer Aufgaben innerhalb der Familie vorzeitig beenden in diesen Daten zumeist nicht enthalten sind. Hinsichtlich der Anteile von Mädchen und Jungen gehen die Einschätzungen auseinander: Während älteren Befunden aus den 1990er Jahren zufolge überwiegend Jungen den Schulbesuch verweigern (vgl. dazu Ricking 2006, auch Thimm 2000) und z.B. im Schuljahr 1999/2000 Mädchen nur 35,3% der Gruppe ausmachten, die die Schule ohne Hauptschulabschluss verließ (vgl. Schreiber-Kittl/Schöpfer 2002), betonen jüngere Studien entweder, dass der Anteil der schulabsenten Mädchen jenen der Jungen insgesamt (Goethe 2005, Hollaschke et al. 2007) übersteigt oder aber, dass kein erkennbarer Geschlechtereffekt festzustellen ist (Wagner 2009). Konkrete Aussagen sind wegen der hohen Dunkelziffer und der vielfältigen Erscheinungsformen (vgl. Ricking et al. 2009) allerdings kaum möglich.

Ab Klasse 5/6 steigen die Quoten der schulabsenten Schüler und Schülerinnen schulformabhängig und erreichen in den Klassenstufen 8 und 9 Höchstwerte, die eindeutig mit der Schulform und deren Zukunftsoptionen korrelieren (vgl. Ricking et al. 2009, Wagner 2009). Hier kommen in intersektionaler Verschränkung neben *Gender*fragen auch die Differenzlinien ‚race and class'[65] zum Tragen, denn es sind besonders jene Bevölkerungsgruppen überproportional betroffen, die aufgrund von sozialer Benachteiligung durch Migrationshintergrund in Verschränkung mit Armutslebenslagen ohnehin mit Schwierigkeiten konfrontiert sind, Inklusionschancen zu wahren und gesellschaftliche Integration zu erreichen. Ricking et al. (2009) zufolge belegen nationale und internationale Daten die überproportionale ‚drop-out'-Betroffenheit von Schülerinnen und Schülern mit Migrationshintergrund in benachteiligter sozio-ökonomischer gesellschaftlicher Position.

---

65 Im Deutschen spricht man von Migranten und Migrantinnen bzw. Jugendlichen mit Migrationshintergrund und von Schichtzugehörigkeit.

Für die Problemerfassung scheinen strukturelle Bedingungen wesentlich relevanter als bislang angenommen. Während Schulverweigerungshaltungen lange Zeit als Leistungs- oder Erziehungsprobleme mit störender Wirkung auf die schulische Ordnung verstanden wurden, gilt nunmehr eine hohe Anwesenheitsquote als konzeptionelles Qualitätskriterium einer Schule (vgl. Ricking et al. 2009). Stamm (2008) belegt anhand von Daten überdurchschnittlich begabter Schulabbrecher, dass Schulstrukturen für ein wenig förderliches Lernklima verantwortlich sein können und in ihrer Folge Schulverweigerung mit sich bringen. Verdeckte schulinduzierte Ausschlüsse werden in der Wahrnehmung der Betroffenen dennoch als Leistungsversagen gedeutet. Vor allem Jungen nannten in der Studie von Stamm „schlechte Lehrer-Schülerbeziehungen als Ursache für ihren Schulabbruch“ während für „Mädchen in erster Linie schulklimatische Faktoren“ (ebd., 315) ausschlaggebend für den Abbruch waren. Die schulischen Rahmenbedingungen wie Lern- und Sozialklima, Förderstruktur und Haltekraft spielen eine ebenso gewichtige Rolle, wie individuelle Schüler- und Familienmerkmale. Deutungsmuster, die Schulabsentismus und ‚drop-out‘-Karrieren als deviant und über Ordnungsmaßnahmen zu regeln verstehen, verschleiern, dass die eigentliche Ursache „das Ergebnis unvollständiger und fehlerhafter Integration“ (Stamm 2007, 345) ist. Niedrige ‚drop-out‘-Raten korrelieren dagegen mit positiven Beziehungen zwischen Lehrkräften und Schülern, anspruchsvollem Unterricht und kontinuierlichen Partizipationsmöglichkeiten. Ebenso tragen gezielte Maßnahmen der Transitionsgestaltung am Übergang von der Schule in den Beruf zur Verbesserung der schulischen Halte- und Motivationskraft bei (vgl. Spies 2008).

Sämtlichen Variationen des ‚drop-outs‘ und der Schulverweigerung ist gemeinsam, dass es sich stets um Entwicklungsprozesse handelt (vgl. Hillenbrand 2009), die zwar im Einzelfall auf Leistungsprobleme, familiäre Schwierigkeiten, Peer-Orientierungen, Schwierigkeiten in der Lehrer-Schüler-Beziehung, Schulangst oder auf strukturelle Ursachen wie das schulorganisatorisch veranlasste, allmähliche Aussteigen (‚fade out‘) oder das Herausdrängen (‚push-out‘) (vgl. Stamm 2008, 304) zurückzuführen sind, aber in ihren prozessualen Verläufen stets von der *Haltekraft,* also der Aktivität, die eine Schule unternimmt, um Schüler an sich zu binden, abhängig sind. Wenn eine maßgebliche Ursache für schulinitiierte ‚drop-out‘-Prozesse in organisatorisch bedingten Schulstrukturen, die ein wenig förderliches Lernklima mit sich bringen, zu suchen ist (Stamm 2008; 2007), so sind die jeweiligen Förderstrukturen und ihre Mängel letztlich auch für ‚drop-out‘-Prozesse im Leistungsbereich verantwortlich zu machen. So sind z. B. Klassenwiederholungen ein zusätzlicher Risikofaktor.

3.1.2 Schulbezogene Hilfen

Der für die Schulsozialarbeit relevante Handlungsbedarf zur Risikominimierung und Gewährleistung schulischer Haltekraft besteht vor allem hinsichtlich der Entwicklung und Etablierung schulischer Stützstrukturen, aber auch bezüglich der Gestaltung von Lernarrangements und Schulformaten. So verweisen beispielsweise die Befunde von Hollaschke et al. (2007) zur Entwicklung von Schulschwänzen bei Grundschulkindern darauf, dass eine gezielte Schulabsentismusprävention bereits in den Lernarrangements der Primarstufe enthalten und genderreflektiert angelegt sein muss, die entsprechenden Maßnahmen aber auch evidenzbasiert beforscht werden müssen (vgl. auch Hillenbrand 2009). So wie differenzierte Schulprogramme verschiedene Maßnahmen der Prävention enthalten und ein grundsätzlich Partizipation förderndes Schulklima zur Leitlinie machen müssen, sollten sämtliche Maßnahmen auch bezüglich der Genderspezifik in den Verweigerungshaltungen berücksichtigt sein. Bislang sind die Projekte für die Sekundarstufe – vor allem die von außerschulischen Trägern angebotenen Maßnahmen – zumeist an den Bedürfnissen von Jungen ausgerichtet (vgl. Reißig 2001, Schreiber 2005). Dabei werden die eher in private Rückzugsräume gerichteten schulmeidenden Verhaltensweisen von Mädchen (vgl. Michel 2005) weitaus seltener berücksichtigt, als jene zum öffentlichen Raum tendierenden Haltungen von Jungen (vgl. Stamm 2006). Während gegenwärtig ganztägige Schulformate ungeprüft zum Hoffnungsträger erklärt werden (vgl. Spies 2009), scheint vielmehr die systemisch reflektierte, pädagogisch interdisziplinäre und in konzeptioneller Verbindung mit Schulsozialarbeit angelegte, strukturelle Gestaltung von Lern- und Bildungssettings in Kombination mit individuellen Hilfemaßnahmen die Lösung der ‚drop-out'-Problematik zu beinhalten.

P 8

Bildungshilfeplanung

Das folgende Beispiel *Schulbezogener Hilfe* versucht bei Verhaltensproblemen, Lernproblemen und drohendem ‚drop-out' aufgrund von Klassenwiederholungen oder Abschulungsgefahr an die Lebenswelt der Schüler und Schülerinnen anzuschließen und die Integrationsaufgaben nicht als Problem einzelner selektierend, sondern über eine interdisziplinäre Zusammenarbeit strukturell und damit individuell förderlich zu lösen. Das Modell der strukturierten Bildungshilfeplanung (vgl. Leonhardt 2002; 2003; 2005) gewährleistet durch die enge Zusammenarbeit zwischen Fachkräften aus der Schul- und Sozialpädagogik über seine Verankerung in der konzeptionellen Schulalltagsgestaltung zugleich einen veränderten institutionellen Umgang mit Lern- und Verhaltensproblemen „wenn Kinder und Jugendliche institutionelle und soziale Desintegrationstendenzen am Lernort Schule zu erkennen geben" (Leonhardt 2005, 86). Der Ausgangspunkt für die *Bildungshilfeplanung* ist die Einsicht, dass dem Rückzug aus dem Lernort Schule in den meisten Fällen ein längerer Prozess an Unregelmäßigkeiten und Auffälligkeiten voraus geht und häufig mit den Bedingungen im familiären und soziokulturellen Umfeld korreliert.

So ist die *Bildungshilfeplanung* nicht alleine ein Modell der Schulbezogenen Hilfe, sondern zugleich auch eine Form der strukturierten Kooperation mit Eltern und Personensorgeberechtigten (s. Kapitel 3.3.2 *Kooperation von Schulsozialarbeit mit Eltern*) und außerdem eine Möglichkeit der programmatischen Schulentwicklung (s. Kapitel 3.4 *Schulentwicklung*), da die enge Kooperation von Schule und außerschulischen Institutionen maßgeblicher Bestandteil dieser Hilfestruktur ist.

Die *Bildungshilfeplanung* ist in ein größeres Angebot der Schulsozialarbeit eingebunden, so dass die Sozialpädagogische Gruppenarbeit die Beratungen, Maßnahmen und Entwicklungen flankieren kann. Zunächst besuchen sozialpädagogische Fachkräfte den Unterricht und sammeln Eindrücke über Beziehungsstrukturen, Rollenverhalten innerhalb eines Klassenverbandes und reflektieren die unterschiedlichen Fähigkeiten und Defizite einzelner Schülerinnen und Schüler oder bestimmter Untergruppen. Kinder, deren Verhalten einen Hilfebedarf vermuten lässt, werden unter Berücksichtigung der bisherigen Entwicklungen kurzfristige deeskalierende Hilfemaßnahmen und Elterngespräche zur Klärung der biografischen Hintergründe und Identifikation bereits vorhandener Hilfeinstanzen (z.B. Nachhilfe, psychologische Beratung o.ä.) initiiert. Sofern die Eltern dem zustimmen wird nun mit „allen Personen, die um die schulische und persönliche Entwicklung (...) (eines hilfebedürftigen Kindes; die Autorinnen) bemüht sind, eine Bildungshilfekonferenz der Schule" (Leonhardt 2005, 89) durchgeführt, nachdem zuvor in einem Einzelgespräch mit dem betroffenen Kind, dessen Wahrnehmung der Situation geklärt und seine freiwillige Beteiligung sichergestellt wird. Darüber hinaus wird mit dem betroffenen Kind abgesprochen, welche Positionen die sozialpädagogische Fachkraft stellvertretend in die „Bildungshilfekonferenz" einbringt. Die sozialpädagogische Fachkraft übernimmt aufgrund ihrer vermittelnden Funktion zwischen Schule, Jugendhilfe, Eltern und Schüler die Moderation der Bildungshilfekonferenz.

Vor der Bildungshilfekonferenz steht also eine systematische Anamnese (Phase 1) sowie die Erfassung bereits vorhandener Hilfestrukturen (Phase 2). So werden unterschiedliche Sichtweisen und Problemdefinitionen und der Kreis der Beteiligten erfasst.

„Die Auswahl erfolgt unter den Kriterien:

- *Zumutbarkeit* für die Schülerin bzw. den Schüler sowie für die Eltern,
- *Pädagogische Sinnhaftigkeit,*
- *Transparenz,*
- *Effektivität* der Kooperation.

Es hat sich als sehr sinnvoll erwiesen, bei der Durchführung von Bildungshilfekonferenzen mit Migrantenfamilien ebenfalls ein Geschwisterteil einzuladen. Geschwister sind häufig für die Unterstützung bei der Hausaufgabenbewältigung zuständig und können auch als Übersetzer das gemeinsame Gespräch unterstützen" (Leonhardt 2005, 94; Hervorhebung im Original).

Nachdem *in* der Bildungshilfekonferenz (Phase 3) bestehende Maßnahmen hinsichtlich ihrer Effektivität überprüft, künftige Förderstrukturen (Art und Umfang) festgelegt und detaillierte Aufgaben bzw. Zuständigkeiten an alle Beteiligten vergeben worden sind, werden anhand der ebenfalls zuvor geklärten Kriterien zur Qualitätssicherung anschließend die Reichweite und Wirkungen der Maßnahmen in einem Qualitätssicherungsprozess (Phase 4) überprüft und ggf. weitere Konferenzen zum kontinuierlichen, „fördernden Dialog" aller Akteure und der kooperierenden Institutionen untereinander eingeleitet: „Dies ermöglicht einerseits den Prozess in Gang zu halten und andererseits kann hierüber entgegengesteuert werden, dass Maßnahmen aneinander vorbei laufen" (Leonhardt 2005, 95 f.). Die sozialpädagogische Fachkraft hat in diesem Prozess stets die Aufgabe, moderierend, klärend, begleitend, vermittelnd und anwaltschaftlich für die Schülerin oder den Schüler tätig zu sein und dafür zu sorgen, „dass die Daten der Anamnese sowie die in der/den Bildungshilfekonferenz(en) formulierten Ergebnisse und Vereinbarungen (…) in einem *Individuellen Bildungshilfeplan* schriftlich festgehalten" werden (Leonhardt 2005, 95; Hervorhebung im Original).

Sofern eine solche Förderstruktur[66] implementiert wird, ist damit immer auch eine programmatische Entwicklung der Schule verbunden, da die Kooperationsstrukturen und -beziehungen über Fortbildungsmaßnahmen, wie Teamentwicklung, Fallbesprechung etc. getragen werden müssen, verbindliche Kooperationsvereinbarungen nötig sind und die für den Einzelfall beschlossenen Maßnahmen von der Schulgemeinschaft mitgetragen werden müssen.

66 Diese Vorgehensweise entspricht weitestgehend den Hilfeplangesprächen, wie sie in der Jugendhilfe gemäß § 36 SGB VIII vorgeschrieben sind.

Die Risiken mindernde Wirkung sozialpädagogischer Unterstützungsstrukturen wie der Schulsozialarbeit (vgl. Ricking et al. 2009) sind darauf zurückzuführen, dass sie – unabhängig von Schulform und schulischer Selektionsfunktion bzw. Leistungsorientierung – in das komplexe Ursachen und Wirkungsgeflecht multikausaler Zusammenhänge und Bedingungen bei Absentismusentwicklungen regulierend eingreifen können (vgl. Spies 2009). Mit Blick auf die kumulative Charakteristik von ‚drop-out'-Prozessen zeigt sich der positive Einfluss der Schulsozialarbeit an einer permanent deeskalierenden Präventionsarbeit und an der positiven Gestaltung sozialer Beziehungen.

Literatur zur Vertiefung:

Leonhardt, Ulrike (2003): Kooperation gegen Schulmüdigkeit. Das Bundesmodellprojekt „Die Kinder des Tantalus?" In: inform Heft 1/2003, S. 4-10.

Leonhardt, Ulrike (2005): ‚Individuelle Bildungsplanung' und ‚Fallverstehen' als Profil von Ganztagsschulen. In: Spies, A./Stecklina, G. (Hrsg.): Die Ganztagsschule. Band 2. Klinkhardt Verlag: Bad Heilbrunn, S. 86-103.

Ricking, Heinrich/Schulze, Giesela/Wittrock, Manfred (Hrsg.) (2009): „Schulabsentismus und Dropout". Konzepte der Re-Integration und ihre Wirksamkeit. Schöningh Verlag, UTB: Paderborn.

Simon, Titus/Uhlig, Steffen (Hrsg.) (2002): Schulverweigerung. Muster – Hypothesen – Handlungsfelder. Verlag Leske und Budrich: Opladen.

Stamm, Margrit/Ruckdäschel, Christine/Templer, Franziska/Niederhauser, Michael (2009): Schulabsentismus. Ein Phänomen, seine Bedingungen und Folgen. VS Verlag: Wiesbaden.

Zum Weiterdenken:

- Welche strukturellen und institutionellen Bedingungen sind nötig, damit Schulsozialarbeit mittels Schulbezogener Hilfen die Haltekraft und damit die Qualität einer Schule absehbar verbessern kann?

3.2 Individuelle Förderung

3.2.1 Das Aufgabenfeld der Individuellen Förderung

Die individuelle Förderung ist zwar in mehreren bereits geschilderten Aufgabengebieten wie z.B. in den *Offenen Angeboten für Kinder und Jugendliche*, in der *Sozialpädagogischen Gruppenarbeit* und besonders in den Beratungskontexten enthalten. Außerdem ist sie ebenso in der Kooperation mit Eltern wie auch in den *Schulbezogenen Hilfen* stets Prämisse der Schulsozialarbeit. Aber sie geht auch über das, was diese Angebote zu leisten vermögen hinaus: Wenn in einzelnen Fällen biografische Entwicklungen und Aufschichtungen zu einem umfassenderen individuellen Förderbedarf führen, ist Schulsozialarbeit gefordert, unter Einbeziehung der o.g. Tätigkeitsbereiche und unter Hinzuziehung außerschulischer Möglichkeiten der sozialpädagogischen Unterstützung *gemeinsam mit den betroffenen Schülerinnen und Schülern* ein Unterstützungssetting zu suchen, das „passgenaue, zielgerichtete Hilfen" anbietet (Kooperationsverbund Schulsozialarbeit 2006, 7). Als Grundlage dafür sollte Schulsozialarbeit auf – mit der Jugendhilfe abgestimmte und den Lehrkräften bekannte – „differenzierte Unterstützungsinstrumentarien" (ebd.) zurückgreifen und sich außerdem der Unterstützung durch Lehrkräfte sicher sein können.

In der Praxis sind dies vor allem die Momente, wo Schulsozialarbeit – unabhängig von ihrer Trägerschaft – in der Regel sehr eng mit der örtlichen Jugendhilfe kooperieren muss, denn hier kann es sich sowohl um Kindeswohlgefährdungen als auch um die frühzeitige Überleitung von Einzelfällen (s. Kapitel *Einzelfallhilfe*) in die Möglichkeiten der Hilfen zur Erziehung nach §§ 27-36 des SGB VIII handeln. Dementsprechend uneindeutig ist die Kooperation mit Eltern in diesen Fällen: Sie sind einerseits die Leistungsberechtigten, wenn es sich um die Beantragung einer Hilfe zur Erziehung handelt und entsprechend in den Förder- und Hilfeplanungsprozess einzubeziehen. Andererseits sind sie dort, wo Kinder und Jugendliche in ihrem Wohlergehen bedroht sind und über die Möglichkeit der Inobhutnahme geschützt werden müssen, keineswegs die geeigneten Kooperationspartner in der individuellen Hilfegestaltung (s. auch Kapitel 5 *Zielgruppe der Schulsozialarbeit*). Sie sind nunmehr Adressatinnen und Adressaten der intervenierenden Jugendhilfe, die die gesetzlich geregelte Form der Beteiligung von Eltern an den Hilfegestaltungsprozessen berücksichtigen muss, oder aber die Eltern in Fällen der Inobhutnahme in ihren erzieherischen Möglichkeiten massiv einschränkt.

Hier hat die Krisenhilfe der Schulsozialarbeit, die über die o.g. Beratungskontexte und den Vermittlungsprozess hin zur Jugendhilfe hinaus geht, ihre fachlichen, sachlichen und auch institutionellen Grenzen und benötigt das entsprechende Verweisungswissen (s. Kapitel 1 *Einzelfallhilfe*). In solchen Interventionskontexten fungiert Schulsozialarbeit als Schnittstelle zur öffentlichen Jugendhilfe, deren Zugangsschwellen gesenkt werden und deren Sicherungsauftrag es ist, eine förderliche Entwicklung zu gewährleisten.

Sofern eine Schülerin oder ein Schüler bereits eine Hilfe zur Erziehung erhält oder die Familie durch sozialpädagogische Familienhilfe unterstützt wird, ist es wünschenswert, dass schulische und außerschulische individuelle Förderung aufeinander abgestimmt werden (z. B. nach dem Modell der *Bildungshilfeplanung,* s. P 6). Hier wird also die „Unterstützungskompetenz der jeweiligen Schule insofern erweitert, als nun Fachpersonal zur Verfügung steht und entsprechende Angebote im Schulalltag verankert, die den Kindern/Jugendlichen bei krisenhaften Zuspitzungen ihrer Entwicklungs- und Lernprobleme Unterstützung gewähren" (Braun/Wetzel 2006, 41).

Die wesentlichen Merkmale solcher Krisenintervention sind zum einen die Verschränkung von „Verstehen und Handeln" (ebd.), d. h. die Berücksichtigung der methodischen Grundlagen des Fallverstehens (s. Kapitel 1 *Einzelfallhilfe*). Zum anderen ist für die individuelle Förderung ein systematisch strukturiertes Vorgehen in der Zusammenarbeit zwischen Schulsozialarbeit, Jugendhilfe und Schule wesentlich, damit Einzelfälle eben nicht als Zufälle betrachtet und behandelt werden (vgl. Braun/Wetzel 2006), sondern zugleich die strukturellen Bedingungen der Krisenursachen und deren Verknüpfung mit den Bedingungen des Aufwachsens in den Blick genommen werden. So kann beispielsweise ein eskalierender Konflikt im familiären Kontext durchaus auch mit gravierenden Konflikten zwischen Lehrkräften und Schülern gekoppelt sein: „Aus der Einzelfallarbeit sollten Konsequenzen für die Weiterentwicklung der Schule als pädagogisch-soziales Handlungssystem und Bedingungsfeld gezogen werden" (ebd., 42). Der Schulsozialarbeit kommt in diesem Aufgabengebiet vor allem die Funktion zu, die Schwelle des Hilfezugangs zu senken und frühzeitig sicherzustellen, dass adäquate Hilfen angeboten werden, damit individuelle Bildungsbiografien auch in krisenhaften Verläufen gestützt werden können.

3.2.2 Individuelle Förderung

Grundlegend bietet die Individuelle Förderung auf Anfrage eines Schülers oder einer Schülerin eine individuelle Hilfe an, die in der Beratung, der Weitervermittlung, der Vermittlung, aber auch z. B. in der Schulbezogenen Hilfe bestehen kann. Auch Dritte (Eltern, Lehrer etc.) können auf Probleme eines Schülers oder einer Schülerin aufmerksam machen und die sozialpädagogische Fachkraft zur Kontaktaufnahme und einem Hilfsangebot bewegen (s. P 2: *Natascha*). Grundsätzlich sollte der Schulsozialarbeiter oder die Schulsozialarbeiterin zunächst das Gespräch mit dem Betroffenen suchen und sein bzw. ihr Einverständnis einholen für ihn oder sie aktiv werden zu dürfen. In einigen Fällen besteht möglicherweise auch eine Informationspflicht gegenüber den öffentlichen Behörden oder der Schulleitung (z. B. bei sexueller Belästigung in der Schule), über die der Schüler bzw. die Schülerin informiert werden muss. Wenn der Schüler oder die Schülerin mit dem Hilfsangebot einverstanden ist, wird zunächst eine Anamnese gemacht und die Problemdefinition gemeinsam mit dem Betroffenen festgelegt. Auf dieser Basis entscheiden wiederum beide gemeinsam, welche Maßnahmen ergriffen oder welche Angebote hilfreich sein könnten und wie weiter vorgegangen wird.

Trotz der individuellen Problemsituation muss der Schulsozialarbeiter bzw. die Schulsozialarbeiterin dabei auch mögliche strukturelle schulische Ursachen im Blick haben oder bei Häufung bestimmter Problemkonstellationen (z. B. gesundheitliche Probleme wegen Übergewicht) auch gruppen- und schulbezogene Angebote anregen und installieren (z. B. Unterrichtseinheiten zur gesunden Ernährung).

In der Praxis tauschen sich die sozialpädagogischen Fachkräfte der Schulsozialarbeit und der Jugendhilfe zu Verfahrensweisen und Einschätzungen von Einzelfällen aus, werden Fallverläufe in kollegialen Beratungssettings besprochen und Lehrerkollegien in ihren Einschätzungen einzelner Schüler und Schülerinnen beraten und ggf. auch in die Fallanalysen einbezogen. Im günstigsten Fall hat die Jugendhilfe der Kommune eine einheitliche Vorgehensstruktur, wie sie z. B. die Stadt Nürnberg mit einem eigenen Fachdienst und einer Koordinationsstelle zur Kooperation von Jugendhilfe und Schule institutionalisiert hat.

Andernorts ist die Vermittlungspraxis zur Jugendhilfe hin durch deren sichere Erreichbarkeit im Bedarfsfall sowie durch konstante strukturelle Rahmungen, wie z. B. regelmäßige Bezirkstreffen unter Einbeziehung weiterer Einrichtungen der Jugendhilfe zur Fallklärung, gesichert: So arbeitet beispielsweise in der niedersächsischen Stadt Delmenhorst ein größeres Team von Schulsozialarbeiterinnen und Schulsozialarbeitern schulformübergreifend an acht Grund-, Haupt- und Förderschulen im Stadtgebiet intensiv mit der Jugendhilfe zusammen. Zur Sicherung der individuellen Förderung in krisenhaften Verläufen und in der kollegialen Fallberatung sind die Ansprechpartner im Jugendamt zuverlässig und kurzfristig erreichbar. Außerdem gehören regelmäßige Bezirkstreffen zur individuellen Förderstruktur, die auch den Kontext der außerschulischen offenen Jugendarbeit in Fallklärungen einbezieht. Eine systematische Förderstruktur für den Einzelfall hat durch die kooperative Verbindung von Schulsozialarbeit und kommunaler Jugendhilfe zur Folge, dass alle Beteiligten sich für den Einzelfall mit-verantwortlich und gegenseitig gestützt fühlen, wodurch letztlich Intervention und Hilfe auf klaren Absprachen aufbauen können (s. Kapitel 3 *Vernetzung ins Gemeinwesen*).

Literatur zur Vertiefung:

Jordan, Erwin/Sengling, Dieter (Hrsg.) (2000): Kinder und Jugendliche. Einführung in Geschichte und Handlungsfelder, Organisationsformen und gesellschaftliche Problemlagen. Neuausgabe 2000, Juventa Verlag: Weinheim und München.

Möbius, Thomas/Friedrich, Sibylle (Hrsg.) (2010): Ressourcenorientiert Arbeiten. Anleitung zu einem gelingenden Praxistransfer im Sozialbereich. VS Verlag: Wiesbaden.

Münder, Johannes/Meysen, Thomas/Trenczek, Thomas (2009): Frankfurter Kommentar zum SGB VIII. Kinder und Jugendhilfe. 6. vollständig überarbeitete Auflage, Nomos Verlagsgesellschaft: Baden-Baden.

Zum Weiterdenken:

- Welches Verweisungswissen müssen Schulsozialarbeiterinnen und Schulsozialarbeiter erwerben und bereit halten, um der Vielfalt der Anlässe, die individuelle Förderung nötig machen können, gerecht werden zu können?

3.3 Kooperation mit Eltern und Personensorgeberechtigten

3.3.1 Das Aufgabenfeld der Kooperation mit Eltern und Personensorgeberechtigten

Entgegen der Einschätzung von Wildt (2004), die Schule zur Abgrenzung von „Problemen der privaten Lebensführung“ (Wildt 2004, 523) rät, zeigt sich in der Praxis der sogenannten „Elternarbeit“, dass deren systematischer Aufbau zu mehr Leistungsmotivation der Kinder und Jugendlichen führt, die Haltekraft der Schule erhöht und die Bildungssituation insgesamt verbessert (vgl. Spies 2005), besonders wenn Alltagsprobleme und -kontexte in die Bildungssituation einbezogen bzw. dort berücksichtigt werden und Eltern an der Schulkulturgestaltung partizipieren. Die dafür zu schaffenden Bedingungen sind aber keineswegs selbstverständlich in Lehreralltag und Schulentwicklung enthalten – so fehlt z. B. das Stichwort Elternarbeit im „Handbuch Lehrerbildung“ (Blömeke et al.2004) und trotz vielfältiger Bemühungen sind Kontakte zwischen Eltern und Lehrkräften oftmals von einem hierarchischen Gefälle und Kommunikationsproblemen bestimmt.

V 7

Der Kontakt zur Schule aus Sicht der Eltern

So geben in einer schulformübergreifenden quantitativen Elternbefragung (n = 254) an acht Schulen einer niedersächsischen Kommune über 70% der Eltern mit Migrationshintergrund an, nie aktiven schriftlichen Kontakt und 58% nie aktiven telefonischen Kontakt mit der Schule ihrer Kinder zu haben. Wenngleich über die Hälfte aller Eltern mit dem Kontakt zur Schule ihrer Kinder ganz zufrieden sind, geben 48% der deutschen Eltern und 55% der Eltern mit Migrationshintergrund an, sich nicht oder nur eingeschränkt angenommen zu fühlen, wenn sie Fragen oder Vorschläge bezüglich ihrer Kinder einbringen. Insgesamt fühlen sich nur 53% der Eltern an der Schule ihrer Kinder willkommen, wobei sich die Eltern mit Migrationshintergrund gegenüber den deutschen Eltern um 13,5% weniger willkommen fühlen und nur 61% der Eltern insgesamt, die Schule als guten Ort für ihre Kinder bezeichnen mögen, der diese gut auf die Zukunft vorbereitet. 38,5% der deutschen Eltern und 34% der Eltern mit Migrationshintergrund sind nicht davon überzeugt, dass ihre Kinder in der Schule gut auf die Zukunft vorbereitet werden. Differenziert man zwischen Grund- und Hauptschule, so haben 49% der Eltern von Hauptschülern Zweifel an der Zukunftstauglichkeit dessen, was ihre Kinder in dieser Schulform lernen, während 40% der Eltern dies für die Grundschule bezweifeln. Insgesamt ist bemerkenswert, dass sowohl deutsche als auch Eltern mit Migrationshintergrund sich zu gleichen Anteilen an der Befragung beteiligt haben. Dies könnte darauf hinweisen, dass die im aktuellen Diskurs so oft als problematisch postulierte Zugänglichkeit von Eltern vor allem ein strukturelles Problem von Schule sein könnte (vgl. Spies/Chamakalayil 2011).

Während die Betreuungsdienstleistung in der Regel ein ‚Nebenangebot‘ ist, überwiegt in der Praxis nach wie vor die gängige Konzentration auf Eltern als ‚AdressatInnen‘ von Schulsozialarbeit, von denen man glaubt, dass sie Hilfe und Rat brauchen: Hier bildet sich eine Haltung ab, die Eltern als „Problemverursacher“ (kritisch dazu Speck 2008, 344) betrachtet und sie nicht als Partner und Ressource wahrnimmt. Eltern finden ein niedrigschwelliges, kurzfristiges Erziehungsberatungsangebot vor, das aber auch im ‚Sog‘ der aktuell populären Diskussion um die Frage nach dem Lernbedarf, den Eltern in Erziehungsfragen haben könnten, kritisch zu betrachten ist. In diesem Zusammenhang stehen Eltern besonders unter Druck, weil ihr Verhalten beobachtet, kontrolliert und als zu trainierend kommuniziert wird – während allerdings gesellschaftliche und sozialpolitische Rahmenbedingungen, die Überlastungssituationen und Ressourcenbenachteiligung verursachen, kaum infrage gestellt werden. Sofern Schulsozialarbeit Eltern als Zielgruppe definiert, muss sie auch ihre eigene Rolle und Normativität in diesem Kontext kritisch reflektieren. Die Gefahr besteht, dass sich Allianzen zwischen Schulsozialarbeit und Lehrerschaft gegen Eltern richten bzw. ein Feindbild aufgebaut werden könnte.

So lassen auch die Zahlen der regionalen Studie (s. V 7: *Der Kontakt zur Schule aus Sicht der Eltern*) darauf schließen, dass das Verhältnis zwischen Schule und Elternhaus in einer beachtlichen Zahl von Fällen von – systembedingt – kommunikativen Blockaden geprägt ist und dass das politisch und fachlich so häufig genannte Ideal einer „Erziehungspartnerschaft" (vgl. Textor 2000) zwischen Schule und Elternhaus in der Regel noch nicht umgesetzt wird. Die Schule kann hier von der Scharnier- und Koordinationsleistung der Schulsozialarbeit profitieren. Auch Bauer (2006) betont das problemtische Verhältnis zwischen Schule und Elternhaus und kommt in der Erörterung dieses Sachverhaltes zu dem Schluss, dass strukturelle Verbesserungen (zu denen aus ihrer Sicht auch die Schulsozialarbeit zählt) die Passungsprobleme entschärfen und neue Zusammenarbeitsverhältnisse etablieren können. Demnach käme Schulsozialarbeit die Funktion zu, gestaltete Räume und Kommunikationsformate zu implementieren und moderierend eine offenere Kommunikationskultur zu etablieren bzw. im Einzelfall den Kommunikationsprozess (wie auch im Fall der Bildungshilfekonferenz s. P 8 *Bildungshilfeplanung*) zu begleiten. Dahinter steht das Ziel, die an der Erziehung beteiligten Personen darin zu unterstützen „in der grundlegenden Ausrichtung ihres Erziehungsverhaltens übereinstimmen (zu *können)*, ähnliche Ziele verfolgen (zu *wollen)*, konkretes Erziehungsverhalten in ähnlicher Weise (zu) begründen" (Wissenschaftlicher Beirat für Familienfragen 2005, 20). Aktuell werden dafür gerne Kurse zur Stärkung elterlicher Erziehung angeboten, deren „Programme aber *insgesamt* betrachtet nur sehr geringe Effekte auf die Eltern und Kinder (haben)" (Liegle 2009). Vielmehr muss man konstatieren, dass sie das Wissen der Eltern über Kindesentwicklung, ihre Erziehungseinstellungen oder ihr Erziehungsverhalten kaum verändern. Im günstigsten Fall könnten sie unter optimalen Bedingungen „dazu anregen und beitragen, dass die Lebens- und Erziehungsgeschichten der angesprochenen Eltern einen gewissen Grad der Selbstreflexivität gewinnen und damit einer modifizierten Fortschreibung zugänglich werden können, dass die Lebensverhältnisse der betroffenen Familien verbessert und dass Beziehungsnetze neu aufgebaut oder intensiver genutzt werden" (Liegle 2009, 106).

Die Vorstellung einer Erziehungspartnerschaft ist aber dennoch hilfreich für die Gestaltung des Aufgabenfeldes *Kooperation mit Eltern und Personensorgeberechtigten*, da sie die Kooperationsbeziehung unterstreicht und damit die Kompetenz der Eltern in Erziehungsfragen nicht grundsätzlich in Abrede stellt.

Erziehungspartnerschaft lässt sich nach Bönsch (2004) mit fünf Funktionen belegen, „deren Wahrnehmung aus schulpädagogischer Sicht wesentliche Intensivierungen einer ganzheitlichen Erziehungsarbeit und eben auch eine Entlastung der Schule“ (ebd., 132) bringen kann. Dazu gehören Klärungen von „sinnvollen Erziehungsauffassungen “ (ebd.) womit Bönsch die Suche nach ‚einem gemeinsamen Nenner‘ umschreibt. Außerdem gehört die „Rekonstruktion von Lebenszusammenhängen“ (ebd., 133) zur Funktion von Erziehungspartnerschaft, die den Lehrkräften helfen kann, ihre Schülerinnen und Schüler in ihren lebensweltlichen Bezügen besser zu verstehen und vor diesem Hintergrund ihre Verhaltensweisen in der Schule anders zu bewerten. Weiter nennt Bönsch die Gesundheitserziehung und die Präventionsleistung von Jugendarbeit sowie die Anbindung an das Hilfesystem zu den Bestandteilen, die Teil einer Erziehungspartnerschaft sein sollen und die jeweils die Eltern (neben anderen Akteuren) mit in die kooperative Gestaltung schulischen Alltags einbeziehen.

In sämtlichen Angeboten, die Reflexionen zu Erziehungsfragen beinhalten, besteht eine inhaltliche Nähe zu den entsprechenden Angeboten der Familienbildungsanbieter. In der Praxis zeigt sich, dass vor allem für Eltern aus sogenannten „bildungsferneren“ Schichten oder Eltern mit Migrationshintergrund die Schwelle der Nutzung von Angeboten der Familienbildung recht hoch ist (vgl. Bauer/Bittlingmayer 2005) und sie zugleich ganz besonders dem öffentlich erzeugten Druck der Erziehungskritik ausgesetzt sind (vgl. Will 2008). In der Folge mögen sie sogar einen erhöhten Bedarf an Begleitung und Beratung in Erziehungsfragen haben, werden aber dennoch kaum oder nur schwer von Familienbildungsangeboten erreicht. Dagegen zeigen Eltern mit überdurchschnittlichem sozialen Status, die weniger mit Problemen belastet sind, ein reges Nachfrageverhalten. Wenn also der Kooperationsverbund Schulsozialarbeit die Angebote, die sich an den Kooperationspartner Eltern richten, aus den Maßgaben der Jugendhilfe zur Elternbildung herleitet, dann sind hier besonders jene Eltern gemeint, deren Zugangsmöglichkeiten ohne Schulsozialarbeit kaum gegeben wären und deren Kinder aber besondere Unterstützung benötigen, wenn ihre vom Schulerfolg abhängigen Zukunftschancen optimiert werden sollen.

In den meisten Fällen lassen sich Eltern in Erziehungsfragen und bei Problemen gerne unterstützen, wie z. B. die Erhebungen zur Akzeptanz von Ganztagsschulen belegen (Züchner 2007). Sie sind an Bildungs- und Erziehungspartnerschaften grundsätzlich interessiert und im Kontakt mit der Institution Schule und ihren Vertretern kommunikationsbereit. Mit dem aktuellen Ausbau ganztägiger Schulformate steht allerdings in Frage, ob nunmehr die Zusammenarbeit sich intensivieren oder abnehmen wird: Einerseits zeichnet sich eine zunehmende Familialisierung von Bildungssettings ab (vgl. Richter et al. 2008, 54), die das Zusammenwirken der Sozialisationsinstanzen Schule und Familie verändert, und zugleich „der Heterogenität von elterlichen Bedürfnissen und Erwartungen sowie ihren Ängsten und Befürchtungen (noch) nicht in gewünschter Weise“ (ebd.) begegnen kann. Andererseits ist durch die Scholarisierung der zur Verfügung stehenden Zeit auch ein auseinanderdriften der Kommunikationsstrukturen denkbar: So soll mit Ganztagsbeschulung und Erziehungspartnerschaft Kindern aus belasteten Familien ein Zugewinn an Sozial- und Kulturkapital ermöglicht werden (vgl. Züchner 2007, 314). Die Bedingung dafür ist aber, dass die sich überlappenden Lebenswelten im Beziehungsgeflecht zwischen Schule und Elternhaus miteinander in Kontakt stehen[67]. Dafür müssten konstruktive Beteiligungsmöglichkeiten geschaffen werden, damit Eltern nicht länger überwiegend als defizitär wahrgenommen werden (vgl. Richter et al. 2008, 54). Mit andern Worten: Hier ist die Schulsozialarbeit auch konzeptionell gefordert, neue und innovative Wege zu gehen.

3.3.2 Kooperation von Schulsozialarbeit mit Eltern und Personensorgeberechtigten

Das Aufgabenfeld von Schulsozialarbeit im Kontext ihrer Zusammenarbeit mit Eltern und Personensorgeberechtigten ist vielfältig und etabliert sich derzeit auf mehreren Ebenen: Eltern können sich beraterische Unterstützung in Bildungs- und Erziehungsfragen einholen und sie können dort, wo Schulsozialarbeit ein entsprechendes Angebot macht, auch thematische Gruppenangebote wahrnehmen. Eltern begegnen der Schulsozialarbeit außerdem, wenn sie an der Gestaltung von schulischen Veranstaltungen, wie z. B. Elternabenden oder Festen beteiligt ist. Schulsozialarbeit kann darüber hinaus elterliche Partizipation und ehrenamtliches Engagement fördern. Alle Aktivitäten der Schulsozialarbeit dienen letztlich der Verbesserung der Bildungs- und Lebenssituation der Mädchen

67 So war z. B. in der Schulabbrecher-Studie von Stamm (2008a) das gemeinsame (Gruppen-) Merkmal jener Schülerinnen und Schüler, deren Lernprobleme auf ihren sozialen Hintergrund zurückzuführenden sind und jenen überdurchschnittlich begabten Schülerinnen und Schülern, die nicht hinreichend vorhandene Unterstützung durch die Eltern. Sind es für die einen soziale und/oder Minoritätshintergründe, die ihren Eltern die schulische Unterstützung erschweren, so haben die anderen sozial nicht benachteiligte (Mittelschichts-)Eltern, die, den Befunden von Stamm (2008a) zufolge, auf den Schulabbruch ihrer Kinder zwar ausgeprägt emotional, jedoch überwiegend hilflos reagierten und die Entscheidungskompetenz zum Schulabbruch in zwei Dritteln der Fälle an das Kind delegierten. Für Stamm ein Hinweis darauf, „dass Schulabbruch mit enormen individuellen und innerfamiliären Belastungen verbunden sein muss“, wobei die Institution „Schule dabei kaum als Unterstützungsinstanz agierte“ (ebd., 315). Beiden Gruppen fehlt also in ihrer schwierigen Lebenssituation eine im institutionellen Kontext vorgehaltene Unterstützungsinstanz, die stabilisierende und vermittelnde Funktionen übernimmt und bestenfalls frühzeitig im drohenden Entfremdungsprozess intervenieren kann.

und Jungen und basieren stets auf der freiwilligen, aktiven Kontaktaufnahme der Eltern.

Neben der Ebene der *(Erziehungs-)Beratung* und jener der *Schulalltagsgestaltung* umfasst die dritte Ebene der Elternkontakte jene Kontakte, die im Rahmen von *Einzelfallhilfe* entstehen und in die Privatsphäre der Eltern und ihrer Kinder hineinreichen. Darunter summieren sich Telefonkontakte (z.B. im Rahmen von Berufsorientierung), gezielte Ansprachen wie z.B. jene, die im Rahmen der Bildungshilfekonferenz (s. Kapitel 3.1 *Schulbezogene Hilfen*) zur Hilfestruktur gehören, unterschiedlichste Formen von Hausbesuchen sowie direkte Vermittlungs- oder Interventionstätigkeiten, um Konflikte bzw. Krisen zwischen Eltern und Kindern zu entschärfen. Eltern sind in solchen Fällen mit einer Einmischung in ihre familiären Belange konfrontiert, die einer „Scholarisierung der Familie" im Sinne eines „pädagogisierenden Übergriffs" gleichkommt, wenn die schulischen Repräsentanten – zu denen auch die Schulsozialarbeiterinnen und Schulsozialarbeiter zählen – Eltern vorgeben, wie die „richtige Erziehung" auszusehen habe (Helsper/Hummrich 2008, 377). Sofern Eltern nicht in ihrem lebensweltlichen Kontext gesehen werden, entsteht eine kommunikative Spannung oder auch Störung, mit weiter benachteiligenden Folgen für den Schüler, der sein primäres Handeln im Bedingungsgefüge seines Milieus ausbildet, mit dem er „dann auf die Schule trifft, wo sein sekundärer Habitus geformt wird" (ebd.). Wenn „aufgrund der sozialisatorischen Bildungsmilieus der Familie schuldistanzierte Haltungen ausgeformt werden" (ebd.) ist es Aufgabe der Schulsozialarbeit, Angebote zu machen, die es ermöglichen, dass aus der schuldistanzierten eine partizipative Haltung erwachsen kann.

Die Intervention der Schulsozialarbeit in die Privatsphäre der Familie ist in jedem Falle nur dann gerechtfertigt, wenn sie von den Schülern und Schülerinnen gewünscht ist und die sozialpädagogischen Fachkräfte im Sinne des Schülers/der Schülerin anwaltschaftlich vorgehen. Im Kontakt mit Eltern und Personensorgeberechtigten fördert Schulsozialarbeit die „Zusammenarbeit zwischen Elternhaus und Schule, indem sie den Dialog zwischen diesen beiden wichtigsten Akteuren von Bildung und Erziehung moderiert und mit der Schule gemeinsam geeignete Formen der Zusammenarbeit mit Eltern erprobt und entwickelt" (Rademacker 2008a, 379).

Konzepte der Zusammenarbeit zwischen Schule und Eltern sollten die Scharnierfunktion, die Schulsozialarbeit im Kontext Schule hat, nutzen. Schulsozialarbeit kann einen sensiblen und partizipativen Umgang mit den Eltern fördern. Das Ziel einer solchen Partnerschaft ist, die familiären Unterstützungsressourcen zu mobilisieren und zugleich die Bildungserfolgsaussichten von besonders oder mehrfach Benachteiligten und institutionell diskriminierten Kindern und Jugendlichen zu verbessern, denn die „familiär bedingte soziale Lage und die

Milieuzugehörigkeit spielen [...] eine wichtige Rolle, wenn es um die Chancenverteilung in der Schule geht" (Helsper/Hummrich, 2008, 374). Jegliche Kooperationsleistung von Schulsozialarbeit und Eltern ist mit Blick auf die Kinder und Jugendlichen als Beitrag zur Verbesserung der institutionellen Bildungsbedingungen zu verstehen, sofern die Schüler und Schülerinnen tatsächlich davon profitieren, denn die „Bildungsmöglichkeiten, die im Zusammenhang mit der allgemeinen Lebensbewältigung stehen, haben ihren Ort weder allein in der Familie oder der Gleichaltrigengruppe noch in der Schule, sondern sollen im Miteinander der Anforderungen an den unterschiedlichsten Bildungsorten realisiert werden können" (BMFSFJ 2006, 12). Dabei ist es ein zentraler Anspruch der Schulsozialarbeit, die Eltern selbst nicht zu diskriminieren.

Die Wahrnehmung von Eltern als Kooperationspartner von Schulsozialarbeit bietet die Möglichkeit, die schulisch unbeliebte und keineswegs professionell fundierte (vgl. Bauer/Brunner 2006) ‚Elternarbeit' aus ihrem Nischendasein zu befreien und qualitativ weiterzuentwickeln. Es liegt in der Verantwortung der Schulsozialarbeit, die Chance zu ergreifen und jenseits des tradierten hierarchischen Gefälles zwischen Lehrkräften und Eltern, die Idee der Erziehungspartnerschaft zwischen Schule und Elternhaus umzusetzen und damit den Schulerfolg der Kinder zu stützen. – Dazu gehören auch, unterschiedliche Formen des Umgangs, deren steten Aushandlungsbedarf Schulsozialarbeit akzeptieren und kommunizieren muss. Dabei muss unzweifelhaft klar sein, dass die Verantwortung bei den Eltern verbleibt und Schulsozialarbeit allenfalls stützen kann.

P 9

Beispiele der Elternpartizipation

In der Praxis reichen die Angebote, die Schulsozialarbeit für den Elternkontakt vorhält, vom Elternchor unter Leitung einer Schulsozialarbeiterin, über gesundheitsfördernde Kurse und partizipative Eltern-Kind-Cafés bis hin zu Zielvereinbarungen in der Einzelfallarbeit oder unangekündigten Hausbesuchen. Angebote im (schulalltagsbezogenen) Freizeit- und Kommunikationsbereich erfüllen schwellensenkende Funktionen, erleichtern den Kontakt zwischen Elternhaus und Schule und tragen zur Öffnung von Schule bei, wenn z. B. der Elternchor oder die Elterntheatergruppe auf dem Schulfest auftritt, Eltern in die Gestaltung eines Schulbasars einbezogen werden, im Rahmen von Nachmittagsangeboten Arbeitsgruppen leiten oder das Essensangebot in den Cafés organisieren und bereitstellen. Auch gesundheitsbezogene Angebote, wie z. B. ein Wellnessprojekt für Mädchen und ihre Mütter oder ein Kochkurs, fördern die Niedrigschwelligkeit und greifen zugleich den Gedanken der Familienbildung auf. Sie tragen aber nur dann zur Öffnung von Schule bei, wenn Eltern sich auch direkt an der Angebotsgestaltung beteiligen. Erziehungsberatungskontakte ergeben sich entweder als Konsequenz aus den niedrigschwelligen Kontakten, aus gezielter Ansprache, z. B. in Form von Informationsständen, Flyern oder Vorstellungen im Rahmen von Elternabenden.

Außerdem stehen sozialpädagogische Fachkräfte telefonisch oder persönlich für individuelle Gespräche zur Verfügung und beteiligen sich bei Bedarf an Gesprächen zwischen Lehrerkräften und Eltern. Die Betonung einer Jugendhilfeposition im Kontext von Schule mit unterstützendem Auftrag wirkt sich positiv auf den Kontakt zwischen Eltern und sozialpädagogischen Fachkräften aus. Insgesamt beschreiben sozialpädagogische Fachkräfte ihre Arbeit im Rahmen von Schulsozialarbeit selbst als für Eltern und Lehrer entlastend und deeskalierend, besonders, wenn diese Gespräche frühzeitig angeboten werden.

Es ist absehbar, dass sich die Beratung in Erziehungsfragen im Einzelfall problematisch gestalten bzw. sich mit anderen Aufgabenfeldern überschneiden kann. Sofern sozialpädagogische Fachkräfte beispielsweise moderierend in ein schulisches Konzept involviert sind, nach dem Eltern Zielvereinbarungen unterschreiben sollen, müssen die Zielvereinbarungen so gestaltet sein, dass eine kooperative Zielfindung gewährleistet ist und deren Einhaltung im beiderseitigen Interesse geprüft wird. Gleiches gilt, wenn eine Schule ein Bewertungssystem zur Beurteilung des Sozialverhaltens etabliert hat, in dessen Zuge sie von Eltern verlangt, die täglichen Einträge gegenzuzeichnen.

Noch intensiver dringt die Schulsozialarbeit in den privaten Kontext von Schülern und Schülerinnen ein, wenn sie unaufgefordert bzw. eigeninitiativ Hausbesuche bei Eltern macht, deren Kinder von der Schule als problematisch eingestuft werden – also im Auftrag Dritter handelt.[68] Und auch dort, wo Eltern als Kooperationspartner im krisenhaften Einzelfall einbezogen werden, kann Schulsozialarbeit auf Interessenkonflikte stoßen, wenn beispielsweise als Folge des Elternkontaktes der Kontakt zwischen Schulsozialarbeit und Schüler/Schülerin leidet.

Die Tätigkeiten der Schulsozialarbeit, die Eltern als Kooperationspartner und Bezugspersonen ihrer Kinder im schulischen Kontext ansprechen, gehen stets von der Prämisse aus, dass es wichtig ist Eltern zu erreichen, will man die Bildungs- und Aufwachsensbedingungen von Kindern und Jugendlichen verbessern. Wenn Eltern von sich aus den Kontakt zur Schulsozialarbeit suchen, ist die Hürde der Erreichbarkeit bereits genommen. Wenn aber Kinder durch ihr Verhalten so sehr auffallen, dass Schulsozialarbeit und Lehrkräfte den Kontakt zu Eltern herstellen, ist die Gefahr der Grenzverletzungen zu reflektieren. Denn sofern Eltern Schulsozialarbeit fortan als Kontrollinstanz und verlängerten Arm von Schule mit direktem Kontakt zum Jugendamt wahrnehmen, wird das nötige Vertrauensverhältnis absehbar schwer geschädigt und das Verhältnis zu den Kindern und Jugendlichen obendrein.

Während wir Eltern nicht als Zielgruppe – auch nicht als sekundäre Zielgruppe[69] –, sondern vor allem als Kooperationspartner verstanden wissen möchten (s. Kapitel 5 *Zielgruppe der Schulsozialarbeit*), werden Erziehungsberechtigte im Rahmen des Fachdiskurses durchaus auch als direkte Zielgruppe definiert (vgl. z. B. Schumann et al. 2006). Unabhängig davon sind sie aber im Falle des Kontaktes *Nutzer* der Angebote von Schulsozialarbeit, die Erwartungen haben, Prozesse einschätzen können und den Unterstützungsnutzen beurteilen: Mit der SIS-Studie (vgl. z. B. Schumann et al. 2006) liegen dafür empirische Befunde aus der Auswertung von fünf Leitfadeninterviews mit Elternteilen zu deren Erfahrungen und Einschätzungen an einer Schule vor. Die Eltern schätzen die sozialpädagogische Arbeit und die damit verbundene Verbesserung des Schulklimas sehr positiv ein. Sie betonen die Gelegenheiten und Aspekte des nicht-formellen Lernens in altersgemischten Gruppen, fühlen sich hilfreich unterstützt, wenn Schulsozialarbeit die Berufsorientierungs- und Bewerbungs-

68 Grundsätzlich sollten Schulsozialarbeiter und Schulsozialarbeiterinnen nur im Auftrag der Kinder und Jugendlichen tätig werden (s.o.).

69 In Anlehnung an den Terminus der „primären Zielgruppe" Schüler und Schülerinnen (vgl. z. B. Bolay 2004, 1029).

phase begleitet und sehen Schulsozialarbeit als sinnvolle Ergänzung von Schule. Die Eltern schätzen außerdem ihre Partizipationsmöglichkeiten, die sie in allen Schwerpunktbereichen der Schulsozialarbeit der Schule einbinden, erleben die Beziehungen zu den Schulsozialarbeitern als vertrauensvolle Zusammenarbeit und schätzen deren Unterstützung in Fragen der Erziehung (vgl. ebd., 84 ff.). Die befragten Eltern betonen außerdem die „Strukturqualität", die Schule durch die *Offenen Angebote für Kinder und Jugendliche* im Rahmen der Freizeitangebote gewinnt (vgl. ebd., 131). Hier finden Schüler und Schülerinnen Ansprechpartner, die Integration von neuen Schülern und Schülerinnen wird erleichtert und die Eltern werden durch Gruppenangebote in der Freizeit entlastet (vgl. ebd., 152, 177).

Literatur zur Vertiefung:

Bauer, Petra/Brunner, Johannes (Hrsg.) (2005): Elternpädagogik. Von Elternarbeit zur Erziehungspartnerschaft. Lambertus Verlag: Freiburg im Breisgau.

Göppel, Rolf (2009): Von der Tyrannei der Erziehungsratgeber. Oder: Die Abschaffung der Sachlichkeit. Anmerkungen zu Michael Winterhoffs Buch: „Warum unsere Kinder zu Tyrannen werden. Oder: Die Abschaffung der Kindheit". In: Zeitschrift für Sozialpädagogik, Heft 2/2009, S. 114-130.

Griese, Christiane/Levin, Anne/Schmidt, Andrea (Hrsg.) (2007): Mütter, Väter, Supernannies. Funktionalisierende Tendenzen in der Erziehung. Schneider Verlag: Baltmannsweiler, Hohengehren.

Liegle, Ludwig (2009): Müssen Eltern erzogen werden? In: Beckmann, Christof/Otto, Hans-Uwe/Richter, Martina/Schrödter, Mark (Hrsg.): Neue Praxis – Sonderheft 9. Neue Familialität als Herausforderung der Jugendhilfe. Neue Praxis Verlag: Lahnstein, S. 100-107.

Prokop, Ulrike (Hrsg.) (2008): Erziehung als Unterhaltung in den populären TV-Ratgebern „Super Nanny" und „S.O.S. Schule". Tectum Verlag: Marburg.

Schumann, Michael/Sack, Anja/Schumann, Till (2006): Schulsozialarbeit im Urteil der Nutzer. Evaluation der Ziele, Leistungen und Wirkungen am Beispiel der Ernst-Reuter-Schule II. Juventa Verlag: Weinheim und München.

Zum Weiterdenken:

- Auf welchen Ebenen des Kooperationsverständnisses (s. Kapitel 3 *Kooperation als Kerngeschäft der Schulsozialarbeit*) werden Eltern zu Akteuren in der Kooperationsgestaltung zwischen Elternhaus und Schule?
- Welche Grenzen muss Schulsozialarbeit in ihrer Mittlerrolle gegenüber den Eltern und ihren Kindern berücksichtigen?
- Welchen normativen Setzungen folgt der Gedanke, dass ‚*bestimmte*' Eltern erzogen werden sollten?

3.4 Schulentwicklung

3.4.1 Das Aufgabenfeld der Schulentwicklung

Schulentwicklung umfasst die Unterrichts-, Personal- und Organisationsentwicklung einer Schule. Entwicklungsprozesse haben – sofern sie gesteuert werden und nicht naturwüchsig stattfinden – Ziele oder Vorgaben zu erfüllen, seien sie nun von außen gesetzt (z. B. durch das Schulministerium) oder von der Schulleitung, dem Kollegium, den Schülern oder Eltern angestoßen. Sie dienen der Qualitätsentwicklung, der Anpassung an neue Anforderungen oder an eine neue bzw. schwindende Nachfrage nach bestimmten Leistungen[70]. Schulentwicklung ist eine anspruchsvolle Aufgabe, die viel Verständnis für das Bildungssystem, die Strukturen der Schule und die Dynamik innerhalb des Kollegiums erfordert. Sie sollte in der Regel von der Schulleitung selbst oder einem Gremium gesteuert werden, indem die Schulleitung vertreten ist. Die Schulleitung muss bei dem Prozess sicherstellen, dass Partizipationsmöglichkeiten geschaffen werden – sowohl für die pädagogischen Fachkräfte als auch für Schüler und Eltern – und dass Impulse der unterschiedlichen Akteure von ihrer Schule aufgegriffen werden.

Wo eine Schule ihre Schwerpunkte in der Schulentwicklung legt, kann sehr unterschiedlich sein. Für die Unterrichtsentwicklung liegen die Kompetenzen mit Sicherheit bei den Lehrerinnen und Lehrern selbst, für die Personalentwicklung liegt die Kompetenz bei der Schulleitung. Sozialpädagogische Fachkräfte haben hingegen viel zur Organisationsentwicklung beizutragen. Tatsächlich werden die meisten Angebote und Ziele von Schulsozialarbeit eine Organisationsentwicklung mit sich bringen. Gleichzeitig haben die meisten Maßnahmen,

---

70 Der demografische Wandel hat in manchen Bundesländern eine schnellere und tiefgreifendere Schulentwicklung nach sich gezogen als so manche Reformanstrengungen in den Jahren zuvor, auch wenn dieser Wandel vor allem struktureller Art ist und oft nur wenig mit der pädagogischen Arbeit der Schulen zu tun hat.

die eine Schule im Rahmen ihrer Organisationsentwicklung umsetzen will, direkte Rückwirkungen auf die Kinder und Jugendlichen. Als Experten der Lebenswelt der Kinder und Jugendlichen und von Rückwirkungen der Schulstrukturen auf die Bildungschancen sind die sozialpädagogischen Fachkräfte deshalb bei der Organisationsentwicklung wichtige Ansprechpartner der Schulleitung oder des zuständigen Gremiums.

Die unterschiedlichen Kompetenzen der Berufsgruppen führen dazu, dass sie unter ‚Schulentwicklung' jeweils etwas anderes verstehen. Für die meisten Lehrerinnen und Lehrer steht die Unterrichtsentwicklung im Zentrum der Schulentwicklung, da sie vor allem ihren Unterricht im Blick haben und ihnen das Organisationsdenken eher fremd ist (vgl. Biermann 2007, 9). Einige schulpädagogischen Veröffentlichungen setzen Qualitätsmanagement oder Schulentwicklung sogar mit Unterrichtsentwicklung gleich (vgl. z.B. Klippert 2008a). Da die Lehrer durch ihre Ausbildung in diesem Bereich ihre Kernkompetenz und damit die meisten Ressourcen haben, verstehen sie eine Einmischung durch Dritte – etwa durch sozialpädagogische Fachkräfte – in die ‚Schulentwicklung' leicht als eine Infragestellung ihrer didaktischen Kompetenzen und Fähigkeiten und können sich durchaus in ihrer beruflichen Ehre angegriffen fühlen. Je stärker Veränderungsprozesse – egal ob personelle, organisatorische oder curriculare – den Unterricht betreffen (z.B. Projekte wie „Das Lernen lernen" von Klippert (2008b) oder auch Berufsorientierungskonzepte, die eine Ausrichtung des Unterrichts an beruflichen Fragestellungen erfordern), desto größer ist die Gefahr, dass die Lehrerinnen und Lehrer diese für unnötig oder nicht umsetzbar halten oder schlicht weg als einen Eingriff in ihre Autonomie als Lehrende ablehnen.

Sozialpädagogische Fachkräfte setzen hingegen Schulentwicklung mit Organisationsentwicklung gleich und fokussieren vor allem die strukturellen Bedingungen unter denen das Lernen stattfindet und ihre zum Teil selektierende Wirkung. Hierzu gehören dann die innerschulischen Lernbedingungen und erzieherischen Prozesse ebenso wie die Befindlichkeit der Schülerinnen und Schüler in der Schule. Sie tendieren dazu, die Probleme des Bildungssystems als Ganzem auf die Einzelschule zu projizieren, so dass es folglich schwer fällt zwischen den auf der Ebene der Einzelschule lösbaren Problemen und denen, die auf einer anderen Ebene zu verändern wären, zu unterscheiden. Dass die Einzelschule im Kontext des Bildungssystems gesehen werden muss, ist unbestritten und die Rückwirkungen sind für die Arbeit der Schule und deren Entwicklungsprozesse zu reflektieren, aber es gilt auch die Grenzen der Schulentwicklung der Einzelschule zu erkennen, um nicht alle Beteiligten in eine permanente Überforderungssituation zu manövrieren.

Schulentwicklung kann nur dort stattfinden, wo nicht nur einzelne Akteure in Schule sich weiterentwickeln und lernen, sondern wo über das Lernen der Individuen ein institutionelles Lernen erreicht werden kann. Angebote oder Neuerungen, die auf den Schultern einer Person liegen – sei es nun des Schulsozialarbeiters oder eines Lehrers – werden meist nicht nachhaltig in der Schule verankert, sondern lösen sich nach dem Schulwechsel, der Pensionierung oder bei einer länger anhaltenden Krankheit des jeweiligen Kollegen auf. Insofern setzt jede nachhaltige Schulentwicklung tatsächlich auch eine Veränderung der Organisation als Ganzes voraus. Rolff kommt ebenfalls zu dem Schluss, dass wenn man in Systemzusammenhängen denkt und handelt „jeder Weg der Schulentwicklung (Organisations-, Personal- und Unterrichtsentwicklung; die Autorinnen) notwendig zu den anderen“ führt (Rolff 2007, 29).

3.4.2 Organisationsentwicklung als individuelles und institutionelles Lernen

Zur Organisationsentwicklung gibt es eine umfangreiche Fachliteratur, aber nur wenige Publikationen setzen sich mit Fragen der Schulentwicklung als Organisationsentwicklung auseinander (vgl. zur begrifflichen und fachlichen Entwicklung der Schulentwicklungsdebatte Rolff 2007, 21 ff.). Schulen sind eine spezifische Organisationsform, die nicht mit Wirtschaftsorganisationen, Non-Profit-Organisationen oder anderen Organisationen des staatlichen Handelns vergleichbar sind. So sehr Schulen in bürokratische Prozesse eingebettet sind, bleiben sie doch Bildungs- und Erziehungseinrichtungen, „die mehr und anders sein [müssen] als eine Bürokratie, wenn sie ihren Auftrag erfüllen [wollen]“ (Rolff 1995, 124 zitiert nach Biermann 2007, 22).

Das Handeln der Akteure in Organisationen wird sowohl durch formale Regeln als auch durch sich auf informellem Weg herausgebildeten Strukturen begrenzt und zugleich ermöglicht, denn Regeln – egal ob formell festgelegte oder informell gewachsene – helfen den Akteuren, effizient zu handeln, indem sie nicht immer wieder neu einen Weg zur Umsetzung dessen, was sie erreichen wollen, erfinden müssen. Dass sich dabei manchmal auch sogenannte „bewährte“ Strukturen über die Zeit hinaus halten, in der sie noch effizient waren, weil sich die Rahmenbedingungen und auch die Einstellungen und Haltungen der Akteure verändert haben, führt dazu, dass die Begrenzungen des Handelns oft deutlich stärker wahrgenommen werden als die durch die Strukturen ermöglichten Handlungsoptionen.

Das Regelwerk der Schulorganisation zu kennen – das nicht so offensichtlich ist, wie die formalen Regeln es sind, die aber auch dazu gehören – ist von großer Bedeutung, wenn man einschätzen will, was in einer Schule möglich ist und was nicht: „Dieses ‚stille' Regelwerk besteht in einer spezifischen Anordnung der handlungsrelevanten Situationsbestandteile, welche das Verhalten der Akteure in spezifischer Weise ermöglichen und begrenzen: Schulgebäude, Sitzordnungen, Zeitstrukturen, Verhaltensrituale, personale Hierarchien, die 50-Minuten-Stunde, das Klassenbuch, das Notensystem, die Aufstiegsberechtigung, das Schulbuch etc. Sie bilden eine Umgebung, systemische Rahmenbedingungen und Rohmaterial der Prozesse des Lehrens und Lernens in der Schule und ermöglichen dabei ein Repertoire von Handlungsweisen, das mit ihren strukturellen Merkmalen harmoniert bzw. verhindern jedes andere, wenn es mit diesen nicht kompatibel ist" (Babel/Hackl 2004, 107). Angesichts dieser über Jahre gewachsenen Strukturen, die nicht nur das Selbstverständnis der Lehrerinnen und Lehrer einer einzelnen Schule prägen, sondern bereits durch die eigene Schulerfahrung und durch die berufliche Ausbildung den Berufsstand ‚Lehrer' kennzeichnen, kann man durchaus nachvollziehen, warum manch einer an der Aufgabe ‚Schulentwicklung' verzweifelt. Deshalb können bestimmte Veränderungen oft nur dann umgesetzt werden, wenn nicht nur Einzelne die Notwendigkeit zu einer solchen Veränderung sehen, sondern wenn gleich von mehreren Seiten ein Anpassungsdruck erzeugt wird. Auch für die Unterrichtsentwicklung gilt, dass die Kolleginnen und Kollegen erfolgreicher agieren, die sich in formellen oder informellen Gruppen zusammen tun und gemeinsam an einem Thema arbeiten (vgl. Biermann 2007).

Umso mehr „handlungsrelevante Situationsbestandteile" durch eine Veränderung betroffen sind, desto größer ist in der Regel der Widerstand oder die Resistenz: „Die Veränderungen solcher semantischer Strukturen gestaltet sich nun umso schwieriger, je mehr an ‚Substanz' neu definiert werden muss" (Babel/Hackl 2005, 112). Es kann daher durchaus hilfreich sein, geplante Veränderungen daraufhin zu durchdenken, wie stark sie auf die Substanz einwirken sollen und die strategische Herangehensweise sowie die zeitlichen Umsetzungsvorstellungen entsprechend anzupassen.

Biermann, die fragt, wie Neues in die Schule kommt (vgl. Biermann 2007), stellt nach der Analyse zweier Fallbeispiele fest: „Knapp formuliert könnte die Antwort auf die Frage, wie Neues in die Schule kommt, lauten: Durch das Handeln innovativer, kompetenter AkteurInnen in verlässlichen, zielorientierten und damit förderlichen Organisationsstrukturen" (ebenda, 307). Fehlt einer Schule das Innovationspotential seiner Akteure oder die zuverlässige und zielorientierte Organisationstruktur, kann eine nachhaltige Schulentwicklung nicht stattfinden. Kooperation der schulpädagogischen Fachkräfte untereinander, aber auch der schulpädagogischen mit den sozialpädagogischen Fachkräften ist dabei ein wichtiger Aspekt erfolgreichen Engagements. „Handlungen werden nur dann strukturwirksam, gehen gleichsam in Strukturen über, wenn sie öffentlich gemacht werden. Strukturwirksamkeit setzt also Kommunikation und Kooperation voraus“ (ebd. 316). Dabei haben „informelle Vertrauensgruppen [...] andere Funktionen als formelle Gremien“, die „parallel genutzt [werden]. Allerdings wird nicht allen Kooperationen die gleiche Bedeutung zugemessen, die formellen werden deutlich als wichtiger und weitreichender erkannt“ (ebd. 309). Die Betonung der Gremienarbeit, die bei Schulentwicklungsprojekten geleistet werden muss, halten wir aus zwei Gründen für besonders wichtig: Zum einen sind diese Gremien genau deshalb eingerichtet worden, damit Partizipation stattfinden und damit Transparenz hergestellt werden kann, zum anderen kann nur über die formellen Gremien auch eine Verankerung von Neuem in der Struktur der Schule erfolgen. Dass dies oft der mühsamere Weg ist und immer auch die Gefahr des Scheiterns birgt – was dann gegebenenfalls auch dazu führen kann, dass Neuerungen, die bis dahin ein toleriertes Nischendasein geführt haben, in Frage gestellt werden – ist richtig, ändert aber nichts an der Notwendigkeit diesen Weg zu gehen, wenn man will, dass das Angebot auch über die eigene Wirkungsmöglichkeiten hinaus Bestand hat oder sogar ausgeweitet wird.

Umso wichtiger ist es, dass die einzubeziehenden Gremien regelmäßig tagen und von den pädagogischen Fachkräften auch in ausreichendem Umfang wahrgenommen werden bzw. wahrgenommen werden können[71]: „Regelmäßig und damit verlässlich tagende Schulgremien und -konferenzen, von der Jahrgangskonferenz, über die Fachgruppe, die Mitbestimmungsgremien und thematischen Arbeitsgruppen sind in der Studie als wichtige Strukturen herausgearbeitet worden. [...] Sie brauchen [...] einen festen Platz und Ort und sollten nicht nur kurzfristig bei Bedarf einberufen werden“ (ebd., 312). Diese Voraussetzungen gelten ebenfalls für die Beteiligung der Schülerinnen und Schüler sowie der Eltern. Hauptverantwortlich für die Sicherstellung dieser Strukturen ist die Schulleitung.

3.4.3 Schule als Lern- und Lebensort

Die Gestaltung der Schule als Lern- und Lebensort obliegt allen, die in der Schule (formell, nicht-formell oder informell) lehren und lernen oder an der Or-

71 Im Kapitel 3 *Kooperation als Kerngeschäft der Schulsozialarbeit* ist bereits darauf hingewiesen worden, dass es notwendig ist, dass sozialpädagogische Fachkräfte an den entsprechenden Gremien teilnehmen können und Schulsozialarbeit nicht aus diesen Prozessen ausgegrenzt wird. Eine gemeinsame Trägerschaft von Schulsozialarbeitsprojekten (s. Kapitel 7 *Rechtslage und Trägerschaft*) würde eine solche Teilnahme an Gremien unterstützen. Darüber hinaus ist aber ebenfalls darauf zu achten, dass Kolleginnen und Kollegen nicht allein deshalb an Gremiensitzungen nicht teilnehmen können, weil sie zu Zeiten stattfinden, die sie aufgrund anderer beruflicher Verpflichtungen nicht einhalten können.

ganisation der Angebote rund um dieses Lernangebot beteiligt sind. Alle Akteure bringen ihre eigenen lebensweltlichen Bezüge mit in die Schule und haben zugewiesene Rollen im Bildungs- und Erziehungssystem. Die Lebenswelten, aus denen sie kommen, und die Rollen, die sie auszufüllen haben, sind dabei höchst unterschiedlich. Beides zueinander anschlussfähig zu machen, Blockaden zwischen der Lebenswelt und den Strukturen der Schule abzubauen oder zu vermeiden sowie die Ressourcen der Lebenswelt für die Schule zu nutzen, ist eine Aufgabe, die immer wieder Anlass für Schulsozialarbeit ist, Schulentwicklungsprozesse anzustoßen und zu begleiten. Sozialräumliche Handlungsansätze können dabei ebenso eine wichtige Rolle spielen wie die bewusste Gestaltung des schulischen Raums[72] – auch in zeitlicher Hinsicht.

Der Kooperationsverbund Schulsozialarbeit beschreibt die sozialräumlichen Handlungsansätze wie folgt: „Der Sozialraum wird im Rahmen eines ganzheitlichen Bildungsverständnisses in die Arbeit einbezogen (Stadtteil, Infrastruktur, Betriebe, Freizeitangebote, Familien, Sozialstruktur u.a.m.). Schulsozialarbeiter/innen unterstützen die Schule in deren Bestreben, sich dem Sozialraum zu öffnen. Zur sozialräumlichen Arbeit gehört auch die *Vernetzung* mit sozialen Diensten und Einrichtungen und die Kooperation mit dem Jugendamt, freien Trägern, Initiativen, Stadtteilarbeitskreisen, Vereinen und Betrieben. Schulsozialarbeiter/innen arbeiten in bestehenden Kooperationsstrukturen mit“ (Kooperationsverbund Schulsozialarbeit 2006, 11; Hervorhebung im Original). Damit werden die Verankerung der Schule im Gemeinwesen und eine Öffnung der Schule für sozial- und freizeitpädagogische Angebote angestrebt, die die Möglichkeiten insbesondere des nicht-formellen und informellen Lernens unterstützen. Die enge Einbindung in ein Gemeinwesen bedeutet zugleich, dass die Schule durch die um sie herum stattfindenden Veränderungsprozesse beeinflusst wird und sie sich immer wieder anpassen muss. Wenn eine Schule z.B. Angebote der Offenen Kinder- und Jugendhilfe bei sich verankert, die Maßnahmen oder der Träger dieser Maßnahmen selbst nicht mehr weiter finanziert werden, fällt das Angebot in der Schule zunächst weg und bei gleichbleibendem Bedarf muss ein entsprechender Ersatz gefunden werden. Ähnliches gilt für Unternehmen oder Betriebe, die Praktikumsplätze für Schülerinnen und Schüler zur Verfügung stellen und aufgrund veränderter Rahmenbedingungen, dies nicht mehr tun können. Alles was eine Schule durch Öffnung nach außen in die Schule hinein holt, kann somit auch Unruhe in die Schule hineintragen. Außerdem brauchen Kooperationsbeziehungen ebenso Pflege, wie die Vernetzungsarbeit Zeit kostet. Dennoch liegen in der Öffnung einer Schule eben auch Chancen und Ent-

72 Der schulische Raum bezieht sich sowohl auf die Räume selbst, also Klassenzimmer, Sporthalle, Aula o.ä.m. als auch auf den Schulhof, die Flure oder die Sportanlagen im Freien.

lastungsmomente. Wenn sozialpädagogische Fachkräfte die Vernetzungsarbeit aktiv wahrgenommen haben, findet sich für einen Kooperationspartner der ausfällt schneller Ersatz, als wenn sich die Schule nur auf die bereits bestehenden Kontakte verlassen hätte. Auch besteht die Chance, Einfluss auf Entscheidungen der Kommune zu nehmen, sei es in Bezug auf städtebauliche Maßnahmen, die das Umfeld der Schule oder den Schulweg ihrer Schüler beeinflussen würden, oder auf Einsparungsmaßnahmen im Jugendhilfehaushalt. Schulen können einen erheblichen Einfluss haben, da hinter jedem Schüler auch Eltern und damit Wähler stehen.

Wichtig in Hinblick auf die Schulentwicklung ist, dass die Vernetzungsarbeit nicht allein von den sozialpädagogischen Fachkräften wahrgenommen und die Kooperationen nicht allein von diesen gepflegt werden. Wenn es nicht gelingt, auch schulpädagogische Fachkräfte in diese Arbeit einzubinden, wird Schulsozialarbeit an dieser Aufgabe scheitern, denn zum einen verfügt eine Schule in der Regel nicht über ausreichend Schulsozialarbeiter, um diese Arbeit bewältigen zu können und zum anderen bliebe die Vernetzung damit rein äußerlich. Sie würde sozusagen nur die Angebotspalette für die Schule erweitern, aber keine Chancen zu Einstellungs- und Haltungsanpassungen der Lehrenden bieten. Wie wichtig Kontakte von Lehrerinnen und Lehrern mit außerschulischen Einrichtungen sind, zeigt sich anhand der Erfahrungen mit Lehrer-Betriebs-Praktika, die eigens dazu eingerichtet wurden, um die Lehrerschaft mit den betrieblichen Anforderungen vertraut zu machen – denn nicht selten haben Lehrer hier kaum Einblicke im Verlauf ihrer Ausbildung oder beruflichen Karriere erhalten. Vor dem Hintergrund eines solchen Praktikums fällt es ihnen leichter, Betriebspraktika ihrer Schüler zu begleiten und im Berufsorientierungsprozess die Schüler zu beraten. Räume gestalten das Lernen mindestens genauso nachhaltig wie die Didaktik des verantwortlichen Pädagogen. Tatsächlich sind bestimmte didaktische Elemente nur dann umsetzbar, wenn die Räume diese auch zulassen. Darüber hinaus gibt es einen erheblichen Einfluss der Lernumgebung auf das Wohlbefinden und die Aufmerksamkeit der Kinder und Jugendlichen: „Die Schule ist sowohl für die SchülerInnen als auch für die LehrerInnen der wichtigste Arbeitsort und ein wichtiger Lebensort. Im Allgemeinen sind Schulen aber nicht so gebaut, dass man sie als Lebensort wahrnimmt und annimmt. Viele Schulen und Klassenzimmer stehen im krassen Widerspruch zu den Ansprüchen der Schulpädagogik, Psychologie oder Medizin und sind häufig nicht auf Kommunikation und Interaktion und damit auch nicht auf Integration ausgerichtet“ (Hammerer/Dolesch, 2005). Oft gibt es in Schulen eine Anzahl gleichartiger Räume und gleichförmiger Möbel. In solchen Gebäuden gibt es weder Rückzugsmöglichkeiten noch dezidiert für Gruppen- und Gemeinschaftsaufgaben ausgewiesene Räume oder Flächen. Die Treppenhäuser und Gänge werden nur als Verkehrsfläche benutzt, sind aber kein Raum der sozialen Begegnung (vgl. ebd.). Gegenbeispiele – wie z. B. die finnische Karonen Schule, die De Eilanden Schule in Amsterdam, die Grüne Schule in Berlin oder die Wartburg Grundschule in Münster – zeigen, dass Aggression abgebaut, der Lärmpegel verringert und Konflikte und Störungen reduziert werden können, wenn Ruhe und Rückzugsmöglichkeiten geschaffen werden. Rückzugsmöglichkeiten und Raum für das individuelle Lernen erhöhen gleichzeitig die Zufriedenheit und die Bereitschaft sich für soziale Kontakte zu öffnen, für die ihrerseits eigens gestaltete Räume vorhanden sein sollten (vgl. Hammerer 2008). Eine lernunterstützende Umgebung ist

- „anregend und abwechslungsreich,
- freilassend und
- warm bzw. weich wirkend" (Rittelmeyer 2004, 203).

Dieser Bereich der Schulentwicklung wird erst ganz langsam in seiner Relevanz für Lernprozesse entdeckt und ist nicht allein wegen der notwendigen und umfassenden Partizipation der verschiedenen Akteure, sondern auch wegen der unterschiedlichen rechtlichen Bestimmungen in diesem Bereich ein nur langfristig umzusetzender Anspruch. Hinzu kommen in der Regel finanzielle Fragen. Deshalb bietet es sich an, Entwicklungsprozesse in diesem Bereich anzustoßen, wenn sowieso Umbauten- oder Verschönerungsarbeiten vorgenommen werden müssen. Informationen zu den Wirkungen von Räumen auf das Lernen sollten allerdings schon vorher weitergegeben werden, zum einen weil kleinere, kostenneutrale Veränderungen oft auch schon früher möglich sind und zum anderen, damit die Kollegen nicht erst in einer Situation mit neuen Ideen und Vorstellungen konfrontiert werden, in denen es auch um Verteilungskämpfe geht. Räume können auch Zeiträume sein[73], in denen Schüler sich in anderen Kontexten bewegen und selbstbestimmt arbeiten können. Hierzu gehört z. B. der Unterricht, der eine Abwechslung zwischen gemeinsamem und individuellem Lernen, zwischen Ruhephasen und Bewegung, zwischen Spiel und Unterricht ermöglicht und sich über den ganzen Tag verteilt.

73 Zeiträume können auch dadurch verändert werden, dass man die Schulzeiten oder die Schulpflicht kürzt bzw. verlängert. Ein Beispiel aus jüngerer Zeit ist die Verkürzung der Schulzeit von 13 auf 12 Jahren für jene Schülerinnen und Schüler, die das Abitur machen wollen. Eine andere wichtige Frage in diesem Zusammenhang ist die Dauer des gemeinsamen Lernens zu Beginn der Schulkarriere (z. B. vier oder sechs Jahre).

V 8

Schulentwicklung am Beispiel der Ganztagsschulen

Die Bedeutung der durch Schulsozialarbeit angestoßenen und in Kooperation von sozialpädagogischen und schulpädagogischen Fachkräften umgesetzten Schulentwicklungsprozesse im Bereich der Organisationentwicklung lassen sich besonders gut am Beispiel der Ganztagsschulen diskutieren. Die Entwicklung einer Halbtagsschule zu einer Ganztagsschule kann zu einem „Mehr vom selben" werden oder sie kann die zeitlichen Räume, die sich durch das neue Schulformat eröffnen, durch eine (auch sozialpädagogische) Ausgestaltung und Verzahnung unterrichtlicher und sozialpädagogischer Elemente nutzen.

Aufgrund der Hoffnung, dass letzteres im Vordergrund stehen würde, wurde gerade von Seiten der Sozialen Arbeit, die Umstrukturierungsinitiative des Bundes und der Länder (Ganztagsschulprogramm) fast euphorisch begrüßt. Die Ganztagsschulinitiative schien sich für eine „neue Synthese" (s. Kapitel 2 *Schulsozialarbeit sichert und unterstützt ‚Anschlussfähigkeit'*) von Jugendhilfe und Schule geradezu anzubieten.[74] Für die ganztägigen Schulformate gibt es zudem die große Hoffnung auf eine verbesserte Bildungszugänglichkeit bis hin zur Hoffnung, mit solchen institutionellen Strukturmaßnahmen auch das ‚drop-out'-Risiko deutlich zu mindern (vgl. Rademacker 2008b; Wagner/Dunkake/Weiß 2008).

Die von Stamm (2005) aufgeführten Vergleichsdaten der internationalen ‚drop-out'-Quoten für Länder mit ganztägig organisiertem Schulsystem im Jahr 2004 zeigen, dass das Ganztagsschulformat allein keine Verbesserung bringt: Sowohl die USA als auch Großbritannien haben trotz ganztägiger Beschulung höhere ‚drop-out'-Quoten als Deutschland, während in Frankreich annähernd die gleichen Quoten produziert werden wie im überwiegend halbtägig organisierten deutschen Schulsystem (vgl. Stamm 2006, 323 ff.).

Eine maßgebliche Ursache für ‚schulinitiierte' ‚drop-out'-Prozesse liegt in organisatorisch bedingten Schulstrukturen, die ein wenig förderliches Lernklima mit sich bringen und insofern jene Schülerinnen und Schüler mit niedrigen Leistungsambitionen oder fehlender häuslicher Unterstützung besonders gefährden. Zudem findet Diskriminierung meist nicht absichtlich statt, sondern wird durch „nicht direkt sichtbare Strukturen und normale Praktiken in Organisationen" ausgelöst, „die für alle Klienten gleichermaßen gelten, aber für bestimmte Gruppen diskriminierende Wirkungen ha-

74 Reinhardt titulierte zum Beispiel ihren Beitrag zur geplanten Umgestaltung vieler Halbtagsschulen in Ganztagsschulen „Wächst zusammen, was zusammen gehört?" (Reinhardt 2004).

ben, ohne dass dies so gemeint wäre oder in den Organisationen bemerkt würde“ (Gomolla/Radtke 2002, zitiert nach Diehm 2004, 145). Das heißt, dass die „Gleichbehandlung von Ungleichen in Organisationen“ (ebd.) kritisch hinterfragt werden muss und vor dem Hintergrund des Wissens um die Lebenswelten der Schülerinnen und Schüler neu zu bewerten ist.
Der Stellenwert der in institutioneller Verantwortung zu gestaltenden strukturellen und (sozial)klimatischen Faktoren ist den Befunden von Stamm zufolge für das Gelingen von Lern- und Bildungsprozessen bislang deutlich unterschätzt worden. Zugleich hat sich ein institutioneller Habitus etabliert, der vielfältige Aussonderungsstrategien praktiziert (vgl. Stamm 2007a, 347), die kaum über die Formatfragen, wohl aber durch soziale Praxis zu revidieren sind. Denn Schulen mit geringen Schulausschluss- und Schulabbruchraten unterscheiden sich „nicht durch rigide Präsenzkontrolle, sondern durch ausgeprägte Partizipationsmodi von Schulen mit höheren Abgangsraten“ (Stamm 2007a, 349).
Auch ohne empirische Grundlage ist abzusehen, dass von der Formatveränderung keineswegs die erhofften Effekte zu erwarten sind (vgl. Spies 2009), sofern die Schulen im Entwicklungsprozess nicht durch Schulsozialarbeit Unterstützung erhalten. Wollen sie tatsächlich die Qualität des Aufwachsens von Kindern und Jugendlichen verbessern, wie es der Wissenschaftliche Beirat für Familienfragen (2006) dieser Schulform attestiert, gilt es, eine Reihe von Voraussetzungen zu erfüllen (vgl. ebd., 94), denn der zeitlich ausgedehnte Rahmen alleine kann und wird – besonders unter Berücksichtigung der ‚drop-out‘-Thematik – kaum ein Anlass zur Veränderung sein: Warum sollten all jene, die unentschuldigt dem halbtägigen Unterricht fernbleiben oder den zunächst eingeschlagenen Bildungsweg vorzeitig verlassen, durch ein Mehr dessen, was sie meiden, gehalten werden? Wenn die Ganztagsschule ‚drop-out‘-Prozesse verhindern will und soll, wäre das entscheidende Kriterium also, dass die Schulen „der großen Variabilität kindlichen Erlebens und Verhaltens und der Vielfalt der Erfahrungsräume und Lebenslagen von Kindern angemessen Rechnung tragen“ (Wissenschaftlicher Beirat für Familienfragen 2006, 94).
In diesem Zusammenhang ist die Mitarbeit der sozialpädagogischen Fachkräfte an den Schulentwicklungsprozessen von besonderer Bedeutung. Der angestrebte Wechsel einer Schule von einem Halbtags- auf ein Ganztagsformat bietet die einmalige Chance, das pädagogische Konzept der Schule zu durchdenken und neue Erfahrungs- und Erlebnisräume für die Schüler zu schaffen, die den Unterricht ergänzen und befördern. Schulsozialarbeit kann sanktionsferne und hilfeorientierte, individuelle Präventionsmaßnahmen in

die Organisationskonzepte (nicht nur ganztägiger) Schulen hineinbringen, für die bewusste Gestaltung der (Zeit)Räume sensibilisieren und die Partizipation der Schülerinnen und Schüler sowie deren Eltern an den Schulentwicklungsprozessen unterstützen. Über solcherart sozialpädagogisch verantwortete Angebote könnte der Hoffnungsträger Ganztagsschule dann tatsächlich die von ihr erwartete „Haltekraft" zur ‚drop-out'-Prävention entwickeln und damit zugleich grundlegende soziokulturelle und institutionelle Veränderungen von Schule herbeiführen (vgl. Braun/Wetzel 2006).

Die Individualisierung des Lernens und die zunehmende Heterogenität der Lerngruppen stellen die Schulen vor Herausforderungen, die nicht gelöst werden können, wenn Schulentwicklung sich allein auf die Unterrichtsentwicklung konzentriert. Für die Bewertung der Leistungen muss immer wieder Vergleichbarkeit hergestellt werden. Dies darf aber nicht dazu führen, dass die Schule Lernen immer wieder auf die leistungshomogenen Gruppen reduziert und Lernkonzepte auf solche homogenen Gruppen ausrichtet. Die Schulsozialarbeit stellt hier ein wichtiges Korrektiv dar, da das System Schule immer wieder an seiner organisationellen Eigenlogik scheitern muss (vgl. Diehm 2004).

Literatur zur Vertiefung:

Ackermann, Heike/Rahm, Sibylle (Hrsg.) (2004): Kooperative Schulentwicklung. Schule und Gesellschaft. VS Verlag: Wiesbaden.

Füller, Christian (2009): Die gute Schule. Wo unserer Kinder gerne lernen. Droemer Verlag: München.

Ganztagsschule Bundesprogramm unter www.ganztaegig-lernen.org

Hentig, Hartmut von (2003): Die Schule neu denken. Eine Übung in pädagogischer Vernunft. Beltz Verlag: München.

Holtappel, Heinz Günter/Höhmann, Katrin (Hrsg.) (2005): Schulentwicklung und Schulwirksamkeit. Systemsteuerung, Bildungschancen und Entwicklung der Schule. Juventa Verlag: Weinheim.

Kahl, Reinhard (2005): Treibhäuser der Zukunft – Wie Schulen in Deutschland gelingen. Ein Film des Archivs der Zukunft unter www.archiv-der-zukunft.de

Zum Weiterdenken:

- Welche Bedingungen ergeben sich aus den Machtverhältnissen im schulischen Kontext für den Mitwirkungsspielraum von Schulsozialarbeit in der Schulentwicklung?
- Welche Rolle spielt dabei das Spannungsverhältnis zwischen schulischen Selektionsmechanismen und sozialpädagogischem Anspruch, die ‚Anschlussfähigkeit' zu sichern?

D Ausblick – Eine neue Synthese von Jugendhilfe und Schule

Schulsozialarbeit ist das Ergebnis der Kooperation von verschiedenen Professionen in der Schule, insbesondere der sozialpädagogischen und schulpädagogischen Fachkräfte. Die sozial- und schulpädagogischen Fachkräfte müssen ihr Kooperationsverständnis klären und klare Absprachen bzgl. der Aufgabenverteilung treffen. Hierzu trägt eine offene und reflektierte Kommunikation bei, die sensibel für die Sprachgewohnheiten der jeweils anderen Profession ist. Aufgrund der unterschiedlichen Aufgaben der Professionen müssen die Fachkräfte auch unterschiedliche Rollen ausfüllen. Klarheit im Auftrag gewinnen die Schulsozialarbeiterinnen und Schulsozialarbeiter über die Begrenzung der Zielgruppe auf Kinder und Jugendliche. Klarheit im Handeln gewinnen Schulsozialarbeiterinnen und Schulsozialarbeiter, wenn sie den Kontext Schule, in dem sie arbeiten, gut kennen und für ihre Aufgabe zu nutzen verstehen.

Eine neue Synthese von Jugendhilfe und Schule, wie sie Gertrud Bäumer 1929 eingefordert hat, heißt somit durchaus nicht, dass es eine Verwischung an Zuständigkeiten oder Aufgaben zwischen den schul- und sozialpädagogischen Fachkräften gibt. Eine neue Synthese heißt, dass die Schule als formeller Bildungskontext Räume – zeitliche und physische – eröffnet, in denen nicht-formelles und informelles Lernen möglich ist und die solche Bildungsprozesse von Kindern und Jugendlichen bewusst gestalten und unterstützen.

Die Aufgabe der Schulsozialarbeit haben wir beschrieben als die Sicherstellung und Unterstützung der Anschlussfähigkeit der Kinder und Jugendlichen sowohl in Richtung Lebenswelt als auch in Richtung Erziehungs- und Bildungssystem. Schulsozialarbeit steht damit an der Schnittstelle zwischen dem Funktionssystem ‚Erziehung und Bildung' und der Lebenswelt der Kinder und Jugendlichen und muss zwischen den unterschiedlichen, selbstreferentiellen Logiken dieser Lebenssphären vermitteln. Sie verhindert Blockaden zwischen den Systemen durch zu viel oder zu wenig (Des-)Integration und bringt lebensweltliche Aspekte in die Inklusions-/Exklusionslogik des Bildungssystems ein, die zu Anpassungen der Schulstrukturen führen. Schulsozialarbeit bietet Kindern und Jugendlichen, die in der Schule von negativen Folgen der Selektion bedroht sind oder diese bereits zu spüren bekommen, Hilfen an. Sie hilft den Kindern und Jugendlichen bei der Bearbeitung von Selektionserfahrungen und hinterfragt die Gründe für Selektion. Sie versucht vor allem die Blockaden, die durch Anforderungen der Schule und lebensweltliche Lebensanforderungen der Kinder und Jugendlichen entstehen, zu erkennen und dazu beizutragen, dass diese Blockaden verringert oder beseitigt werden. Ressourcen und Fähigkeiten der Kinder und Jugendlichen werden in der Schule sichtbar gemacht und auf eine Anerkennung dieser Fähigkeiten durch Zensuren und Zeugnisse gedrängt. Kindern und Jugendlichen, die bereits aus dem bestehenden System herausgefallen sind (z.B. schulmüde Jugendliche) wird die Chance geboten in einem anderen Bildungskontext den Anschluss an das Erziehungs- und Bildungssystem zu halten oder außerhalb der Schule die notwendigen Zertifikate nachzuholen. Schulsozialarbeit ergänzt den formellen Bildungskontext Schule durch Angebote des nicht-formellen Lernens und durch die bewusste Gestaltung von (Zeit-)Räumen, in denen informelles Lernen stattfinden kann. Es entsteht ein Bildungsgewinn für die Kinder und Jugendlichen. Die Selektionsfolgen der Schule werden dadurch abgemildert.

Schulsozialarbeit wird, wenn sie in diesem Sinne umgesetzt wird, immer auch Rückwirkungen auf die Schule als Organisation haben. Schulentwicklung ist somit ein wichtiger Teil der Sozialen Arbeit an Schule.

Im vorliegenden Lehrbuch haben wir uns darum bemüht, die Grundlagen der Arbeit für die sozialpädagogischen Fachkräfte zu beschreiben und ihre Aufgaben in den unterschiedlichen Arbeitsbereichen darzustellen. Dies ist vor allem in Verbindung und zum Teil in Abgrenzung zu den Grundlagen und Aufgaben der schulpädagogischen Fachkräfte geschehen. Nur an wenigen Stellen konnten die Sichtweisen und Analysen anderer Disziplinen eingebracht werden, obwohl hier ein großes Potential an Wissen liegt, welches bisher für die Schulsozialarbeit noch nicht aufbereitet worden ist. Die Erkenntnisse der Neurologie, der Psychologie, der Sonder- und Berufspädagogik, der Organisationssoziologie und der Ungleichheitsforschung werden zunehmend an die Schulen, insbesondere an die Lehrerinnen und Lehrer, herangetragen. Die Schulsozialarbeit kann in ihrer Arbeit ebenfalls von diesen Erkenntnissen profitieren und sollte als ein wichtiges Handlungsfeld in der Schule von diesen Disziplinen in ihren Aufgaben auch wahrgenommen und bei der Diskussion um Bildung und Erziehung einbezogen werden.

Auch die Beiträge zum Thema ‚school social work‘ im internationalen Kontext sind bisher für die Diskussion in Deutschland – bis auf wenige Ausnahmen (s. z.B. Nieslony 1997, Homfeldt/Schneider 2007) – nicht aufbereitet worden. Wenngleich die internationalen Vergleichsstudien zu den unterschiedlichen Bildungssystemen und die Schlussfolgerungen, die daraus gezogen wurden, gezeigt haben, dass man sehr vorsichtig sein muss, wenn man Bewährtes aus dem einen System in das andere übertragen will und dies in der Regel auch nicht kurzfristig möglich ist, besteht doch ein Anreiz solcher Vergleiche in der erhellenden Einsicht, dass Dinge auch anders gedacht und gemacht werden können. Damit werden oftmals ‚blinde Flecken' in den Debatten eines Landes sichtbar und Neubewertungen möglich – wenn es z.B. um die spezifisch deutsche Debatte zur Bezeichnung der ‚Schulsozialarbeit' geht (vgl. Kapitel 1, *‚Soziale Arbeit an Schulen' oder ‚Schulsozialarbeit'*).

Für die Forschung ist die Schulsozialarbeit immer noch weitgehend ein Feld, in dem hauptsächlich Evaluierungen von Schulsozialarbeitsprogrammen und -projekten den Stand kennzeichnen. Eine Aufbereitung der Evaluierungsergebnisse ist in diesem Lehrbuch nicht ausdrücklich gemacht worden, auch wenn wir aktuelle Forschungsergebnisse an den gegebenen Stellen immer wieder haben einfließen lassen. Der Weg „von der Begleitforschung zur Wirkungsforschung" (Speck) ist auch insofern noch ein weiter Weg, weil es bislang an theoretischen Modellen fehlt, die die Wirkung von Schulsozialarbeit erklären. Der Kooperationsverbund Schulsozialarbeit hat mit seinen drei Fachtagungen zum Thema „Wirkungsforschung in der Schulsozialarbeit" (2008 - 2010) hier erneut einen wichtigen Anstoß für eine Weiterentwicklung im Feld geliefert.

Aus unserem theoretischen Ansatz ergeben sich u.a. folgende Fragen für die Forschung:

- (Wie) Sichert und unterstützt die Schulsozialarbeit Anschlussfähigkeit für Kinder und Jugendliche?
- Unter welchen Bedingungen mildert die Schulsozialarbeit Selektionsfolgen für Kinder und Jugendliche ab?
- Welche Selektionen ergeben sich aus dem Handeln der Schulsozialarbeiterinnen und Schulsozialarbeiter selbst?
- Wie können nicht-formelle Bildungsangebote und informelles Lernen in die Schule integriert werden und welche Rückwirkungen hat dies auf die formellen Bildungskontexte?

Eine weitere wichtige Aufgabe für die Zukunft wird die Fort- und Weiterbildung sowohl der sozial- als auch der schulpädagogischen Fachkräfte zu den Themen der Schulsozialarbeit, Kooperation und Kommunikation, der Schulentwicklung und des nicht-formellen sowie informellen Lernens sein.

Schulsozialarbeit hat in Bezug auf die Einschätzung ihrer Wirksamkeit und ihrer Aufgaben in ihrer Entstehungsgeschichte bereits sehr unterschiedliche Phasen durchlaufen: vom Hoffnungsträger zur ‚lame duck', von der Feuerwehr zur umfassenden Partnerin in Erziehung und Bildung. Es wird spannend bleiben, ihre weitere Entwicklung zu beobachten und es besteht bezüglich der wissenschaftlichen Bearbeitung dieses Handlungsfeldes weiterhin ein hoher Bedarf.

Literatur

Ackermann, Heike/Rahm, Sibylle (Hrsg.) (2004): Kooperative Schulentwicklung. Aus der Reihe: Schule und Gesellschaft, VS Verlag: Wiesbaden.

Ader, Sabine (2006): Was leitet den Blick? Wahrnehmung, Deutung und Intervention in der Jugendhilfe. Juventa: Weinheim.

Ader, Sabine/Schrapper, Christian/Thiesmeier, Monika (2001): Sozialpädagogisches Fallverstehen und sozialapädagogische Diagnostik in Forschung und Praxis. Koblenzer Schriften zur Weiterbildung, Votum Verlag: Münster.

Appel, Stefan (2004): Handbuch Ganztagsschule. Praxis, Konzepte, Handreichungen. 4. Auflage, Wochenschau Verlag: Schwalbach/Ts.

Arbeiterwohlfahrt (AWO) (Hrsg.) (1987): Stellungnahme der Arbeiterwohlfahrt „Schulsozialarbeit – Regelaufgabe der Jugendhilfe". In: Jugend Beruf Gesellschaft, Heft 2/1987, 38. Jg., S. 75-77.

AWO-Kreisverband (2006): Handbuch Qualitätsmanagement. Schulsozialarbeit an der Ernst-Reuter-Schule II. Juventa Verlag: Weinheim und München.

Babel, Helene/Hackl, Bernd (2004): Deliberative Erkenntnisgewinnung. Wie kann Schulentwicklungsforschung an Komplexität und Widersprüche der schulischen Handlungssituation angepasst werden? In: Ackermann, Heike/Rahm, Sibylle (Hrsg.) (2004). Kooperative Schulentwicklung. VS Verlag: Wiesbaden, S. 103-126.

Bauer, Ullrich/Bittlingmayer, Uwe H. (2005): Wer profitiert von Elternbildung? In: Zeitschrift für Soziologie der Erziehung und Sozialisation Heft 3/2005, 25. Jg, S. 263-280.

Bauer, Petra/Brunner, Johannes (Hrsg.) (2005): Elternpädagogik. Von Elternarbeit zur Erziehungspartnerschaft. Lambertus Verlag: Freiburg im Breichsgau.

Bauer, Petra/Brunner, Ewald J./Morgenstern, Ines/Volkmar, Susanne (2005): Schulsozialarbeit an berufsbildenden Schulen. Das Thüringer Modell. Lambertus Verlag: Freiburg.

Baur, Jörg/Blumenberg, Franz-Jürgen (2004): Soziale Gruppenarbeit als Hilfe zur Erziehung. In: Fegert, Jörg M./Schrapper, Christian (Hrsg.): Handbuch Jugendhilfe – Jugendpsychiatrie. Interdisziplinäre Kooperation. Juventa Verlag: Weinheim und München, S. 125-134.

Behn, Sabine/Kügler, Nicole/Lembeck, Hans-Josef/Pleiger, Doris/Schaffranke, Dorte/Schroer, Miriam (2006): Mediation an Schulen. Eine bundesdeutsche Evaluation. VS Verlag: Wiesbaden.

Bertram, Hans (2006): Zur Lage der Kinder in Deutschland: Politik für Kinder als Zukunftsgestaltung. Innocenti Working Paper No. 2006-02. UNICEF Innocenti Research Centre: Florence.

Berufswahlpass unter www.berufswahlpass.de (letzter Zugriff: 25.7.2010).

Biermann, Christine (2007): Wie kommt Neues in die Schule? Individuelle und organisationale Bedingungen nachhaltiger Schulentwicklung am Beispiel Geschlecht. Juventa Verlag: Weinheim und München.

Bittlingmayer, Uwe H./Bauer, Ulrich (2008): Erwerb sozialer Kompetenzen. In: Coelen, Thomas/ Otto, Hans-Uwe (Hrsg.): Grundbegriffe der Ganztagsbildung. Das Handbuch. VS Verlag: Wiesbaden, S. 164-172.

Bleckmann, Peter/Durdel, Anja (Hrsg.) (2009): Lokale Bildungslandschaften. Perspektiven für Ganztagschulen und Kommunen. VS Verlag: Wiesbaden.

BMSFSJ – Bundesministerium für Familie, Senioren, Frauen und Jugend (2005): 12. Kinder- und Jugendbericht. Verfügbar unter: www.bmfsfj.de/RedaktionBMFSFJ/Abteilung5/Pdf-Anlagen/ zwoelfter-kjb [letzter Zugriff 16.3.2009].

Bohl, Thorsten (2002): Ressourcen in Schulentwicklungsprozessen. In: Grunder, Hans-Ulrich (Hrsg.): Schulentwicklung durch Kooperation und Vernetzung. Schule verändern. Klinkhardt Verlag: Bad Heilbrunn/Obb., S. 207-224.

Böhnisch, Lothar (1997): Sozialpädagogik der Lebensalter. Eine Einführung. Juventa Verlag: Weinheim und München.

Böhnisch, Lothar/Schefold, Werner (1985): Lebensbewältigung – Soziale und pädagogische Verständigungen an den Grenzen der Wohlfahrtsgesellschaft. Juventa Verlag: Weinheim und München.

Bojanowski, Arnulf (2006): Auf der Suche nach tragenden Theoremen – zur Programmatik einer „beruflichen Förderpädagogik". In: Spies, Anke/Tredop, Dietmar (Hrsg.): „Risikobiografien" – Benachteiligte Jugendliche zwischen Ausgrenzung und Förderprojekten. VS Verlag: Wiesbaden, S. 297-314.

Bolay, Eberhard (2004): (Praxis-)Forschung in der Kooperation von Jugendhilfe und Schule: Standort- und Bedarfsbestimmung. In: Hartnuß, Birger/Maykus, Stephan (Hrsg.): Handbuch Kooperation von Jugendhilfe und Schule. Eigenverlag des Dt. Vereins für Öffentliche und Private Fürsorge: Berlin, S.1007-1035.

Bolay, Eberhard (1999): Unterstützen, vernetzen, gestalten. Eine Fallstudie zur Schulsozialarbeit. Landeswohlfahrtsverband Württemberg-Hohenzollern: Stuttgart.

Bolay, Eberhard/Flad, Carola/Gutbrod, Heiner (2004): Jugendsozialarbeit an Hauptschulen und im Berufsvorbereitungsjahr in Baden-Württemberg. Sozialministerium des Landes Baden-Württemberg: Tübingen, Stuttgart.

Bolay, Eberhard/Gutbrod, Heiner/Flad, Carola (2005): Schulsozialarbeit – Impulse für die Ganztagsschule. In: Spies, Anke/Stecklina, Gerd (Hrsg.): Die Ganztagsschule – Schule und Jugendhilfe vor der Herausforderung gemeinsamen Handelns. Band II: Keine Chance ohne Kooperation – Handlungsformen und Institutionelle Bedingungen. Klinkhardt Verlag: Bad Heilbrunn/ Obb., S. 22-42.

Bondü, Rebecca/Meixner, Sabine/Bull, Heike Dele/Robertz, Frank J./Scheiterhauer, Herbert (2008): Schwere zielgerichtete Schulgewalt: School Shootings und „Amokläufe". In: Scheiterhauer, Herbert/Hayer, Tobias/Niebank, Kay (Hrsg.): Problemverhalten und Gewalt im Jugendalter. Erscheinungsformen, Entstehungsbedingungen, Prävention und Intervention. Kohlhammer Verlag: Stuttgart.

Bönsch, Manfred (2004): Kooperation von Jugendhilfe und Schule aus schulpädagogischer Sicht: Warum sollte sich Schule (auch) zur Jugendhilfe hin öffnen? In: Hartnuß, Birger/Maykus, Stephan (Hrsg.): Handbuch Kooperation von Jugendhilfe und Schule. Ein Leitfaden für Praxisreflexionen, theoretische Verortungen und Forschungsfragen. Eigenverlag des Dt. Vereins für Öffentliche und Private Fürsorge: Berlin, S. 126-139.

Booth, Tony (2008): Ein internationaler Blick auf inklusive Bildung. Werte für alle ? In: Hinz, Andreas/Körner, Ingrid/Niehoff, Ulrich (Hrsg.): Von der Integration zur Inklusion. Grundlagen – Perspektiven-- Praxis. 1. Auflage Lebenshilfe Verlag: Marburg, S. 53-73.

Bothmer, Henrik von (1994): Jugendsozialarbeit und Schule – Versuch einer Ortsbestimmung. In: Jugend Beruf Gesellschaft, Heft 1/1994, 45. Jg., S. 3-11.

Braun, Karl-Heinz (2006): „Schulversagen" – ein vielschichtiges Gefüge von objektiven Ursachen und subjektiven Gründen. In: Spies, Anke/Tredop, Dietmar (Hrsg.): „Risikobiografien". Benachteiligte Jugendliche zwischen Ausgrenzung und Förderprojekten. VS Verlag: Wiesbaden, S. 101-124.

Braun, Karl-Heinz (2008): Entwicklungsaufgaben. In: Coelen, Thomas/Otto, Hans-Uwe (Hrsg.): Grundbegriffe der Ganztagsbildung. Das Handbuch. VS Verlag: Wiesbaden, S. 109-117.

Braun, Karl-Heinz/Wetzel, Konstanze (Hrsg.) (2000): Sozialpädagogisches Handeln in der Schule. Einführung in die Grundlagen und Konzepte der Schulsozialarbeit. Luchterhand Verlag: Neuwied.

Braun, Karl-Heinz/Wetzel, Konstanze (Hrsg.) (2006): Soziale Arbeit in der Schule. Reinhardt Verlag: München.

Breidenstein, Georg (2006): Teilnahme am Unterricht – Ethnographische Studien zum Schülerjob. In: Krüger, Heinz-Hermann (Hrsg.): Studien zur Schul- und Bildungsforschung, Band 24. VS Verlag: Wiesbaden.

Bröcher, Joachim (2005): „Ab in den Trainingsraum!" Zur Kritik der „neuen" Disziplinierungspädagogik. In: Pädagogisches Forum: unterrichten, erziehen, Heft 3/2005, S. 139 – 145.

Buchinger, Hubert (1998): Zur Historiographie von Erziehungsschwierigkeiten in der Schule. In: Seibert, Norbert (Hrsg): Erziehungsschwierigkeiten in Schule und Unterricht. Klinkhardt Verlag: Bad Heilbrunn.

Büchner, Peter (2001): Kindliche Risikobiografien. Über die Kulturalisierung von sozialer Ungleichheit im Kindesalter. In: Rohrmann, Eckhard (Hrsg.): Mehr Ungleichheit für alle. Fakten, Analysen und Berichte zur sozialen Lage. Universitätsverlag C. Winter: Heidelberg, S. 97-114.

Büchner, Peter/Krüger, Heinz-Hermann (1996): Schule als Lebensort von Kindern und Jugendlichen. Zur Wechselwirkung von Schule und außerschulischer Lebenswelt. In: Büchner, Peter/ Fuhs, Burkhard/Krüger, Heinz-Hermann (Hrsg.): Vom Teddybär zum ersten Kuss. Wege aus der Kindheit in Ost- und Westdeutschland. Leske und Burdrich Verlag: Opladen, S. 201-224.

Bundesagentur für Arbeit/Kultusministerkonferenz (BA/KMK) (2004): Rahmenvereinbarung zwischen der Bundesagentur für Arbeit und der Kultusministerkonferenz über die Zusammenarbeit von Schule und Berufsberatung. Verfügbar unter http://www.kmk.org/fileadmin/pdf/PresseUndAktuelles/2004/RV_Schule_Berufsberatung.pdf (letzter Zugriff 31.1.2010).

Bundesjugendkuratorium (2002): Zukunftsfähigkeit sichern! Für ein neues Verhältnis von Bildung und Jugendhilfe. In: neue praxis. Zeitschrift für Sozialarbeit, Sozialpädagogik und Sozialpolitik, Heft 1/2002, 32. Jg., S. 3-9.

Christe, Gerhard (2008): Übergänge in den Beruf für benachteiligte Jugendliche. In: Coelen, Thomas/Otto, Hans-Uwe (Hrsg.): Grundbegriffe der Ganztagsbildung. Das Handbuch. VS Verlag: Wiesbaden, S. 358-370.

Coelen, Thomas (2004a): „Ganztagsbildung" – Integration von Aus- und Identitätsbildung durch die Kooperation zwischen Schule und Jugendeinrichtungen. In: Coelen, Thomas/Otto, Hans-Uwe (Hrsg): Grundbegriffe der Ganztagsschule. Beiträge zu einem neuen Bildungsverständnis in der Wissensgesellschaft. VS Verlag: Wiesbaden, S. 247-268.

Coelen, Thomas (2004b): Kommunale Jugendbildung. Vernetzung von Jugendhilfe und Schule als kommunales Angebot. In: Hartnuß, Birger/Maykus, Stephan (Hrsg.): Handbuch Kooperation von Jugendhilfe und Schule. Ein Leitfaden für Praxisreflexionen, theoretische Verortungen und Forschungsfragen. Eigenverlag des Dt. Vereins für Öffentliche und Private Fürsorge: Berlin, S. 255-276.

Deeken, Sven/Butz, Bert (2010): Berufsorientierung – Beitrag zur Persönlichkeitsentwicklung. Expertise im Auftrag des Good Practice Center (GPC). Bundesinstitut für Berufsbildung (BIBB): Bonn.

Deinet, Ulrich/Krisch, Richard (2003): Der sozialräumliche Blick der Jugendarbeit. Methoden und Bausteine zur Konzeption und Qualifizierung. VS Verlag: Wiesbaden.

Deinet, Ulrich/Reutlinger, Christian (2004): Einführung. In: Deinet, Ulrich/Reutlinger, Christian (Hrsg.): „Aneignung" als Bildungskonzept der Sozialpädagogik. Beiträge zur Pädagogik des Kindes- und Jugendalters in Zeiten entgrenzter Lernorte. VS Verlag: Wiesbaden, S. 7-18.

Deinet, Ulrich/Sturzenhecker, Benedikt (Hrsg.) (2005): Handbuch Offene Kinder und Jugendarbeit. 3., völlig überarbeitete und erweiterte Auflage, 2005, VS Verlag: Wiesbaden.

Deinet, Ulrich (2008): Offene Kinder- und Jugendarbeit. In: Coelen, Thomas/Otto, Hans-Uwe (Hrsg.): Grundbegriffe der Ganztagsbildung. Das Handbuch. VS Verlag: Wiesbaden, S. 467-475.

Delory-Momberger, Christine (2010): Diversität unterrichten und lernen. Eine erzieherische und politische Herausforderung. In: Aufenanger, Stefan/Hamburger, Franz/Ludwig, Luise/Tippelt,

Rudolf (Hrsg.): Bildung in der Demokratie. Beiträge zum 22. Kongress der Deutschen Gesellschaft für Erziehungswissenschaft. Babara Budrich Verlag: Opladen, S. 55-65.

Deutscher Städtetag (2007): Aachener Erklärung des Deutschen Städtetages anlässlich des Kongresses „Bildung in der Stadt" am 22./23. November 2007 verfügbar unter: http://ec.europa.eu/education/migration/germany9_de.pdf (letzter Zugriff 29.4.10).

Deutscher Verein für öffentliche und private Fürsorge (2001): Weiterentwickelte Empfehlung und Arbeitshilfe für den Ausbau und die Verbesserung der Zusammenarbeit der Kinder- und Jugendhilfe mit der Schule. URL: http://www.deutscher-verein.de/stellungnahmen/200103. (letzter Zugriff 20.6.2010).

Deutscher Verein für öffentliche und private Fürsorge (Hrsg.) (1997). Fachlexikon der sozialen Arbeit. 4. Auflage, Eigenverlag: Frankfurt am Main.

Diehm, Isabell (2004): Schulentwicklung in der Einwanderungsgesellschaft: Ein „blinder Fleck" der aktuellen Reformdebatte. In: Ackermann, Heike/Rahm, Sibylle (Hrsg.) (2004). Kooperative Schulentwicklung. VS Verlag: Wiesbaden, S. 127-152.

Diehm, Isabell (2008): Ethnie und Migration. In: Coelen, Thomas/Otto, Hans-Uwe (Hrsg.): Grundbegriffe der Ganztagsbildung. Das Handbuch. VS Verlag: Wiesbaden, S. 98-108.

Drilling, Matthias (2004): Schulsozialarbeit. Antworten auf veränderte Lebenswelten. 3. Aktualisierte Auflage, Haupt Verlag: Bonn, Stuttgart, Wien.

Drilling, Matthias/Stäger, Claudine (2000): Schulsozialarbeit als Präventionskonzept der Jugendhilfe. Erste Erfahrungen aus einem Pilotprojekt. In: Vierteljahreszeitschrift für Heilpädagogik und ihre Nachbargebiete. Heft 1, S. 32-44.

Düx, Wibken/Sachs, Erich (2005): Lernen in informellen Kontexten. Lernpotenziale in Settings des freiwilligen Engagements. In: Zeitschrift für Erziehung Heft 3/2005, S. 394-411.

Ehninger, Frank/Melzer, Wolfgang (2005): Der mögliche Beitrag der Ganztagsschule zur Kompetenzentwicklung von Schülerinnen und Schülern. In: Spies, Anke/Stecklina, Gerd (Hrsg.): Die Ganztagsschule – Herausforderung an Schule und Jugendhilfe. Band 1: Dimensionen und Reichweite(n) des Entwicklungsbedarfs. Klinkhardt Verlag: Bad Heilbrunn, S. 35-54.

Engel, Frank (2004): Allgemeine Pädagogik, Erziehungswissenschaft und Beratung. In: Nestmann, Frank/Engel, Frank/Sickendiek, Ursel (Hrsg.): Das Handbuch der Beratung. Band 1: Disziplinen und Zugänge. dgtv Verlag: Tübingen, S. 103-114.

Engelke, Ernst (2002): Theorien der Sozialen Arbeit – Eine Einführung. 3. Auflage, Lambertus Verlag: Freiburg im Breisgau.

Faulstich-Wieland, Hannelore/Tillmann, Klaus Jürgen (1984): Schulsozialarbeit zwischen Konflikt und Akzeptanz. Deutsches Jugendinstitut: München.

Fend, Helmut (2006): Neue Theorie der Schule. Einführung in das Verstehen von Bildungssystemen. VS Verlag: Wiesbaden.

Fingerle, Michael (2007): Der riskante Begriff der Resilienz – Überlegungen zur Resilienzförderung im Sinne der Organisation von Passungsverhältnissen. In: Opp, Günther/Fingerle, Michael (Hrsg.): Was Kinder stärkt. Erziehung zwischen Risiko und Resilienz. 2., völlig neu bearbeitete Auflage, Reinhardt Verlag: München, S. 299-310.

Flad, Carola/Gutbrod, Heiner (2005): Ganztagsschule und Kooperationskonzept? Überlegungen ausgehend von der Schulsozialarbeit. In: Spies, Anke/Stecklina, Gerd (Hrsg.): Die Ganztagsschule – Schule und Jugendhilfe vor der Herausforderung gemeinsamen Handelns. Band II: Keine Chance ohne Kooperation – Handlungsformen und institutionelle Bedingungen. Klinkhardt Verlag: Bad Heilbrunn/Obb., S. 43-57.

Flammer, August (1999): Unabhängigkeit, Selbständigkeit und abhängige Selbständigkeit. In: Vierteljahresschrift für Heilpädagogik und ihre Nachbarwissenschaften, 68. Jahrgang, Heft 2, S. 130-147.

Flitner, Wilhelm (Hrsg.) (1950): Allgemeine Pädagogik, 14. Auflage 1974, Klett Verlag: Stuttgart.

Füller, Christian (2009): Die gute Schule. Wo unserer Kinder gerne lernen. Droemer Verlag: München

Galuske, Michael (2003): Methoden der Sozialen Arbeit. Eine Einführung. 5. Auflage. In: Rauschenbach, Thomas (Hrsg.): Grundlagentexte. Sozialpädagogik/Sozialarbeit. Juventa Verlag: Weinheim und München.

Ganztagsschule Bundesprogramm unter www.ganztaegig-lernen.org (letzter Zugriff: 25.8.2010).

Girmes, Renate (2008a): Aufgabe Zukunft. Selbstwirksamkeit und Übernahme von Verantwortung in der Berufs- und Lebensorientierung. In: Pädagogik, 60 Jg., Heft 3/2008, 60. Jg., S. 16-19.

Girmes, Renate (2008b): Bildung als orientierende Kategorie verantworteter Bildungsräume. In: Vierteljahrsschrift für wissenschaftliche Pädagogik. Paderborn – Band 84. Heft 1/2008, S. 27-50.

Goethe, Franziska (2005): Zum Ausmaß des Schulschwänzens – Eine Darstellung der neueren empirischen Untersuchung und ihrer Methode. In: Barth, Gernot/Henseler, Joachim (Hrsg.): Jugendliche in Krisen. Über den pädagogischen Umgang mit Schulverweigerern, Band 2. Schneider Verlag Hohengehren: Baltmannsweiler, S. 65-76.

Goffman, Erving (1962): On cooling the mark out: Some aspects of adaptation to failure. In: Arnold M. Rose (Hrsg.): Human Behavior and Social Processes. Boston, S. 482-505.

Gollan Julia/Ulbrich Mary (2006): Konzept Schulsozialarbeit Recklinghausen-Suderwich, URL: http://www.geresu.de/Dokumente/KonzeptSSAGeresu.pdf (letzter Zugriff 17.06.2010).

Good-Practice-Center (GPC) im Bundesinstitut für Berufsbildung (BIBB) unter www.good-practice.de (letzter Zugriff: 25.8.2010).

Göppel, Rolf (2009): Von der Tyrannei der Erziehungsratgeber. Oder: Die Abschaffung der Sachlichkeit. Anmerkungen zu Michael Winterhoffs Buch: „Warum unsere Kinder zu Tyrannen werden. Oder: Die Abschaffung der Kindheit“. In: Zeitschrift für Sozialpädagogik, Heft 2/2009, S.114-130.

Griese, Christiane/Levin, Anne/Schmidt, Andrea (Hrsg.) 2007: Mütter, Väter, Supernannies. Funktionalisierende Tendenzen in der Erziehung Schneider Verlag Hohengehren: Baltmannsweiler.

Gröning, Katharina (2009): Entwicklungslinien pädagogischer Beratung – Eine kritische Reflexion über Beratungsformen und Beratungsverständnis. In: neue praxis. Zeitschrift für Sozialarbeit, Sozialpädagogik und Sozialpolitik, Heft 2/2009, 39. Jg., S. 103-116.

Großkopf, Steffen (2007): Normalbiografien. Qualifikationsparadox und mangelnde Tatbestandsgesinnung in der Pädagogik. In: neue praxis. Zeitschrift für Sozialarbeit, Sozialpädagogik und Sozialpolitik, Heft 3/1007, 37. Jg., S. 307- 323.

Grossmann, Wilma (1987): Aschenputtel im Schulalltag. Historische Entwicklung und Perspektiven von Schulsozialarbeit. Deutscher Studienverlag: Weinheim.

Hammerer, Franz (2008). Die Schule der Zukunft braucht Raum – und eine Anpassung der Schulbaurichtlinien. In: SchulNews Nr. 02/2008, S. 1-7.

Hammerer, Franz/Dolesch, Armin (2005). Die vorbereitete Umgebung oder: Schulen als „Treibhäuser der Zukunft“ brauchen Raum. In: Erziehung und Unterricht, Heft 7-8, 155. Jg., S. 738-746.

Heiner, Maja (1994): Methodisches Handeln in der Sozialen Arbeit. Lambertus Verlag: Freiburg.

Heiner, Maja/Schrapper, Christian (2004): Diagnostisches Fallverstehen in der Sozialen Arbeit. Ein Rahmenkonzept. In: Schrapper, Christian (Hrsg.): Sozialpädagogische Diagnostik und Fallverstehen in der Jugendhilfe. Anforderungen, Konzepte, Perspektiven. Juventa: Weinheim. S. 201-221.

Heiner, Maja (Hrsg.) (2004): Diagnostik und Diagnosen in der Sozialen Arbeit. Ein Handbuch. des Deutschen Vereins für öffentliche und private Fürsorge: Berlin.

Heinrich-Böll-Stiftung (Hrsg.) (2008): Bildungsgerechtigkeit im Lebenslauf. Damit die Bildungsarmut nicht weiter vererbt wird. Eine Empfehlung der Heinrich-Böll-Stiftung. Heinrich-Böll-Stiftung: Berlin.

Helsper, Werner (2001): Die sozialpädagogische Schule als Bildungsvision. Eine paradoxe Entparadoxierung. In: Becker, Peter/Schirp, Jochen (Hrsg.): Jugendhilfe und Schule. Zwei Handlungsrationalitäten auf dem Weg zu einer? Votum Verlag: Münster, S. 20-45.

Helsper, Werner/Busse, Susann (2007): Familie und Schule. In: Ecarius, Jutta (Hrsg.): Handbuch Familie. 1. Auflage. VS-Verlag: Wiesbaden, S. 321-341.

Helsper, Werner/Hummrich, Merle (2008): Familien. In: Coelen, Thomas/Otto, Hans-Uwe (Hrsg.): Grundbegriffe der Ganztagsbildung. Das Handbuch. VS-Verlag: Wiesbaden. S. 371-381.

Hentig, Hartmut von (1996) : Bildung. Ein Essay. Hanser Verlag: München.

Hentig, Hartmut von (2003): Die Schule neu denken. Eine Übung in pädagogischer Vernunft. Beltz Verlag: München.

Heydenreich, Christina (2007): Effekte, Nutzen und Effizienz der Berufsbezogenen Jugendhilfe. In: Sozialmagazin, Heft 5/2007, 32. Jg., Weinheim, S. 39-49.

Hillenbrand, Clemens (2009): Schulbasierte Prävention von Schulabsentismus und Dropout. In: Ricking, H./Schulze, G./Wittrock, M. (Hrsg.): Schulabsentismus und Dropout. Schöningh Verlag UTB: Paderborn, S. 170-191.

Hollaschke, Ingo/Kickartz, Friederike/Hofmann, Cornelia (2007): Jeder kann zum Schulschwänzer werden – Ergebnisse einer Untersuchung zu Schulabsentismus an vier Grundschulen. In: Zeitschrift für Heilpädagogik, Band 58, Heft 12/2007, S. 477-486

Holtappel, Heinz Günter/Höhmann, Katrin (Hrsg.) (2005): Schulentwicklung und Schulwirksamkeit. Systemsteuerung, Bildungschancen und Entwicklung der Schule. Juventa Verlag: Weinheim.

Homfeldt, Hans Günther/Schneider, Marie (2007): Internationale Entwicklungen in der Schulsozialarbeit. In: Knapp, Gerald/Lauermann, Karin (Hrsg.): Schule und Soziale Arbeit. Zur Reform der öffentlichen Erziehung und Bildung in Österreich. Verlag Hermagoras/Mohorjeva: Klagenfurt, Wien, S. 221-246

Huxtable, Marion/Blyth, Eric (Hrsg.) (2002): School Social Work Worldwide. National Association of Social Workers (NASW): Washington, DC.

Icking, Maria (2006): Unternehmen als Kooperationspartner der Schule. In: Deinet, Ulrich/Icking, Maria (Hrsg.): Jugendhilfe und Schule. Analysen und Konzepte für die kommunale Kooperation. Budrich Verlag: Opladen, S. 157-172.

International Network Schoolsocialwork: http://internationalnetwork-schoolsocialwork.htmlplanet.com/

IPOS – Mannheimer Institut für praxisorientierte Sozialforschung (Hrsg.) (2003): Jugendliche und junge Erwachsene in Deutschland. Ergebnisse einer repräsentativen Bevölkerungsumfrage November/Dezember 2002. verfügbar unter http://www.bmfsfj.de/Kategorien/Forschungsnetz/forschungs-berichte,did=16338.html [letzter Zugriff 16.2.04].

Jordan, Erwin/Sengling, Dieter (Hrsg.) (2000): Kinder und Jugendliche. Einführung in Geschichte und Handlungsfelder, Organisationsformen und gesellschaftliche Problemlagen. Neuausgabe 2000, Juventa Verlag: Weinheim und München.

Jugert, Gert/Rehder, Anke/Notz, Peter/Petermann, Franz (2002): Fit for Life. Module und Arbeitsblätter zum Training sozialer Kompetenzen für Jugendliche. 2. durchgesehene korrigierte Auflage. Juventa Verlag: Weinheim.

Jugert, Gert/Rehder, Anke/Notz, Peter/Petermann, Franz (2010): Fit for Life – Module und Arbeitsblätter zum Training sozialer Kompetenz für Jugendliche. 8. Auflage, Juventa Verlag: Weinheim und München.

Kahl, Reinhard (2005): Treibhäuser der Zukunft – Wie Schule in Deutschland gelingen. Ein Film des Archivs der Zukunft unter www.archiv-der-zukunft.de (letzter Zugriff: 25.8.2010).

Klafki, Wolfgang (1995): Schule: Regelschulen, Reformschulen, Privatschulen. In: Krüger, Heinz-Hermann/Rauschenbach, Thomas (Hrsg.): Einführung in die Arbeitsfelder der Erziehungswissenschaft. Leske und BudrichVerlag: Opladen, S. 29-60.

Klafki, Wolfgang (2003): Lernen in Gruppen. Ein Prinzip demokratischer und humaner Bildung in allen Schulen. In: Gudjons, Herbert (Hrsg.): Handbuch Gruppenunterricht. 2. Auflage, Beltz Verlag: Weinheim und Basel, S. 41-53.

Klein-Allermann, Elke/Kracke, Baerbel (1995): Schulische Entwicklung und Berufsorientierung: Der Einfluss von Familie und Schule. In: Hundsalz, Andreas/Klug, Hans Peter/Schilling, Herbert (Hrsg.): Beratung für Jugendliche. Lebenswelten, Problemfelder, Beratungskonzepte. Juventa Verlag: Weinheim, S. 249-266.

Kleve, Heiko (1999): Postmoderne Sozialarbeit: ein systemtheoretisch-konstruktivistischer Beitrag zur Sozialarbeitswissenschaft. Institut für Beratung und Supervision (IBS): Aachen.

Klippert, Heinz (2008a): Pädagogische Schulentwicklung. Strategien zur systematischen Weiterentwicklung des Unterrichts. URL: http://wiki.zum.de/images/e/e9/Basisartikel_zu_PSE.pdf (letzter Zugriff 23.7.2010).

Klippert, Heinz (2008b). Pädagogische Schulentwicklung. Planungs- und Arbeitshilfen zur Förderung einer neuen Lernkultur. 3. Auflage, Beltz Verlag: Weinheim und Basel.

Kohlmeyer, Klaus/Mauruszat, Regine (2006): Kooperation von Schule und Jugendhilfe – „Was gibt's denn da zu lernen?" Abschlussbericht der wissenschaftlichen Begleitung zum Modellprojekt „berufs- und arbeitsweltbezogene Schulsozialarbeit". Berlin. Verfügbar unter: http://www.forum-schulsozialarbeit.de/info_wiss-beleit-Dateien/BAS_Abschlussbericht_2006.pdf; download am 30.6.2007.

Kooperationsverbund Schulsozialarbeit (2006): Berufsbild und Anforderungsprofil der Schulsozialarbeit. Eigenverlag: Bonn. Verfügbar unter: http://www.agj.de/pdf/3-5/Kooperationsverbund.pdf [letzter Zugriff 17.3.2009].

Krafeld, Franz Josef (1989): Anders leben lernen. Von berufsfixierten zu ganzheitlichen Lebensorientierungen. Beltz Verlag: Weinheim.

Krapp, Andreas/Weidenmann, Bernd (Hrsg.) (2006): Pädagogische Psychologie. Beltz Verlag: Weinheim.

Krebs, Andreas (2002): Sichtweisen und Einstellungen heranwachsender Jungen. Ergebnisse einer Befragung in Hamburger Schulen. Eigenverlag Freie und Hansestadt Hamburg

Krüger, Gerd (1999): Ist soziale Gruppenarbeit „marktfähig"? In: Standpunkt: sozial. Heft 3/1999, S. 37-31. Online abrufbar unter: http://www.sp.haw-hamburg.de/sp/standpunkt1/treber/Krueger.htm.[25.05.2008].

Kunert, Kurt (2001): Gruppenlernen. In: Otto, Hans Uwe/Thiersch, Hans (Hrsg.): Handbuch der Sozialarbeit/Sozialpädagogik. 2. Auflage, Luchterhand Verlag: Neuwied, Hermann, S. 745-756.

Lattorf, Daniel/Spies, Anke (2011): Soziales Lernen nach Programm – Wenn Schüler und Schülerinnen Konflikte managen und Frieden stiften (müssen) (im Erscheinen).

Lave, Jean/Wenger, Etienne (1991): Situated Learning. Legitimate peripheral. University Press: Cambridge.

Leiprecht, Rudolf (2008): Von Gender Mainstreaming und Interkultureller Öffnung zu Managing Diversity – Auf dem Weg zu einem gerechten Umgang mit sozialer Heterogenität als Normalfall in der Schule. In: Seeman, Malwine (Hrsg.): Ethnische Diversitäten, Gender und Schule. Geschlechterverhältnisse in Theorie und schulischer Praxis. Oldenburger Beiträge zur Geschlechterforschung. Band 9. BIS-Verlag: Oldenburg, S. 95-112.

Leiprecht, Rudolf/Lutz, Helma (2005): Intersektionalität im Klassenzimmer: Ethnizität, Klasse, Geschlecht. In: Leiprecht, Rudolf/Kerber, Anne (Hrsg.): Schule in der Einwanderungsgesellschaft. Wochenschau Verlag: Schwalbach/Ts., S. 218-234.

Leonhardt, Ulrike (2002): Präventive Arbeit in der Schule. Das Modellprojekt Die Kinder des Tantalus. In: Gericke, Thomas/Lex, Tilly/Schaub, Günther/Schrieber-Kittl, Maria/Schröpfer Haike (Hrsg.): Jugendliche fördern und fordern. Strategien und Methoden einer aktivierenden Jugendsozialarbeit. Übergänge in Arbeit, Band 1. Deutsches Jugendinstitut: München.

Leonhardt, Ulrike (2003): Kooperation gegen Schulmüdigkeit. Das Bundesmodellprojekt „Die Kinder des Tantalus?“ In: inform Heft 1/2003, S. 4-10.
Leonhardt, Ulrike (2005): ‚Individuelle Bildungsplaung‘ und ‚Fallverstehen‘ als Profil von Ganztagsschulen. In: Spies, Anke/Stecklina, Gerd (Hrsg.): Die Ganztagsschule – Herausforderung an Schule und Jugendhilfe. Band 1: Dimensionen und Reichweiten des Entwicklungsbedarfs. Klinkhardt Verlag: Bad Heilbrunn, S. 86-103.
Lex, Tilly (1997). Berufswege Jugendlicher zwischen Integration und Ausgrenzung. Deutsches Jugendinstitut, Juventa Verlag: Weinheim und München.
Lex, Tilly (2000). Jugendhilfebetrieb – Jugendhilfe zwischen Arbeitsförderung und Marktorientierung. Literaturbericht und Bibliographie. Arbeitspapiere aus dem Forschungsschwerpunkt Übergänge in Arbeit. Deutsches Jugendinstitut e.V.: München.
Liebig, Thomas (2007): The labour market integration of immigrants in Germany. OECD Social, Employment and Migration Working Papers, No. 47. verfügbar unter: http://www.oecd.org/dataoecd/28/5/38163889.pdf (letzter Zugriff 12.8.2010)
Liegle, Ludwig (2009): Müssen Eltern erzogen werden? In: Beckmann, Christof/Otto, Hans-Uwe/ Richter, Martina/Schrödter, Mark (Hrsg.): neue praxis – Sonderheft 9. Neue Familialität als Herausforderung der Jugendhilfe. Neue Praxis Verlag: Lahnstein, S. 100-107.
Liermann, Hans (2004): Schulpsychologische Beratung. In: Nestmann, Frank/Engel, Frank/Sickendik, Ursel (Hrsg.): Das Handbuch der Beratung. Band 2: Ansätze, Methoden und Felder. dgvt Verlag: Tübingen, S. 865-877.
Lindner, Werner/Thole, Werner/Weber, Jochen (Hrsg.) (2003): Kinder- und Jugendarbeit als Bildungsprojekt. Leske + Budrich Verlag: Opladen.
Loos, Peter/Schäffer, Burkhard (Hrsg.) (2001): Das Gruppendiskussionsverfahren – Theoretische Grundlagen und empirische Anwendung. Leske + Budrich Verlag: Opladen.
Ludewig, Jürgen/Parr, Marion (2001): Schulsozialarbeit. In: Fülbier, Paul/Münchmeier, Richard (Hrsg.): Handbuch Jugendsozialarbeit. Votum Verlag: Münster, S. 516-533.
Luhmann, Niklas (1986). Codierung und Programmierung. Bildung und Selektion im Erziehungssystem. In: Tenorth, Heinz-Elmar (Hrsg.) (1986). Allgemeine Bildung – Analysen zu ihrer Wirklichkeit, Versuche über ihre Zukunft. Juventa Verlag: Weinheim und München, S. 154-183.
Luhmann, Niklas (1995). Inklusion und Exklusion. In Soziologische Aufklärung 6: Die Soziologie und der Mensch. Westdeutscher Verlag: Opladen, S. 237-264.
Luhmann, Niklas (1997): Die Gesellschaft der Gesellschaft. Suhrkamp Verlag: Frankfurt.
Luhmann, Niklas (2002). Das Erziehungssystem der Gesellschaft. Suhrkamp Verlag: Frankfurt am Main.
Meinhold, Marianne (1994): Ein Rahmenmodell zum methodischen Handeln in der Sozialen Arbeit. In: Heiner, Maja, Methodisches Handeln in der Sozialen Arbeit. Lambertus Verlag: Freiburg, S. 184-217.
Matt, Eduard (2005): Ausbildung und Berufsqualifikation. In: Anhorn, Roland/Bettinger, Frank/ Stehr (Hrsg.) : Sozialer Ausschluss und Soziale Arbeit. Positionsbestimmungen einer kritischen Theorie und Praxis Sozialer Arbeit, VS Verlag: Wiesbaden, S. 351-366
May, Michael (2007): Jugendberufshilfe – oder der immer wieder neue Versuch, strukturellen und institutionellen Diskriminierungen pädagogisch zu begegnen. In: neue praxis. Zeitschrift für Sozialarbeit, Sozialpädagogik und Sozialpolitik. Heft 4/2007, 37. Jg., S. 420-435.
Maykus, Stephan (2004a): Kooperation von Jugendhilfe und Schule aus sozialpädagogischer Sicht: sozialintegrative Optionen von Sozialpädagogik im Kontext von Schule. In: Hartnuß, Birger/ Maykus, Stephan (Hrsg.): Handbuch Kooperation von Jugendhilfe und Schule. Ein Leitfaden für Praxisreflexionen, theoretische Verortungen und Forschungsfragen. Eigenverlag des Dt. Vereins für Öffentliche und Private Fürsorge: Berlin, S. 164-190.
Maykus, Stephan (2004b): Merkmale sozialpädagogischer Bildungsarbeit in der (Mit-) Gestaltung von individuellen und institutionellen Bildungsprozessen: Schlussfolgerungen für die Konzep-

tionalisierung von Schulsozialarbeit. In: Hartnuß, Birger/Maykus, Stephan (Hrsg.): Handbuch Kooperation von Jugendhilfe und Schule. Ein Leitfaden für Praxisreflexionen, theoretische Verortungen und Forschungsfragen. Eigenverlag des Dt. Vereins für Öffentliche und Private Fürsorge: Berlin, S. 299-325.

Maykus, Stephan (2009): Neue Perspektiven für Kooperation: Jugendhilfe und Schule gestalten kommunale Systeme von Bildung, Betreuung und Erziehung. In: Bleckmann, Peter/Durdel, Anja (Hrsg.): Lokale Bildungslandschaften. Perspektiven für Ganztagsschulen und Kommunen. VS Verlag: Wiesbaden.

Meinhold, Marianne (2000): Einzelfallhilfe/Case-Management. In: Otto, Hans-Uwe/Thiersch, Hans (Hrsg.): Handbuch der Sozialarbeit/Sozialpädagogik. Luchterhand Verlag: Neuwied/Kriftel, S. 361-367.

Melzer, Wolfgang/Schubarth, Wilfried (2008): (Gewalt-)Prävention. In: Coelen, Thomas/Otto, Hans-Uwe (Hrsg.): Grundbegriffe der Ganztagsbildung. Das Handbuch. VS Verlag: Wiesbaden, S. 241-252.

Merchel, Joachim (1991): Jugendsozialarbeit im KJHG: mehr als nur § 13! – Zur jugendhilferechtlichen Verortung der Jugendsozialarbeit und ihrer Träger. In: Jugend Beruf Gesellschaft, Heft 2/1991, 42. Jg., S. 72-81.

Michel, Andrea (2005): Den Schulausstieg verhindern. Forschungsschwerpunkt Übergänge in Arbeit, Dokumentation 03/2005. Deutsches Jugendinstitut: München/Halle.

Mielenz, Ingrid (1984): Aufgaben der Jugendhilfe bei Jugendarbeitslosigkeit und Berufsnot junger Menschen – Praxisbeispiele zur Einmischungsstrategie. Arbeitsgemeinschaft für Jugendhilfe (AGJ): Bonn.

Möbius, Thomas/Friedrich, Sibylle (Hrsg.) (2010): Ressourcenorientiert Arbeiten. Anleitung zu einem gelingenden Praxistransfer im Sozialbereich. VS Verlag: Wiesbaden.

Mollenhauer, Klaus (1988): Integration, soziale. In: Kreft, Dieter/Mielenz, Ingrid (Hrsg.): Wörterbuch Soziale Arbeit – Aufgaben, Praxisfelder, Begriffe und Methoden der Sozialarbeit und Sozialpädagogik. 3. Auflage, Beltz Verlag: Weinheim und Basel.

Mollenhauer, Klaus (1998): „Über die Schwierigkeit, von Leuten zu erzählen, die nicht recht wissen, wer sie sind". Einige bildungstheoretische Motive in Romanen von Thomas Mann. In: Zeitschrift für Pädagogik, Nr. 444/1998, 52. Jahrgang., S. 487-502.

Mührel, Eric (2005): Verstehen als Grundvoraussetzung für eine Soziale Diagnose. In: Sozialmagazin Heft 7-8/2005, 30. Jg., S. 32-36.

Müller, Burkhard (1997): Sozialpädagogisches Können. Ein Lehrbuch zur multiperspektivischen Fallarbeit. 3. Auflage, Lambertus Verlag: Freiburg im Breisgau.

Müller, Burkhard (2004): Handlungskompetenz in der Schulsozialarbeit – Methoden und Arbeitsprinzipien. In: Hartnuß, Birger/Maykus, Stephan (Hrsg.): Handbuch Kooperation von Jugendhilfe und Schule. Ein Leitfaden für Praxisreflexionen, theoretische Verortungen und Forschungsfragen. Eigenverlag des Dt. Vereins für Öffentliche und Private Fürsorge: Berlin, S. 222-237.

Müller, Wolfgang C. (2006): Wie Helfen zum Beruf wurde – Eine Methodengeschichte der Sozialen Arbeit. Edition Sozial, Neuausgabe, Juventa Verlag: Weinheim und München.

Münchmeier, Richard (2005): Entstrukturierung der Jugendphase – Chancen und Risiken für den Berufseinstieg. In: Deutsche Kinder- und Jugendstiftung (Hrsg.): Jung. Talentiert. Chancenreich? Beschäftigungsfähigkeit von Jugendlichen fördern. Budrich Verlag: Opladen, S. 29-45.

Münder, Johannes/Meysen, Thomas/Trenczek, Thomas (2009): Frankfurter Kommentar zum SGB VIII. Kinder und Jugendhilfe. 6. vollständig überarbeitete Auflage, Nomos Verlagsgesellschaft: Baden-Baden.

Munoz, Vernor (2007): General Assembly: IMPLEMENTATION OF GENERAL ASSEMBLY RESOLUTION 60/251 OF 15 MARCH 2006 ENTITLED "HUMAN RIGHTS COUNCIL". Report of the Special Rapporteur on the right to education, Vernor Muñoz. verfügbar unter http://

www.netzwerk-bildungsfreiheit.de/pdf/Munoz_Mission_on_Germany.pdf (letzter Zugriff 12.8.2010)

Mutzeck, Wolfgang (2004): Kooperative Beratung. In: Nestmann, Frank/Engel, Frank/Sickendiek, Ursel (Hrsg.): Das Handbuch der Beratung. dgvt-Verlag: Tübingen, S. 691-698.

Negt, Oskar (1999): Kindheit und Schule in einer Welt der Umbrüche. Steidl Verlag: Göttingen.

Nentwig-Gesemann, Iris/Streblow, Claudia/Bohnsack, Ralf (2005): Schlüsselerlebnisse und Lernprozesse Jugendlicher in zukunftsqualifizierender Projektarbeit. Eine programmübergreifende Analyse. In: Deutsche Kinder- und Jugendstiftung (Hrsg.): Jung. Talentiert. Chancenreich? Beschäftigungsfähigkeit von Jugendlichen fördern. Budrich Verlag: Opladen, S. 47-90.

Nestmann, Frank (2004): Beratungspsychologie/Counselling Psychologie. In: Nestmann, Frank/Engel, Frank/Sickendik, Ursel (Hrsg.): Das Handbuch der Beratung. Band 2: Ansätze, Methoden und Felder. dgvt Verlag: Tübingen, S. 61-72.

Nestmann, Frank/Sickendiek, Ursel/Engel, Frank (2004): Statt einer „Einführung“: Offene Fragen „gute Beratung“. In: Nestmann, Frank/Engel, Frank/Sickendiek, Ursel (Hrsg.): Das Handbuch der Beratung. Band 2: Ansätze, Methoden und Felder. dgvt Verlag: Tübingen, S. 599-607.

Nevermann, Christiane (2004): Schulstationen – Emotionale und soziale Integration im Lernfeld Schule. In: Preuss-Lausitz, Ulf (Hrsg.): Schwierige Kinder – Schwierige Schule. Konzepte und Praxisprojekte zur integrativen Förderung verhaltensauffälliger Schülerinnen und Schüler. Beltz-Verlag: Weinheim und Basel, S. 125-139.

Nieslony, Frank (1997): Schulsozialarbeit in den Niederladen. Perspektiven für Deutschland? Reihe: Focus Soziale Arbeit – Materialien 1. Leske + Budrich Verlag: Opladen.

Nieslony, Frank/Jongebloed, Jens (2002): Der Ruf nach Schulsozialarbeit – Verbesserte Kooperation zwischen Sozialpädagogen und Lehrern. In: Theorie und Praxis der Sozialen Arbeit, Heft 4, S. 275-281.

Oelerich, Gertrud/Schaarschuch, Andreas (Hrsg.) (2005): Soziale Dienstleistungen aus Nutzersicht. Zum Gebrauchswert Sozialer Arbeit. Reinhardt Verlag: München und Basel.

Olk, Thomas (2005): Kooperation zwischen Jugendhilfe und Schule. In: Sachverständigenkommission Zwölfter Kinder- und Jugendbericht (Hrsg.): Materialien zum Zwölften Kinder- und Jugendbericht. Band 4 Kooperationen zwischen Jugendhilfe und Schule. Verlag Deutsches Jugendinstitut: München, S. 9-100.

Olk, Thomas (2008): Kommunale Bildungsplanung. In: Coelen, Thomas/Otto, Hans-Uwe (Hrsg.): Grundbegriffe der Ganztagsschule. Beiträge zu einem neuen Bildungsverständnis in der Wissensgesellschaft. VS Verlag: Wiesbaden, S. 949-957.

Olk, Thomas/Bathke, Gustav-Wilhelm/Hartnuß, Birger (2000): Jugendhilfe und Schule. Empirische Befunde und theoretische Reflexionen zur Schulsozialarbeit. In: Otto, Hans-Uwe/Thiersch, Hans (Hrsg.): Edition Soziale Arbeit. Juventa Verlag: Weinheim und München.

Olk, Thomas/Speck, Karsten/Bathke, Gustav-Wilhelm (Hrsg.) (2003): Abschlussbericht zur wissenschaftlichen Begleitforschung. Schulsozialarbeit in Sachsen-Anhalt: „Zusammenarbeit von Schule und Jugendhilfe – Schulsozialarbeit in Schulen Sachsen-Anhalts“, Forschungsbericht im Auftrag des Kultusministeriums und des Ministeriums für Arbeit, Soziales und Gesundheit des Landes Sachsen-Anhalt, Martin-Luther-Universität Halle-Wittenberg.

Opaschowski, Horst W./Pries, Michael (2008): Freizeit, Freie Zeit, Muße und Geselligkeit. In: Coelen, Thomas/Otto, Hans-Uwe (Hrsg.): Grundbegriffe der Ganztagsschule. Beiträge zu einem neuen Bildungsverständnis in der Wissensgesellschaft. VS Verlag: Wiesbaden, S. 422-431.

Otto, Hans-Uwe/Rauschenbach, Thomas (Hrsg.) (2004): Die andere Seite der Bildung – Zum Verhältnis von formellen und informellen Bildungsprozessen. VS Verlag: Wiesbaden.

Otto, Hans-Uwe/Jürgen Oelkers (Hrsg.) (2006): Zeitgemäße Bildung. Herausforderung für Erziehungswissenschaft und Bildungspolitik. Reinhardt Verlag: München

Otto, Ulrich (2006): Die „Standards for School Social Work Services" der NASW im Licht der deutschen Diskussion über schulbezogene Soziale Arbeit. In: Zeitschrift für Sozialpädagogik, Heft 4/2006, 4. Jg., S. 360-382.

Overwien, Bernd (2004): Internationale Sichtweisen auf „informelles Lernen" am Übergang zum 21. Jahrhundert. In: Otto, Hans-Uwe/Coelen, Thomas (Hrsg.): Grundbegriffe der Ganztagsbildung: Beiträge zu einem neuen Bildungsverständnis in der Wissensgesellschaft. VS Verlag: Wiesbaden.

Pätzold, Günter/Wingels, Judith (2005): Kooperation in der Benachteiligtenförderung – Studie zur Umsetzung der BLK Handlungsempfehlungen „Optimierung der Kooperation zur Förderung der sozialen und beruflichen Integration benachteiligter Jugendlicher". Bund-Länder-Kommission, Heft 133: Bonn.

Penta, Leo Joseph/Lienkamp, Andreas (2007): Ethik der Gemeinwesenarbeit. In: Lob-Hüdepohl, Andreas/Lersch, Walther (Hrsg.): Ethik Sozialer Arbeit. Ein Handbuch. UTB Verlag: Paderborn, Schöningh, S.259-285.

Petermann, Franz/Petermann, Ulrike (2007): Training mit Jugendlichen. Förderung von Arbeits- und Sozialverhalten. 8., völlig überarbeitete Auflage, Hogrefe Verlag: Göttingen.

Petersen, Wiebke (2005): Berufsvorbereitungsansätze in Deutschland und Großbritannien im Vergleich. In: Bojanowski, Arnulf/Ratschinski, Günter/Strasser, Peter (Hrsg.): Diesseits vom Abseits. Studien zur beruflichen Benachteiligtenförderung. Bertelsmann Verlag: Bielefeld, S. 216-221.

Pfaffenberger, Hans (1997): Gruppenarbeit. In: Deutscher Verein (Hrsg.): Fachlexikon der Sozialen Arbeit. 4. vollständig überarbeitete Auflage. Eigenverlag: Frankfurt am Main, S. 428-429.

Pfahl, Lisa (2006): Schulische Separation und prekäre berufliche Integration: Berufseinstiege und biographische Selbstthematisierung von Sonderschulabgänger/innen. In: Spies, Anke/Tredop, Dietmar (Hrsg.): „Risikobiografien" – Benachteiligte Jugendliche zwischen Ausgrenzung und Förderprojekten. VS Verlag: Wiesbaden, S. 143-158.

Pfahl, Lisa (2010): Techniken der Behinderung. Der deutsche Lernbehinderungsdiskurs, die Sonderschule und ihre Auswirkung auf Bildungsbiografien. Transkript Verlag: Bielefeld.

Pfeiffer, Christian (1997): Jugendkriminalität und Jugendgewalt in europäischen Ländern, Hannover, KFN, verfügbar unter: http://www.kfn.de/versions/kfn/assets/fb69.pdf (letzter Zugriff, 17.08.2010).

Phoenix, Anne (2008): Racialised young masculinities. Doing intersectionality at school. In: Seemann, Malwine (Hrsg.): Ethnische Diversitäten, Gender und Schule. Geschlechterverhältnisse in Theorie und schulischer Praxis. BIS-Verlag: Oldenburg, S. 19-40.

Picot, Arnold/Reichenwalt, Ralf/Wigand, Wigand (1998): Die grenzenlose Unternehmung. Gabler Verlag: Wiesbaden.

Pohl, Axel/Walther, Andreas (2006): Benachteiligte Jugendliche in Europa. In: Aus Politik und Zeitgeschichte, Heft 47/2006, S. 26-36.

Pötter, Nicole (2004a): Bedeutungen von Erwerbsarbeit für sozial benachteiligte Jugendliche. Dissertationsschrift: Universität Bielefeld, Fakultät für Soziologie.

Pötter, Nicole (2004b): Übergangsmanagement „Schule-Beruf": neue Kooperationsformen von Schule und Jugendhilfe – Vorstudie im Auftrag des Ministeriums für Schule, Jugend und Kinder des Landes Nordrhein-Westfalen.

Pötter, Nicole/Segel, Gerhard (2006): Eene meene muh und raus bist du? – Schule und Schulsozialarbeit in Kooperation für eine neue Qualität von Bildung und Erziehung. In: Supervision, Heft 4/2006, S. 16-22.

Pötter, Nicole (2008): Neue Wege der Kooperation zwischen Jugendhilfe und Schule – Schulberatung am Beispiel des Regionalen Übergangsmanagements Schule-Beruf in Leverkusen. In: Theorie und Praxis der Sozialen Arbeit, Heft 3/2008, 59. Jg., S. 186-193.

Pötter, Nicole (2009): Jugendsozialarbeit zwischen Integration und Inklusion sozial benachteiligter Jugendlicher. In: Maier, Konrad (Hrsg.): Soziale Arbeit in der Krise der Arbeitsgesellschaft. Verlag Forschung, Entwicklung, Lehre: Freiburg, S. 91-112.

Powell, Justin J. W./Pfahl Lisa (2008): Sonderschule behindert Chancengleichheit. WZB-Brief Bildung. November 2008. verfügbar unter: http://bibliothek.wzb.eu/wzbrief-bildung/WZBriefBildung200804_PowellPfahl.pdf (letzter Zugriff 10.03.2009).

Prager, Jens Uwe/Wieland, Clemens (2005): Jugend und Beruf. Repräsentativumfrage zur Selbstwahrnehmung der Jugend in Deutschland. verfügbar unter: http://www.bertelsmann-stiftung.de/bst/de/media/Studie_Jugend_und_Beruf.pdf (letzter Zugriff 24.08.2007).

Prager, Jens Uwe/Wieland, Clemens (2005). Von der Schule in die Arbeitswelt. Bildungspfade im europäischen Vergleich. Bertelsmann Verlag: Bielefeld.

Preuss-Lausitz, Ulf (2004): Gemeinsam auf dem Weg. Zu Perspektiven integrativer Arbeit mit schwierigen Kindern und Jugendlichen. In: Preuss-Lausitz, Ulf (Hrsg.): Schwierige Kinder – Schwierige Schule. Konzepte und Praxisprojekte zur integrativen Förderung verhaltensauffälliger Schülerinnen und Schüler. Beltz-Verlag: Weinheim und Basel, S. 11-23.

Prokop, Ulrike (Hrsg.) (2008): Erziehung als Unterhaltung in den populären TV-Ratgebern „Super Nanny“ und „S.O.S. Schule“. Tectum Verlag: Marburg.

Prüß, Franz (2007): Ganztägige Lernarrangements als Herausforderung für die empirische Bildungsforschung. In: Bettmer, Franz/Maykus, Stephan/Prüß, Franz/Richter, André (Hrsg.): Ganztagschule als Forschungsfeld. Theoretische Klärungen, Forschungsdesigns und Konsequenzen für die Praxisentwicklung. VS-Verlag: Wiesbaden. S. 73-106.

Raab, Erich (1994). Schulsozialarbeit – Perspektiven der 90er Jahre. In: Jugend Beruf Gesellschaft, Heft 1/1994, 45. Jg., S. 12-14.

Rademacker, Hermann (2002): Schule vor neuen Herausforderungen. Orientierung für Übergänge in eine sich wandelnde Arbeitswelt. In: Schudy, Jörg (Hrsg.): Berufsorientierung in der Schule. Grundlagen und Praxisbeispiele. Klinkhardt Verlag: Bad Heilbrunn/Obb., S. 51-68.

Rademacker, Hermann (2008a): Schulversäumnisse und das Recht auf Bildung – Konsequenzen für Schule und Jugendhilfe. In: Henschel, Angelika/Krüger, Rolf/Schmitt, Christof/Stange, Waldemar (Hrsg.): Jugendhilfe und Schule. Handbuch für eine gelingende Kooperation. VS Verlag: Wiesbaden, S. 364-380.

Rademacker, Hermann (2008b): Schulaversion und Schulabsentismus. In: Coelen, Thomas/Otto, Hans-Uwe (Hrsg.): Grundbegriffe der Ganztagsbildung. Das Handbuch. VS Verlag: Wiesbaden, S. 232-240.

Rademacker, Hermann (2009): Schulsozialarbeit – Begriff und Entwicklung. In: Pötter, Nicole/Segel, Gerhard (Hrsg.): Profession Schulsozialarbeit – Beiträge zu Qualifikation und Praxis der sozialpädagogischen Arbeit an Schulen. VS Verlag: Wiesbaden.

Reißig, Birgit (2001): Schulverweigerung ein Phänomen macht Karriere. Ergebnisse einer bundesweiten Erhebung bei Schulverweigerern. Werkstattbericht, Arbeitspapier 5/2001. Deutsches Jugendinstitut: München, verfügbar unter: http://www.dji.de/bibs/9_2009_Schulvw.pdf. (letzter Zugriff 12.8.2010)

Reutlinger, Christian (2004): Beratung für Jugendliche. In: Nestmann, Frank/Engel, Frank/Sickendiek, Ursel (Hrsg.): Das Handbuch der Beratung. Band 1: Disziplinen und Zugänge. dgvt Verlag: Tübingen, S. 270-278.

Richard, Birgit/Grünwald, Jan/Recht, Marcus (2008). Happy Slapping: medien- und bildanalytische Sicht eines aktuellen Phänomens. In: Scheithauer, Herbert/Hayer, Tobias/Niebank, Kay (Hrsg.): Problemverhalten und Gewalt im Jugendalter. Erscheinungsformen, Entstehungsbedingungen, Prävention und Intervention. Kohlhammer Verlag: Stuttgart, S. 72-85.

Richter, Helmut (1998): Sozialpädagogik – Pädagogik des Sozialen. Grundlegungen – Institutionen – Perspektiven der Jugendbildung. Suhrkamp Verlag: Frankfurt am Main.

Richter, Martina/Müncher, Vera/Andresen, Sabine (2008): Eltern. In: Coelen, Thomas/Otto, Hans-Uwe (Hrsg.): Grundbegriffe der Ganztagsbildung. Das Handbuch. VS Verlag: Wiesbaden, S. 49-57.

Ricking, Heinrich (2006): Wenn Schüler dem Unterricht fernbleiben. Schulabsentismus als pädagogische Herausforderung. Klinkhardt Verlag: Bad Heilbrunn.

Ricking, Heinrich/Schulze, Giesela/Wittrock, Manfred (2009): Schulabsentismus und Dropout: Strukturen eines Forschungsfeldes. In: Ricking, Heinrich/Schulze, Giesela/Wittrock, Manfred (Hrsg.): Schulabsentismus und Dropout. Schöningh Verlag, UTB: Paderborn. S. 13-48.

Riedo, Dominicq (2000): "Ich war früher ein sehr schlechter Schüler...". Schule, Beruf und Ausbildungswege aus der Sicht ehemals schulleistungsschwacher junger Erwachsener. Eine Analyse von Langzeitwirkungen schulischer Integration oder Separation. In: Haeberlin, Urs (Hrsg.): Beiträge zur Heil- und Sonderpädagogik: 23. Beiheft zur Vierteljahresschrift für Heilpädagogik und ihre Nachbargebiete. Haupt Verlag: Bern, Stuttgart, Wien.

Rolff, Hans-Günter (2007): Studien zu einer Theorie der Schulentwicklung. Beltz Verlag: Weinheim und Basel.

Salmivalli, Christina (2001): Feeling good about oneself, being bad to others? Remarks on self-esteem, hostility, and aggressive behaviour. In: Aggressive and Violent Behavior, Volume 6, Issue 4, July-August 2001, S. 375-393. Verfügbar unter: http://www.sciencedirect.com (letzter Zugriff 12.11.2010)

Salmivalli, Christina/Nieminen, Eija (2002): Proactive and reactive aggression among school bullies, victims, and bully-victims. In: Aggressive Behavior, Volume 28, Issue 1, S. 30-44. verfügbar unter: http://onlinelibrary.wiley.com/doi/10.1002/ab.90004/pdf. (letzter Zugriff 12.8.2010)

Salustowicz, Piotr (1986): Schulsozialarbeit – Ein Plädoyer für eine verlorene Sache? Kritische Aufsätze zu der Frage der Kooperation zwischen Jugendhilfe und Schule. Verlag für wissenschaftliche Publikationen: Darmstadt.

Scheithauer, Herbert/Hayer, Tobias/Petermann, Franz (2003): Bullying unter Schülern: Erscheinungsformen, Risikobedingungen und Interventionskonzepte. Hogrefe Verlag: Göttingen.

Scheiterhauer, Herbert/Hayer, Tobias/Niebank, Kay (Hrsg.) (2008): Problemverhalten und Gewalt im Jugendalter. Erscheinungsformen, Entstehungsbedingungen, Prävention und Intervention. Kohlhammer Verlag: Stuttgart.

Schermer, Franz J./Weber, Angelika (2003): Schulsozialarbeit – eine Standortbestimmung aus historischer und empirischer Sicht. In: Becker-Textor, Ingeborg/Textor, Marin (Hrsg.): SGB VIII – Online-Handbuch. http://www.sgbviii.de/S130.html.

Schermer, Franz J./Weber, Angelika (2002): Schulsozialarbeit aus Lehrersicht: Problemlagen und Veränderungserwartungen. Archiv für Wissenschaft und Praxis der sozialen Arbeit, 33. Jg., Heft 2/2002, S. 43-70.

Scherr, Albert (2002): Mit Härte gegen Gewalt? Kritische Anmerkungen zum Anti-Aggressivitäts- und Coolness-Training Verfügbar unter: http://www.sozialarbeit.ch/dokumente/haerte_und_gewalt.pdf (letzter Zugriff 11.8.2009).

Schleiffer, Roland (2005): Über Lernvermeidung – Eine funktionale Analyse „lernbehinderter" Kommunikation. In: Zeitschrift für Sozialpädagogik, Heft 4/2005, 3. Jg., S. 338-359.

Schlömerkemper , Jörg (2006): Die Kompetenz des antinomischen Blicks. In: Wilfried Plöger (Hrsg.): Was müssen Lehrerinnen und Lehrer können? Beiträge zur Kompetenzorientierung in der Lehrerbildung. Schöningh Verlag: Paderborn, S. 281-308.

Schöler, Jutta/Burtscher, Reinhard (2007): Resolution des Netzwerks Integrationsforschung. In: Overwien, Bernd/Prengel, Annedore (Hrsg.): Recht auf Bildung. Budrich Verlag: Opladen. S. 38-39. verfügbar unter: http://www.budrich-verlag.de/upload/files/artikel/00000178_010.pdf?SID=76def85ebe6c95ddbb246547f48759ea. (Letzter Zugriff 19.6.2008).

Schrapper, Christian (Hrsg.) (2004): Sozialpädagogische Diagnostik und Fallverstehen in der Jugendhilfe. Anforderungen, Konzepte, Perspektiven. Juventa Verlag: Weinheim.

Schreiber-Kittl, Maria/Schöpfer, Heike (2002): Abgeschrieben? Ergebnisse einer empirischen Untersuchung über Schulverweigerer. Verlag Deutsches Jugendinstitut: München.

Schreiber, Elke (2005): Nicht beschulbar? Forschungsschwerpunkt Übergänge in Arbeit, Dokumentation 04/2005. Deutsches Jugendinstitut: München/Halle.

Schroeder, Joachim (2006): Konzeptionelle Ansätze für die pädagogische Arbeit mit markt-, sozial- und rechtsbenachteiligten jungen Menschen. In: Spies, Anke/Tredop, Dietmar (Hrsg.): „Risikobiografien" – Benachteiligte Jugendliche zwischen Ausgrenzung und Förderprojekten. VS Verlag: Wiesbaden, S. 207-221.

Schubert, Herbert (2007): Kooperation/Kooperationsformen. In: Deutscher Verein für öffentliche und private Fürsorge (Hrsg.): Fachlexikon der sozialen Arbeit. Nomos Verlag: Baden-Baden, S. 575-576.

Schudy, Jörg (2002): Das Betriebspraktikum. Notwendige Optimierung eines Elements schulischer Berufsorientierung. In: Schudy, Jörg (Hrsg.): Berufsorientierung in der Schule. Grundlagen und Praxisbeispiele. Klinkhardt Verlag: Bad Heilbrunn/Obb., S. 191-206.

Schule-Wirtschaft-Arbeitsleben Bundesprogramm unter www.swa-programm.de und www.schulewirtschaft.de (letzter Zugriff: 15.7.2010).

Schulkommission der Heinrich-Böll Stiftung (2008): Bildungsgerechtigkeit im Lebenslauf. Verfügbar unter www.boell.de/downloads/bildungkultur/Bildungsgerechtigkeit_im_Lebenslauf.pdf (letzter Zugriff 3.12.2008).

Schulz, Rudolf K. (1995): Schritt für Schritt kommt man sich näher ... Über eine gelungene Kooperation zwischen Jugendsozialarbeit und Schule. In: Jugend Beruf Gesellschaft, Heft 4/1995, 46. Jg., S. 220-224.

Schumann, Michael/Sack, Anja/Schumann, Till (2006): Schulsozialarbeit im Urteil der Nutzer. Evaluation der Ziele, Leistungen und Wirkungen am Beispiel der Ernst-Reuter-Schule II. Juventa Verlag: Weinheim und München.

Schumann, Michael (1998): Konzepte und Methoden in der Offenen Jugendarbeit: Einzel-, Gruppen und Gemeinwesenarbeit. In: Deinet, Ulrich/Sturzenhecker, Benedikt (Hrsg.): Handbuch Offenen Jugendarbeit. Votum Verlag: Münster, S. 276-295.

Seeger-Roth, Wolfgang (2004): Schulsozialarbeit in Ravensburg. In: Jugend Beruf Gesellschaft, Heft 1/2004, 55. Jg., S. 26-33.

Shell Studie (2002): Hurrelmann, Klaus/Albert, Matthias (Hrsg.): Jugend 2002. 14. Shell Jugendstudie. 5. Auflage, Fischer Verlag (Tb.): Frankfurt.

Shell Studie (2006): Hurrelmann, Klaus/Albert, Matthias (Hrsg.): Jugend 2006. 15. Shell Jugendstudie: Eine pragmatische Generation unter Druck. 1. Auflage, Fischer Verlag (Tb.): Frankfurt.

Shell Studie (2010): Hurrelmann, Klaus/Albert, Matthias/Quenzel, Gudrun (Hrsg.): Shell Jugendstudie 2010, 1. Auflage, Fischer (Tb.) Verlag: Frankfurt.

Simon, Titus/Uhlig, Steffen (Hrsg.) (2002): Schulverweigerung. Muster – Hypothesen – Handlungsfelder. Leske und BudrichVerlag: Opladen.

Skrobanek, Jan (2007): Individualisiert vs. standardisierte berufliche Förderung. In: Zeitschrift für Pädagogik. Heft 3/2007, 5. Jg., S. 226 -251.

Slavin, Robert E. (1993): Kooperatives Lernen und Leistung: Eine empirisch fundierte Theorie. In: Huber, Günter (Hrsg.): Neue Perspektiven der Kooperation. Ausgewählte Beiträge der Internationalen Konferenz 1992 über Kooperatives Lernen. Schneider Verlag Hohengehren: Baltmannsweiler, S. 151-170.

Smith, Pamela K./Watson, Denise (2004): Evaluation of the CHIPS (ChildLine in Partnership with Schools) programme. Research Report 570 to DfES. London: Her Majesty's Stationery Office (HMSO).

Solga, Heike (2005): Ohne Abschluss in die Bildungsgesellschaft. Die Erwerbschancen gering qualifizierter Personen aus soziologischer und ökonomischer Perspektive. Leske + Budrich Verlag: Opladen.

Sörensen, Bernd (2004): Schülerklubs – Lebensweltorientierte Jugendhilfe in der Schule. In: Preuss-Lausitz, Ulf (Hrsg.): Schwierige Kinder – Schwierige Schule. Konzepte und Praxisprojekte zur integrativen Förderung verhaltensauffälliger Schülerinnen und Schüler. Beltz Verlag: Weinheim und Basel, S. 140-151.

Speck, Karsten (2006): Qualität und Evaluation in der Schulsozialarbeit. Konzepte, Rahmenbedingungen und Wirkungen. VS Verlag: Wiesbaden.

Speck, Karsten (2007): Schulsozialarbeit. Eine Einführung. Reinhard Verlag: München.

Speck, Karsten (2008): Schulsozialarbeit. In: Coelen, Thomas/Otto, Hans-Uwe (Hrsg.): Grundbegriffe der Ganztagsbildung. Das Handbuch. VS Verlag: Wiesbaden, S. 340-348.

Speck, Karsten/Olk, Thomas (Hrsg.) (2010): Forschung zur Schulsozialarbeit: Stand und Perspektiven. Juventa: Weinheim.

Spiegel, Hiltrud von (Hrsg.) (1997): Offene Arbeit mit Kindern – (k)ein Kinderspiel. Erklärungswissen und Hilfen zum methodischen Arbeiten. Votum Verlag: Münster.

Spies, Anke (2002): Verstehen lernen – Biographisches Fallverstehen als Grundlage bedarfsgerechter Gewaltintervention. In: Sozialmagazin, Heft 7-8/2002, 27. Jg., S. 60-65.

Spies, Anke (2004): Fremdheit verstehen lernen – Zugänge durch ein Praxisforschungsprojekt. In: Der pädagogische Blick. 12. Jg. Heft 4/2004, S. 220-230.

Spies, Anke (2005): Sozialpädagogische Beratung in der Schule – Evaluationsergebnisse eines Modellprojektes zur Sicherung der Berufseinmündung sozial benachteiligter Mädchen und Jungen. In: Berufsbildung, Zeitschrift für Praxis und Theorie in Beruf und Schule. Heft März 2006 26. Jg., S. 67-68.

Spies, Anke (2006a): Schulsozialarbeit – Scharnier zwischen Disziplinen und Praxisansätzen. In: Spies, Anke/Tredop, Dietmar (Hrsg.): „Risikobiografien“ – Benachteiligte Jugendliche zwischen Ausgrenzung und Förderprojekten. VS Verlag: Wiesbaden, S. 157-176.

Spies, Anke (2006b): „Unterricht ist eben nur ein kleiner Teil…“ – Beratung für benachteiligte Mädchen, Jungen und ihre Eltern in der Berufsorientierungsphase. In: Spies, Anke/Tredop, Dietmar (Hrsg.): „Risikobiografien“ – Benachteiligte Jugendliche zwischen Ausgrenzung und Förderprojekten. VS Verlag: Wiesbaden, S. 237-254.

Spies, Anke (2006c): Elternarbeit – Motivationspotenzial und Förderungsressource. In: Berufsbildung, Zeitschrift für Praxis und Theorie in Betrieb und Schule Heft Dezember 2006, 26. Jg., S. 16-19.

Spies, Anke (2008): Beruf und Arbeit. In: Coelen, Thomas/Otto, Hans-Uwe (Hrsg.): Grundbegriffe der Ganztagsbildung. Das Handbuch. VS Verlag: Wiesbaden, S. 280-288.

Spies, Anke (2009): Die Ganztagsschule als Hoffnungsträger für Schülerinnen und Schüler mit erhöhtem Dropout-Risiko? erschienen unter: "Drop-in"-Optionen für Schüler und Schülerinnen mit „Dropout-Riskio“. In: Ricking, Heinrich/Schulze, Giesla/Wittrock, Manfred (Hrsg.): „Schulabsentismus und Dropout“. Konzepte der Re-Integration und ihre Wirksamkeit. Schöningh UTB Verlag: Paderborn S. 259-276, korrigierte Fassung als pdf verfügbar unter: http://www.utb.de/katalog_suchen_detailseite.jsp?buchid=2029.

Spies, Anke (2011): Sozialpädagogische Wegeplanung – Schulformunabhängigkeit Impulse für die Benachteiligtenförderung im Rahmen von Schulentwicklungsprozessen. In: Leiprecht, Rudolf (Hrsg.): Diversitätenbewusste Sozialpädagogik. Juventa Verlag: Weinheim (i.D.).

Spies, Anke/Chamakalayil, Lalitha (2011): Is school a good place for my child to be in? Parent's perception of their Relationship with their Children's Schools. (im Erscheinen).

Spies, Anke/Tredop, Dietmar (2006): „Risikobiografien“ – Von welchen Jugendlichen sprechen wir? In: Spies, Anke/Tredop, Dietmar (Hrsg.): „Risikobiografien“ – Benachteiligte Jugendliche zwischen Ausgrenzung und Förderprojekten. VS Verlag: Wiesbaden, S. 9-24.

Stamm, Margrit (2006): „Schulabbrecher“ oder: Wer bricht denn hier was ab? In: Unsere Jugend, Heft 7+8, S. 323-332. Als PDF verfügbar unter: http://perso.unifr.ch/margrit.stamm/forschung/fo_downloads/fo_dl_onlpubl/wer_bricht_denn_hier_was_ab.pdf (letzter Zugriff 18.8.2008).

Stamm, Margrit (2007a): Abgang, Ausschluss, Abbruch. Ein neuer Blick auf die Schuleffektivität. Zeitschrift für Sozialpädagogik, Heft 4, 5. Jg., S. 338-357.

Stamm, Margrit. (2007b): Die Zukunft verlieren? Schulabbrecher in unserem Bildungssystem. Zeitschrift für Sozialpädagogik, Heft 1, 5. Jg., S. 15-36.

Stamm, Margrit (2008a): Hoch begabt, aber Schulabbrecher? Eine empirische Studie zum Phänomen des Dropouts bei überdurchschnittlich begabten Jugendlichen in der Schweiz. Zeitschrift für Sozialpädagogik, Heft 3, 6. Jg., S. 301-319.

Stamm, Margrit (2008b): Bildungsstandardreform und Schulversagen. Aktuelle Diskussionslinien zu möglichen ungewollten Nebenwirkungen der Schulqualitätsdebatte. In: Zeitschrift für Pädagogik. Heft 4, 62. Jg., S. 481-497.

Stamm, Margrit/Ruckdäschel, Christine/Templer, Franziska/Niederhauser, Michael (2009): Schulabsentismus. Ein Phänomen, seine Bedingungen und Folgen. VS Verlag: Wiesbaden.

Stichweh, Rudolf (1997): Inklusion/Exklusion, funktionale Differenzierung und die Theorie der Weltgesellschaft. In: Soziale Systeme, 3. Jahrgang, Heft 2, S. 123-136.

Sting, Stephan (2005): Bildung jenseits der Schule? Perspektiven zur Förderung von Bildungsprozessen in der Jugendhilfe. In: Spies, Anke/Stecklina, Gerd (Hrsg.): Die Ganztagsschule – Herausforderung an Schule und Jugendhilfe. Band 1: Dimensionen und Reichweite(n) des Entwicklungsbedarfs. Klinkhardt Verlag: Bad Heilbrunn, S. 22-34.

Streblow, Claudia (2005): Schulsozialarbeit und Lebenswelten Jugendlicher. Ein Beitrag zur dokumentarischen Evaluationsforschung. Budrich Verlag: Opladen.

Tenorth, Heinz-Elmar (Hrsg.) (1986): Allgemeine Bildung. Analysen zu ihrer Wirklichkeit, Versuche über ihre Zukunft. Juventa Verlag: Weinheim und München.

Textor, Martin (2000): Kooperation mit den Eltern. Erziehungspartnerschaft von Familie und Kindertagesstätte. Don Bosco: München.

Thiersch, Hans (1997): Lebensweltorientierte soziale Arbeit – Aufgaben der Praxis im sozialen Wandel. 3. Auflage, Juventa Verlag: Weinheim und München.

Thiersch, Hans (2004): Lebensweltorientierte Soziale Beratung. In: Nestmann, Frank/Engel, Frank/Sickendiek, Ursel (Hrsg.): Das Handbuch der Beratung. Band 2: Ansätze, Methoden und Felder. dgvt-Verlag: Tübingen, S. 699-708.

Thiersch, Hans (2005): Lebensweltorientierte Soziale Arbeit. Aufgaben der Praxis im sozialen Wandel. 6. Auflage, Juventa Verlag: Weinheim und München.

Thimm, Karlheinz (2000): Schulverweigerung. Zur Begründung eines neuen Verhältnisses von Sozialpädagogik und Schule. Beltz Verlag: Weinheim

Thole, Werner (2000): Kinder- und Jugendarbeit. Eine Einführung. Juventa Verlag: Weinheim, München.

Thöne, Dagmar (1995): Erleben von Trennung und Scheidung bei Jugendlichen. Eltern getrennt – Was jetzt? In: Hundsalz, Andreas/Klug, Hans Peter/Schilling, Herbert (Hrsg.) Beratung für Jugendliche. Lebenswelten, Problemfelder, Beratungskonzepte. Juventa Verlag: Weinheim, S. 121-126.

Uhlendorf, Uwe/Rosenbauer, Nicole (2008): Didaktische Konzepte in der Kinder- und Jugendarbeit. In: Coelen, Thomas/Otto, Hans-Uwe (Hrsg.): Grundbegriffe der Ganztagsbildung. Das Handbuch. VS Verlag: Wiesbaden, S. 476-484.

Ulrich, Joachim Gerd (2001): „Benachteiligung“ – ein schillernder Begriff? Stigmatisierung im Bereich der außerbetrieblichen Lehrlingsausbildung. In: Bundesinstitut für Berufsbildung (BIBB) (Hrsg.): Benachteiligte durch berufliche Qualifizierung fördern! Eigenverlag: Bonn, S. 7-18.

United Nations (2007): Implementation of General Assembly Resolution 60/251 of 15 March 2006 entitled "Human Rights Council". Report of the Special Rapporteur on the right to education, Vernor Muñoz. Mission to Germany.

Varbelow, Dirk/Bull, Heike Dele (2008): Gewalt im Rahmen von Schüler-Lehrer-Interaktionen. In: Scheiterhauer, Herbert/Hayer, Tobias/Niebank, Kay (Hrsg.) (2008): Problemverhalten und Gewalt im Jugendalter. Erscheinungsformen, Entstehungsbedingungen, Prävention und Intervention. Kohlhammer Verlag: Stuttgart, S. 99-112.

Verein für Kommunalwissenschaften e.V. (1996): Soziale Arbeit in der Schule (Schulsozialarbeit) – Konzeptionelle Bedingungen. Eigenverlag: Berlin.

Verhaag, Bertram (2009): Rentner GmbH unter www.perspektive50plus.de/filmwettbewerb (letzter Zugriff: 25.7.2010).

Vetter, Christiane (2003): Der kleine Gauner. Pädagogischer Lebensweltbezug und psychoanalytisch fundiertes Verstehen eines dissozialen Jungen. Juventa Verlag: Weinheim und München.

Vogel, Christian (2006): Schulsozialarbeit. Eine institutionenanalytische Untersuchung von Kommunikation und Kooperation. VS Verlag: Wiesbaden.

Vogel, Peter (2008): Bildung, Lernen, Erziehung, Sozialisation. In: Coelen, Thomas/Otto, Hans-Uwe (Hrsg.): Grundbegriffe der Ganztagsbildung. Das Handbuch. VS Verlag: Wiesbaden, S. 118-127.

Wagner, Michael: Soziologische Befunde zum Schulabsentismus und Handlungskonsequenzen. In: Ricking, Heinrich/Schulze, Gisela/Wittrock, Manfred (Hrsg.): Schulabsentismus und Dropout. Schöningh UTB Verlag: Paderborn, S. 123-136.

Wildt, Beatrix (2004): Beratung. In: Blömeke, Sigrid/Reinhold, Peter/Tulodziecki, Gerhard/Wildt, Johannes (Hrsg.): Handbuch Lehrerbildung. Klinkhardt Verlag: Bad Heilbrunn, S. 519-531.

Will, Jakob C. (2008): Mediale Erziehungsberatung – zwischen Unterhaltung und pädagogischem Anspruch. In: Prokop, Ulrike (Hrsg.): Erziehung als Unterhaltung in den populären TV-Ratgebern „Super Nanny“ und „S.O.S. Schule“. Tectum Verlag: Marburg, S. 147-168.

Willke, Helmut (1978): Zum Problem der Integration komplexer Sozialsysteme: Ein theoretisches Konzept. In: Kölner Zeitschrift für Soziologie und Sozialpsychologie, 30. Jg., S. 228-252.

Wohlfahrt, Ursula (2006): Netzwerkarbeit erfolgreich gestalten. Orientierungsrahmen und Impulse. Bertelsmann Verlag: Bielefeld.

Ziehe, Thomas (2005): Die Eigenwelten der Jugendlichen und die Anerkennungskrise der Schule. In: Horster, Detlef/Oelkers, Jürgen (2005): Pädagogik und Ethik. VS Verlag: Wiesbaden, S. 277 – 291.

Züchner, Ivo (2007): Ganztagsschule und die Freizeit von Kindern und Jugendlichen. In: Holtappels, Heinz-Günter/Klieme, Eckhard/Rauschenbach/Thomas/Stecher, Ludwig (Hrsg.): Ganztagsschule in Deutschland. Ergebnisse der Ausgangserhebung der „Studie zur Entwicklung von Ganztagsschulen“ (SteG). Juventa Verlag: München und Weinheim, S. 333-350 .

Zumhasch, Clemens (1999): Schulische Beratung aus der Perspektive von Schülern. Ergebnisse einer Schülerbefragung zur Beratung in der Schule in Niedersachsen. Lang Verlag: Frankfurt am Main.

MIX
Papier aus verantwortungsvollen Quellen
Paper from responsible sources
FSC® C105338

FSC
www.fsc.org

If you have any concerns about our products,
you can contact us on
ProductSafety@springernature.com

In case Publisher is established outside the EU,
the EU authorized representative is:
Springer Nature Customer Service Center GmbH
Europaplatz 3, 69115 Heidelberg, Germany

Printed by Libri Plureos GmbH
in Hamburg, Germany